AFFAIRE ALÈGRE

LA VÉRITÉ ASSASSINÉE

Ouvrage dirigé par Bénita Rolland et Alain Carné.

38, rue La Condamine – 75017 Paris
www.hugoetcie.fr
contact : info@hugoetcie.fr

ISBN : 9782755601206
Dépôt légal : juin 2007
Imprimé en France

AFFAIRE ALÈGRE

LA VÉRITÉ ASSASSINÉE

Gilles Souillés

Hugo doc

Une pensée particulière à ceux que d'aucuns ont rêvé de « tuer moralement et professionnellement » : aux flics qui ont refusé de devenir des fonctionnaires de police, aux gendarmes qui ne se cachent pas derrière l'uniforme, aux juges qui n'ont pas renié leur serment, aux avocats droits dans leur robe, aux journalistes qui n'ont pas craché sur leur carte de presse, aux femmes que l'on traite comme des putes, aux putes qu'on ne traite pas comme des femmes.

À la fin, nous dépendons quand même des créatures que nous fîmes…

Méphistophélès

Place I love is a million miles away, it's too far for the eyes to see…

Paul Weller

NOTE DE L'ÉDITEUR

Cette enquête sur « l'affaire Alègre » déborde largement sur un ensemble de faits qui, au cours des années, a impliqué énormément d'acteurs régionaux et nationaux.

La qualité et la précision du travail d'enquête mené par l'auteur nous a poussé à publier ce livre qui soulève un nombre important d'interrogations auxquelles la justice n'a pas pu pour le moment apporter de réponses satisfaisantes.

Ce livre ne prétend bien évidemment pas répondre à ces questions en lieu et place de la justice et des corps constitués. Il a pour ambition de faire le point sur « l'affaire », de résumer les réponses apportées à ce jour et de reposer toutes les questions restées sans réponse. Au nom des victimes et de leur famille, au nom de la transparence républicaine.

Un travail extrêmement sérieux a été fourni par l'auteur. Notre travail d'éditeur a été de nous attacher à fournir au lecteur un regard objectif, impartial et analytique de ce dossier malgré son immense complexité. Nous espérons que nous avons réussi et que ce livre contribuera à éclaircir les zones d'ombre de cette ténébreuse « affaire ».

L'éditeur

1

PLEIN ÉCRAN SUR UN PASSÉ OUBLIÉ

Un dimanche soir sur TF1

« C'est une effarante machination montée de toutes pièces contre moi… » Il est tout juste 20 heures ce dimanche 18 mai 2003. Les téléspectateurs qui viennent de se brancher sur le journal télévisé de TF1 pourraient avoir l'impression d'être revenus plus de vingt ans en arrière. Plein écran, le président du Conseil Supérieur de l'Audiovisuel, Dominique Baudis, est lancé dans un étonnant exercice de justification. L'ancien journaliste présentateur, patron de l'organisme régulateur du PAF, n'est pas venu parler télévision. Face à Claire Chazal, devant la France entière, il égrène un florilège d'accusations dont il dit être l'objet. Tendu, en sueur, l'ancien maire de Toulouse révèle en vrac que son nom est cité dans l'affaire Alègre, que des prostituées le mettent en cause dans des soirées sadomasochistes et qu'il soupçonne le lobby pornographique d'être à l'origine du complot. Pour la grande majorité des gens qui l'écoutent, et qui ignorent tout du scandale naissant dans la Ville rose, les propos de Dominique Baudis sont largement incompréhensibles. L'incrédulité est à la mesure de la crudité des propos tenus. Il est question de viols de mineurs, de meurtres, de trafic de cocaïne, de valises d'argent : le récit du président du CSA, associé au nom d'un tueur en série, est effectivement hallucinant. En tout cas, au sein de la rédaction de TF1, le sujet a été jugé suffisamment important pour renvoyer le reste de l'actualité au second plan. Et quelle actualité. Ce jour-là, une quarantaine de personnes, quarante-cinq exactement, ont péri dans une série d'attentats islamistes à Casablanca, les pourparlers israélo-palestiniens sont une fois encore au point mort et le parti socialiste, un an après son cuisant revers électoral à l'élection présidentielle, tient son congrès d'autocritique à Dijon. Rien moins. Même François Hollande, le premier secrétaire du PS, a été prié de laisser sa place au dernier moment sur le plateau. Claire Chazal a bien annoncé tous ces titres en préambule de son journal, mais pour mieux revenir à l'ouverture du jour. Le président du CSA en personne, qui s'est invité sur la première chaîne de télévision, dont il fut l'un des présentateurs, sans que cela ne soulève le moindre problème déontologique, pour parler de son cas personnel. « Une sorte de privilège de juridiction », dira plus tard l'avocat Georges Catala, conseil de la famille d'une des victimes supposées d'Alègre. Le ton est grave. « Face à la calomnie, il ne faut pas faire la sourde oreille, la calomnie, je vais la prendre à la gorge » L'ancien maire de Toulouse, très solennel, a, dit-il, choisi de prendre les devants, « car c'est le seul moyen de lutter contre le poison de la rumeur ». En prenant aussi le risque de dévoiler au plus grand nombre des accusations théoriquement couvertes par le secret de l'instruction. Claire Chazal passe les plats. Insiste sur le courage de son invité. Sans question trop pertinente au sujet d'une affaire dont elle ne connaît visiblement rien. Rumeur ? Si depuis quelques semaines les nouveaux développements de l'affaire Patrice Alègre commencent à filtrer dans la presse, et que les noms de personnalités ou de notables censés fréquenter des soirées sadomasochistes ont été avancés en coulisses, les bruits courant sur le président du CSA n'ont pas excédé le cercle des gens de médias et des rédactions bien informés. Une allusion au maire de Toulouse un peu plus appuyée que les autres dans l'hebdomadaire *Marianne* est même quasiment passée inaperçue. Elle n'a pas été reprise en tout cas par d'autres journaux. Et le maire de Toulouse à ce moment-là est Philippe Douste-Blazy, pas Dominique Baudis. Lui s'est pourtant senti visé et sa sortie publique fait l'effet d'une bombe. Dans l'après-midi du dimanche, au fur et à mesure que la nouvelle de l'intervention se précise, les journalistes dans la confidence oscillent entre étonnement et stupéfaction. La situation est surréaliste. Et la dramatisation de l'intervention télévisée est diversement commentée. Pourquoi l'ex-présentateur des infos a-t-il précipité les événements ? En coulisses, il se murmure que l'ancien maire de Toulouse a cru savoir que son nom serait dévoilé dès le lendemain dans la presse locale et qu'il a donc voulu devancer la divulgation de l'information. Fausse prémonition. Convaincu qu'il doit prendre la parole, Dominique Baudis a, tout au long du week-end, peaufiné son intervention. Il a même pris soin d'alerter le président de la République, Jacques Chirac en personne et le cabinet du Premier ministre Jean-Pierre Raffarin.

Au plus haut niveau de l'Etat. Le plan média est en place. Comme le révélera ensuite le reportage que lui consacre le week-end suivant *Paris-Match* dont les journalistes ont suivi de près les moments précédant son apparition télévisée. Dans son appartement de la rue des Potiers, entouré de sa famille, le président du CSA apparaît en homme blessé qui a choisi de se défendre. Séances photos en bord de Garonne, dans son bureau, où il met la dernière main à un communiqué AFP… À ce moment-là, pourtant, jamais son nom n'a été cité publiquement par Patricia ou Fanny, les premières prostituées à avoir lancé leurs accusations dans l'affaire Alègre. Dans la presse, ce sont les connexions du tueur en série avec les milieux de la police ou de la magistrature toulousaine qui font débat. « À ma connaissance, le nom de Dominique Baudis avait toujours été préservé, bien que le dossier révèle certaines choses, indiquera Me Georges Catala, après l'intervention. C'est en tout cas un homme bien renseigné. On a l'impression qu'il a eu accès au dossier. » L'intrusion de l'ancien maire de Toulouse dans l'affaire accroît le malaise d'autant que ses explications sur une manipulation orchestrée contre lui semblent bien désuètes. «J'ai dû déranger de gros intérêts financiers », subodore-t-il en pointant du doigt un hypothétique complot de l'industrie pornographique. « La vraie question est par qui et comment ces jeunes femmes ont-elles été poussées ou contraintes à formuler contre moi de telles ignominies, s'interroge le président du CSA. À cet égard, la chronologie de leurs révélations est instructive. À l'époque de leurs premières dépositions, alors que j'étais encore maire de Toulouse, jamais elles n'avaient mentionné mon nom. Ce n'est donc pas un règlement de compte politique. Je ne suis cité que très récemment depuis que je préside le Conseil Supérieur de l'Audiovisuel, et plus précisément depuis que j'ai entrepris en juillet dernier une action pour protéger les enfants contre l'inflation des programmes pornographiques à la télévision. Ce n'est sans doute qu'une coïncidence mais elle est troublante», remarque-t-il. Avant de lâcher: «Il y a sans doute des choses vraies dans les témoignages des prostituées, mais pas en ce qui me concerne.» La démonstration laisse songeur. Outre le fait que les ex-prostituées, interrogées par les gendarmes, n'ont parlé qu'au début de l'année 2003 sans confessions préalables, le projet de législation que défendait Dominique Baudis, quelques mois auparavant, pour mieux encadrer les programmes érotiques à la télévision, n'a pas été voté. Le producteur français Marc Dorcel fait même remarquer qu'une législation plus répressive servirait plutôt l'industrie du sexe et la reprise des ventes des vidéos... Quant à John B. Root, le réalisateur de films X, il trouve la charge «extravagante»: «Je n'y crois pas une seconde. En France, on compte sur les doigts de la main les maisons de production de films pornographiques et elles sont toutes petites. La plus importante n'a pas un chiffre d'affaires supérieur à celui d'un gros magasin. On est loin d'un groupe de pression» Georges Catala renchérit: «Le CSA n'avait donné qu'un avis et la loi n'a pas été adoptée. Si lobby pornographique il y a, il aurait tout loisir de s'exercer sur les députés et pas dans une affaire criminelle.» Bref, la charge fait long feu. Dominique Baudis va d'ailleurs vite changer son fusil d'épaule en dénonçant ensuite, un complot syndical, puis politique et enfin médiatique. Mais nous n'en sommes pas encore là. Sur le plateau de TF1 qu'il vient de quitter, les soucis du président du CSA ne semblent pas affecter tout le monde. Sa prestation terminée, Dominique Baudis, qui reçoit le soutien compassé de François Hollande et de Ségolène Royal (sa compagne pas encore présidentiable), voit débouler Patrick le Lay, le PDG de TF1. « Dominique, toi avec des prostituées !.. » lance le patron de la chaîne, qui laisse clairement percer une ironie mordante. L'occasion est trop belle. On ne fait pas tous les jours l'ouverture du 20 heures avec les confessions de celui qui est chargé de veiller sur votre propre moralité. Les civilités en resteront là. Dominique Baudis a prévenu. Hormis une interview minimale dans le journal *Le Monde*, déjà réalisée la veille, il ne s'exprimera plus dans les médias. Un vœu pieux. En prenant à témoin des millions de téléspectateurs pour dénoncer ce qu'il appelle « une saloperie », l'ancien maire de Toulouse a ouvert les vannes d'un déballage inutile et obscène, dont il ne mesure pas encore toute l'ampleur, ni les rebondissements à venir. « Je rentrais tous les soirs chez moi après ma journée de travail, et je n'ai jamais fréquenté les milieux de la prostitution », s'est-il cru obligé de préciser face à Claire Chazal. En évoquant sa vie privée, le président du CSA a pris lui-même le risque de s'enferrer dans ses contradictions. L'hebdomadaire *VSD* s'engouffrera plus tard dans la brèche. Et publiera des écoutes téléphoniques réalisées dans le cadre d'une enquête judiciaire remontant à 1995 sur un réseau de prostitution parisien employant des call-girls de luxe. Une affaire instruite par le juge N'Guyen dans laquelle l'acteur américain Robert de Niro avait été inquiété. Sur ces écoutes figure le nom de Dominique Baudis, présenté par une prostituée prénommée Wafaa comme un client attitré… Dans une conversation avec une « consœur », Wafaa raconte voir « de temps en temps » celui qui était encore maire de Toulouse lors de ses montées à Paris. « Quand il m'appelle, je dois refuser tout le reste », indique-t-elle. Dominique Baudis ne dément pas. Mais il attaque le journal et le journaliste Philippe Berti pour « atteinte à la vie privée ». Ils seront lourdement condamnés en première instance mais relaxés en appel. L'affaire, qui avait été portée en cassation, a finalement fait l'objet d'un arrangement entre les deux parties. On est alors loin du cas Patrice Alègre. Dans sa cellule de la maison d'arrêt de Seysses, près de Toulouse, le tueur en série condamné à la réclusion criminelle à perpétuité en février 2002 est alors revenu bien malgré lui sur le devant de la scène. Dénoncé par d'anciennes protégées qui le chargent de nouveaux meurtres et portent des accusations énormes mettant en cause la bonne société toulousaine. Enfermé encore dans un profond mutisme, le serial killer devient le centre d'un incroyable tourbillon politico-criminel. Au passage, son image de tueur psychopathe s'est profondément modifiée. Une certitude : l'homme interpellé en septembre 1997 puis jugé par la cour d'assises de la Haute-Garonne pour cinq meurtres et six viols n'a pas alors livré tous ses secrets.

Un tueur sans visage

Soudain, un frisson parcourt la salle comble. Il est un peu plus de 9 heures du matin en ce lundi 11 février 2002, et environ deux cent cinquante personnes ne sont plus qu'un regard en direction de la porte de la petite pièce qui, entre le prétoire de la cour d'assises de Toulouse et la souricière du Palais, permet aux accusés d'effectuer la transition entre la geôle et le box qu'ils vont occuper le temps de leur procès.

Précédé d'un CRS, suivi par un autre, dans un déluge continu de flashes, Patrice Alègre fait son entrée. Au pied de l'estrade, par-delà le banc et la planche de travail où sont installés ses avocats, Mes Pierre Alfort et Laurent Boguet, la bousculade est muette mais les gestes exaspérés : une trentaine de photographes et cameramen tentent de fixer le visage de celui qui est déjà désigné comme « le tueur en série toulousain ».

Michel Treilles, le président de la cour d'assises, a prévenu : nous ne sommes ni au spectacle, ni à la curée. Inutile d'espérer refaire une prise. Pour les journalistes d'images, ce « pool » est le premier et le dernier. Ceci explique pourquoi, là, près de la barre des témoins la dispute est âpre. En ces instants, chacun espère saisir l'accusé au-delà des traits qui lui servent de masque, et arracher un peu de son mystère. Patrice Alègre se compose un air indifférent, comme inaccessible au remue-ménage, imperméable aux sollicitations. Ce qui est vrai derrière les viseurs, l'est aussi pour le public qui tend le cou. Cette envie de voir, de le voir enfin, est d'autant plus forte que, depuis son arrestation, le vendredi 5 septembre 1997, Patrice Alègre est devenu tout à la fois le plus connu et le plus secret des tueurs en série français.

Les images de lui sont rares. Seuls, depuis cinq ans maintenant, une photo anthropométrique prise le jour de son arrestation, deux « shoots » saisis par un journaliste indépendant, Nicolas Auer, le jour de son arrivée à Toulouse, le 11 septembre 1997, et quelques instantanés arrachés à un album de famille, tournent en boucle dans les journaux. Il faut dire que, éclipsé par Guy Georges, « le tueur de l'Est parisien », qui a été arrêté le 26 mars 1998, et par Christine Malèvre, l'infirmière de Mantes-La-Jolie qui, le 7 juillet 1998, s'accuse de vingt euthanasies « d'initiative », Patrice Alègre a tardé à intéresser les médias nationaux. Pourtant, en ce jour gris, baigné d'une lumière blême et d'un crachin têtu, pas un journaliste ne manque à l'appel des trente-huit sièges réservés à la presse écrite, radio ou télédiffusée. Fait exceptionnel, en accord avec le chef du service d'ordre, le président a concédé la présence de plus de public que ne peut en contenir le quantum de chaises. Une partie de la foule des curieux et pseudo-« spécialistes » des serial killers suivra les débats debout, adossée aux murs lambrissés. Position inconfortable, sans doute, mais bien plus enviable que celle des « retardataires », qui ont eu l'imprévoyance d'arriver après 5 heures du matin et qui se tassent derrière les barrières qui balisent la rue des Fleurs, où se trouve l'entrée principale de la cour d'assises, dont les portes n'ouvrent pas avant 8 h 30. Pour qu'une foule d'anonymes s'entête à braver des heures durant un temps frileux et humide, pour que des chercheurs plus ou moins laborieux prennent sur leur temps, pour que tous les médias mobilisent leurs correspondants et dépêchent leurs « spéciaux », il faut évidemment un événement à la mesure de toutes ces énergies. Le procès de Patrice Alègre est un événement.

L'émoi qu'il provoque soudain est inversement proportionnel à la curieuse atonie médiatique dans laquelle, pendant six ans, a été contenue la progression de l'enquête. « L'effet Guy Georges », peut-être, « l'effet Malèvre », peut-être encore, mais aussi le 11 septembre 2001 les attentats de New York, et dix jours plus tard, l'explosion de l'usine AZF de Toulouse ont relégué le dossier Alègre aux marges de l'actualité. Patrice Alègre a été arrêté peu après la mort de Lady Di, cliniquement décédée le 1er septembre, officiellement morte le 3 septembre 1997. C'est une femme, une princesse, qui écrase dans l'actualité du jour, ce macho zonard interpellé le 5 septembre à Châtenay-Malabry, dans les Hauts-de-Seine.

Dans la nasse

Il est 17 h 10 ce jour-là. Patrice Alègre, qui a trouvé une solution de repli dans cette banlieue sans âme, attend depuis dix bonnes minutes devant l'interphone d'un immeuble situé rue de Verdun. Il est vêtu d'un tee-shirt gris, d'un jean fendu au genou droit, et chaussé d'une paire de baskets. Il porte un sac à dos, et en tient un second, plus petit, à la main. Il est là parce qu'il a un rendez-vous ou, plus exactement, il s'est dégotté une planque au 7ᵉ étage de ce bâtiment où habite un certain Renaud D., le copain d'un copain qui vit à Saint-Antonin dans le Tarn-et-Garonne.

Le contact, ce contact, ne se fera jamais. Les gendarmes de la Section de Recherches (SR) de Toulouse ont tendu un piège. Ils sont en route, mais ont confié la mission à leurs homologues de la SR de Versailles, qui ne disposent que d'une mauvaise photo faxée l'après-midi même. Seule la houppette du tueur est aisément identifiable. L'interpellation est presque courtoise : « Patrice Alègre ? » « Oui. » « Gendarmerie. Vous êtes en état d'arrestation. » Un des plus redoutables tueurs en série de cette seconde moitié du siècle vient de tomber en douceur. Sans opposer de résistance, après s'être fait piéger. Comme un bleu.

Le piège tendu par les gendarmes de la SR de Toulouse ne doit rien au hasard. Ils sont fébriles depuis la veille. Depuis que, peu avant 16 heures, le 4 septembre 1997, est tombée une « diff » sur les téléscripteurs de tous les services d'enquête du pays. Une « diff », dans le jargon de la police et de la gendarmerie, c'est une note d'information qui peut se révéler banale ou, au contraire, comme un indice déterminant dans une longue traque. Ce 4 septembre, la SR de Toulouse apprend qu'à 13 h 15, une explosion suivie d'un début d'incendie a eu lieu dans un appartement situé au 2ᵉ étage du 16, rue Jacques-Baudry, dans le XVᵉ arrondissement de Paris. Il est précisé qu'en arrivant sur place, les secours ont trouvé le corps sans vie, partiellement calciné, d'une jeune fille dénudée. Le télex précise que les policiers de la 6ᵉ Division de Police Judiciaire (DPJ) n'ont pas trouvé de trace d'effraction, mais ont en revanche constaté que les robinets de la gazinière étaient ouverts et qu'une bougie, placée près de la porte de la salle de bains, a servi de dispositif de mise à feu. Place Lafourcade, à la SR de Toulouse, dans le quartier Saint-Michel, la diff ne passe pas inaperçue. D'abord, même sommaire, la description du meurtre éveille l'intérêt des gendarmes. Coïncidence, le matin même, ils ont justement averti leurs collègues policiers de leurs soupçons quant à la présence de Patrice Alègre dans la capitale et ce meurtre de jeune fille ressemble, selon eux, de très près à ce qu'il est capable de faire. Une éventualité qu'ils jugent alors si forte qu'ils se précipitent à l'aéroport de Toulouse, confient une série de photos de « leur » suspect à un pilote de ligne, qui une fois à Orly les remet à un agent de la DPJ. Le hasard a peu de place dans cette démarche : dans la nuit du 3 au 4 septembre, des relevés d'écoutes téléphoniques font apparaître quatre communications entre Patrice Alègre et son amie Sylvie P. ; des appels adressés depuis une cabine du XIVe arrondissement. Mais, surtout, le tueur toulousain commet l'imprudence de composer un autre numéro, également sur écoute. Il appèle Sid E., un de ses anciens amis des années de galère, aujourd'hui retiré dans le Tarn-et-Garonne : l'enregistrement est explicite. Patrice Alègre indique qu'il cherche de l'aide et qu'il rappellera « le 5 vers 18 heures, peut-être avant ».

Il n'en fallait pas davantage pour que les gendarmes se ruent sur le moindre frémissement de la ligne du Sid. Quand, le 5 au matin, Patrice Alègre rappelle comme prévu, il se dit « en rade à Paris » et demande à son copain de lui indiquer un endroit où passer la nuit. Sid lui donne l'adresse de Châtenay-Malabry. Les gendarmes n'ont rien perdu de la conversation et ils prennent sans délai la route de la capitale. Fin de la cavale.

Patrice Alègre est alors recherché par les gendarmes pour deux meurtres et un viol. Le premier concerne Laure Martinet, une adolescente de 19 ans et demi, violée et tuée dans des circonstances épouvantables dans la nuit du 24 au 25 janvier 1990. Le second, non moins terrible, a eu lieu quelques mois avant son arrestation, le 19 juin 1997, à Verdun-sur-Ariège, et concerne Mireille Normand, une jeune femme de 35 ans. Patrice Alègre a été trahi par son ADN et identifié depuis qu'il a violé et tenté d'étrangler une "miraculée", Émilie Espès, 21 ans, tabassée et abusée au sortir d'une soirée techno, dans la nuit du 21 au 22 février 1997 dans la région toulousaine.

Mais pour l'heure, après avoir interpellé leur suspect, les gendarmes remettent Patrice Alègre aux policiers de la 6e DPJ, qui agissent en flagrance. Ils ont pour mission d'élucider la mort de la jeune fille retrouvée la veille dans le studio de la rue Jacques-Baudry. Il s'agit d'Isabelle Chicherie, 28 ans, employée de la SNCF. Une sage célibataire qui a eu pour seul tort de rencontrer Patrice Alègre quelques semaines auparavant, en Espagne, et de lui laisser son adresse à Paris.

Une mort terrible, à l'instar de celles que Patrice Alègre a déjà données. Ce que personne ne sait encore. Isabelle Chicherie avait accueilli Patrice Alègre le 1er septembre. Se sachant recherché pour le viol d'Émilie Espès, et éventuellement pour le meurtre de Mireille Normand, il était en cavale. Il se présente à la jeune femme en victime, lui expliquant en substance : « Je me suis fait voler mon argent et ma voiture ». Les deux premiers soirs, ils sortent « en copains » et dînent au restau en compagnie de Valérie, une amie d'Isabelle. Le 3 au soir, Valérie part en vacances. Isabelle Chicherie propose à Patrice Alègre de limiter les frais et de manger au studio. Le Toulousain boit du Ricard, du rosé et du champagne. La jeune femme, un Martini à l'apéritif. Ils agrémentent la fin du repas d'un peu de musique et décident de se coucher.

Patrice Alègre est en caleçon, Isabelle porte son pantalon de pyjama et un long tee-shirt de nuit. Comme les deux soirs précédents, ils s'allongent sur la mezzanine. Il est difficile de raconter la suite. L'ordonnance de mise en accusation opposée à Patrice Alègre a le ton froid et distancié qui suffit à résumer le drame : « Contrairement aux nuits précédentes, Patrice Alègre éprouvait subitement l'envie d'une relation sexuelle avec Isabelle et essayait de l'embrasser sur la bouche. Celle-ci s'énervait, refusant ses avances. Il se couchait alors sur elle, déchirait son tee-shirt, lui arrachait le pantalon de pyjama et lui serrait la gorge pour l'empêcher de crier. Elle perdait connaissance mais il la pénétrait. Comme la jeune femme reprenait ses esprits et commençait à se débattre, il lui serrait à nouveau le cou et, en se débattant, elle se cognait la tête et le bras à la mezzanine. »

Nul ne sait sinon Alègre, peut-être, combien de temps a duré le supplice car le tueur en manque de virilité infligera d'autres sévices à la trop gentille Isabelle. Sur la base des mêmes constatations, le juge poursuit : « Il descendait de la mezzanine vers 3 heures et allait se laver car son sexe était couvert de sang, qui ne pouvait être que celui d'Isabelle. Il restait dans l'appartement jusqu'à 4 h 30 et, sans même vérifier si celle-ci était encore vivante, il finissait la bouteille de champagne et fouillait le studio afin de trouver de l'argent. » Plus loin, on apprend que cette jeune femme pleine de vie est morte pour « un bracelet, une bague en or, un blouson, un agenda, six CD, un appareil photo, un chéquier, une carte bancaire et une somme de 140 francs. » Le chéquier finira dans la Seine, la carte bancaire ne profitera jamais. Puis, poursuit l'acte d'accusation,

« Patrice Alègre décidait d'effacer toute trace de son passage et de provoquer une explosion en ouvrant tous les brûleurs de gaz de la cuisinière et en allumant une bougie qu'il plaçait sur le lavabo de la salle de bains ». Il est 4 h 30 lorsqu'il quitte le studio transformé en bombe.

Pour les policiers de la 6e DPJ, l'enquête est d'autant plus simple qu'elle a déjà bien avancé quand Patrice Alègre entre dans leurs locaux. Grâce aux photos envoyées la veille par les gendarmes, ils ont déjà largement déblayé le terrain : plusieurs amis de la victime ont reconnu en Patrice Alègre, « le copain à l'accent toulousain » qui accompagnait Isabelle Chicherie lors de ses dernières sorties. Il ne manque plus que des aveux. Nul n'ignore parmi les fonctionnaires de la 6e DPJ que l'homme qu'ils ont en face est suspecté de deux autres meurtres. Un dur ? Même pas. Il reconnaît froidement les faits et raconte le meurtre sur le ton de la conversation. Il a le même détachement devant les gendarmes pour admettre le viol d'Émilie Espès, et le meurtre de Mireille Normand. Enfin, et surtout, confondu par l'expertise ADN, il avoue être l'auteur du crime de Laure Martinet, une jolie brunette, une étudiante assassinée dans des conditions monstrueuses dans la nuit du 24 au 25 janvier 1990. Une affaire emblématique pour la SR de Toulouse, surtout pour l'adjudant Daniel Soucaze, qui a piétiné sept ans sur ce dossier, tout en gardant la conviction que cette affaire sortirait un jour.

À chaque fois, le suspect raconte ces drames qui ont détruit des familles, comme s'il parlait de la pluie et du beau temps. À chaque fois, une évidence banale s'impose à lui : « J'avais envie d'avoir une relation sexuelle, elle a dit non, alors je l'ai tuée». C'est son mobile. Sa justification. Pire, il n'y voit pas malice, il n'y a pas d'incidence morale dans son discours. Il énumère et «explique» ces événements sanglants comme quelqu'un qui raconte sa journée. Pourtant, les crimes sur lesquels il s'explique ne lui ont pas échappé. Il en connaît parfaitement les conséquences. Mais s'il en mesure le poids, c'est au regard des sanctions qu'il encourt, lui. Le traumatisme de la victime violée n'est pas vraiment son problème, pas plus que la détresse des familles: «Je sais ce que je risque, je suis foutu, alors», dit-il aux enquêteurs qui s'évertuent à lui arracher un mot susceptible de trahir un sentiment.

Le témoignage d'Émilie

Cette préoccupation exclusive de lui-même atteint une sorte de paroxysme avec le viol d'Émilie Espès. Il ne demande pas son pardon. Au contraire, il revendique l'indulgence en chargeant d'un poids moral supplémentaire, la jeune femme qu'il vient d'abîmer à jamais: «Tu tiens dix ans de ma vie entre tes mains», lui dit-il sur le ton de la supplique. Nous sommes le vendredi 21 février 1997. Depuis trois semaines, Patrice Alègre vit à Saint-Orens chez Yves et Nora C., des amis qui l'ont hébergé. En effet, au terme d'une énième dispute – qui avait d'ailleurs justifié l'intervention de la police – Patrice Alègre a été chassé par sa petite amie du moment, Sylvie P.

Ce vendredi-là, en fin de matinée, Yves et Patrice Alègre vont faire quelques courses en ville. Aux alentours du déjeuner, ils passent prendre un pot dans un bar, le *Yellow*. Ils y ont leurs habitudes, connaissent beaucoup de monde. Ils font le tour des tables pour serrer des mains quand ils tombent sur un groupe d'amis auxquels s'est jointe une jeune fille en vacances. Elle a à peine un peu plus de vingt ans, elle est brune, pleine de vie et a tout son temps devant elle. Quelques verres plus tard, Patrice a déjà fait sa connaissance et lui propose de l'emmener, le soir même, à une soirée techno qui a lieu à Plaisance-du-Touch, une banlieue mi-ouvrière, mi-résidentielle de Toulouse. Émilie accepte. Elle va même suivre Patrice Alègre dès cet instant, et passe l'après-midi avec lui. Le soir, peu après 23 heures, Alègre fait démarrer sa Mini Austin noire et embarque Émilie, direction Plaisance-du-Touch. Sur place, la jeune Parisienne se laisse emporter par la musique, alors que le Toulousain se visse au bar et joue les piliers avec, à la main, une sempiternelle bière qui s'ajoute aux joints qu'il a fumés dans l'après-midi et au rail de coke qu'il s'est fourré dans le nez avant d'arriver. Tard dans la nuit, à une heure dont personne ne se souvient, Émilie, fatiguée, souhaite rentrer. Encore une fois, elle se cale à la place du passager dans la petite Austin. Elle s'endort. Nul ne saura jamais si elle rêve. En revanche, elle se réveille en plein cauchemar : elle est sur la banquette arrière avec, sur le corps, tout le poids de Patrice Alègre qui tente de l'étrangler. Prise d'un sursaut d'énergie vitale, Émilie tire les cheveux, griffe et gifle. L'autre la bourre de coups de poing au visage. Elle s'évanouit. Quand elle reprend ses esprits, l'Austin est engagée sur un chemin de terre, en pleine campagne. En plein désert. Sa tête lui fait mal, très mal. Elle passe sa main sur ses joues, son front et, à la clarté de la lune, remarque le sang qui macule ses doigts :

«J'étais à demi nue, je me suis doutée de ce qui venait de se passer», se souvient Émilie Espès. Mais, sur l'instant, elle cherche à calmer son agresseur: «Ce qui a été dur, c'est de trouver les mots». Elle ne se souvient plus lesquels. «Je crois que je lui ai dit, ne t'en fais pas, ça arrive à tout le monde, ce n'est pas grave». Qu'à cela ne tienne. Patrice Alègre rabat le siège passager et sort son sexe. «Malgré une érection incomplète» précise l'acte d'accusation, il parvient à la violer. Il éjacule aussitôt et se met à pleurer: «Il s'est excusé, il m'a implorée en disant que je tenais dix ans de sa vie entre ses mains», témoignera Émilie. Le violeur qui bande mou, éjaculateur précoce, ne finit pas sa sinistre besogne comme il a l'habitude de le faire: Émilie aura la vie sauve. «Il m'a expliqué que cette fille qui a survécu, il ne l'a pas tuée parce que la dose de réalité était trop grande, à cause du manque de drogue. Il était un peu plus dans le réel.» Un réel encore un peu abstrait puisque Alègre ramène Émilie chez Yves et Nora C. et l'invite à partager la fin de la nuit dans le lit qu'on lui prête. Erreur grossière ou envie d'en finir en signant son geste? Ce soir-là, s'il avait voulu laisser sa carte d'identité, il ne s'y serait pas pris autrement. Car ce qui devait arriver arrive: au réveil, Émilie croise Yves et Nora. Elle a le visage tuméfié. Sa joue gauche, encore sanguinolente, a doublé de volume. Conséquence de la tentative d'étranglement dont elle a été l'objet, elle a du mal à parler. Elle confie à Nora qu'il y a eu une bagarre au cours de la soirée techno, et qu'elle a pris des coups. Yves se rapproche d'Alègre et pose à son tour des questions. Il s'entend répondre à peu près la même chose. Mais, pas dupe, le couple ne croit guère en cette version trop grossière au regard des stigmates et de l'état de panique d'Émilie. Après avoir fait semblant d'avaler ces salades, Nora conduit Émilie à l'hôpital. Patrice Alègre comprend qu'il est grillé et prend la tangente. À l'hôpital, Émilie ne tarde pas à recevoir la visite des policiers de la sûreté urbaine de Toulouse. C'est l'inspecteur Marc D. qui pilote les investigations. Pour lui, la tâche est à la fois simple et compliquée. Simple parce qu'il lui est aisé d'établir l'identité de l'agresseur d'Émilie en interrogeant Yves et Nora, et d'obtenir une confirmation en présentant une photo d'Alègre à la victime. Mais l'enquête se révèle plus ardue quand il s'agit de savoir ce qu'est devenu le suspect : le dimanche 23, en début d'après-midi, Patrice Alègre a disparu au volant de son Austin après avoir tapé 50 francs, même pas 10 euros, à ses hôtes « pour acheter une carte téléphonique ». La voiture sera retrouvée huit jours plus tard, le 3 mars, abandonnée aux limites de la commune d'Auriac-sur-Vendinelle, une commune rurale située non loin de Toulouse. Le fuyard est introuvable. Cependant, outre son identité et ces indices matériels, Patrice Alègre a laissé l'essentiel derrière lui. Il pourra toujours changer de nom ou de visage : en récupérant le sang qui macule les vêtements d'Émilie et le sperme séché sur le siège de la voiture, ils possèdent désormais l'empreinte ADN, la carte génétique de Patrice Alègre. Et cette indication va se révéler déterminante. À cette heure, plus qu'en cavale, Alègre est en galère. Alègre-galère : étonnant anagramme. Son viatique de 50 francs a fondu depuis belle lurette. Les policiers apprennent que la voiture a été abandonnée, le réservoir vide, le 28 février. Une simple vérification auprès de la cabine téléphonique du village leur permet d'apprendre qu'il a appelé sa mère, qui vit à Revel.

Celle-ci reconnaît s'être portée à son secours en venant le chercher, et en le conduisant à la gare routière de Toulouse. Elle lui a donné 3 000 francs (450 euros) en liquide et dit ne pas savoir la direction qu'il a prise. Elle ignore encore tout ce qui est reproché à son fils. En interrogeant les chauffeurs à qui ils montrent des photos, les policiers établissent que leur suspect a pris un bus pour Montauban et, de là, s'est rendu à Saint-Antonin, un village touristique du Tarn-et-Garonne situé à la sortie des gorges de l'Aveyron. Alègre a de l'avance et continue d'en prendre. Le rythme de l'enquête n'est pas le même que celui de la cavale. Ils le repèrent à Albi, où il vole une voiture sous la menace d'une arme, en avril, puis à Foix, en juin, où il passe une nuit au commissariat pour ivresse et violences légères sur la voie publique. Ce soir-là, démuni de papiers, il s'en sort en donnant une fausse identité. Peu à peu, la trace du violeur d'Émilie se dilue et, finalement, se perd pour les policiers de la sûreté urbaine dont la compétence territoriale est limitée. Sachant leur « client » en goguette dans les zones rurales, ils donnent un certain nombre de renseignements aux gendarmes. Dont la fameuse carte génétique. C'est la SR de Toulouse qui hérite de ces documents et indices. Le dossier tombe sur le bureau du major Jean-Yves Grolleau. En dépit de toutes les « diff » les téléphones tardent à sonner. Cependant, les gendarmes consultent attentivement les pièces qu'on vient de leur fournir. Soudain, l'adjudant Daniel Soucaze percute : il constate que le violeur dont on vient de leur fournir le signalement a vécu à Saint-Genies-Bellevue, une banlieue mi-résidentielle, mi-rurale au nord de Toulouse. Ce détail lui ouvre aussitôt une perspective sur « son » affaire, celle qui l'a si longtemps empêché de dormir : l'assassinat de Laure Martinet, une jeune fille dont un mystérieux violeur a anéanti les 19 ans et demi un soir de janvier 1990. Sept ans de tâtonnements, des centaines de relevés, des milliers de pages d'interrogatoires, n'ont pas suffi à éclaircir le mystère de cette mort cruelle qui taraude la conscience de l'adjudant Soucaze. Ce dernier a fait le serment de ne jamais quitter Toulouse avant d'avoir résolu cette énigme. Tous les membres de la SR, d'ailleurs, d'une façon ou d'une autre, ont été impliqués dans cette enquête. Mais le plus imprégné est Daniel Soucaze, qui connaît la moindre cote en détail et se souvient de la moindre audition. Et, bien sûr, quand apparaît le village de Saint-Genies-Bellevue, associé au violeur en fuite, l'indice a une résonance immédiate.

Le Retour du passé

Etudiante à la faculté du Mirail, Laure Martinet est retrouvée le 27 janvier 1990, gisant dans un fossé près de Bonrepos-Riquet, banlieue est de Toulouse. Elle ne porte qu'une paire de chaussettes noires. Son corps est une plaie. Très vite, elle est identifiée. L'avant-veille, le 25, son père, chauffeur de taxi à Toulouse, s'est présenté à la brigade de gendarmerie de Launaguet pour signaler sa disparition. Il explique que Laure a passé une partie de la nuit du 24 au 25 chez un de ses amis, Andreas, un étudiant allemand affectueusement appelé « Andy », qui l'a raccompagnée peu avant minuit sur la route d'Albi, face à l'église de Croix-Daurade, où elle veut faire du stop pour rejoindre le domicile familial situé à Saint-Genies-Bellevue. L'autopsie de la jeune fille révèle qu'avant d'être tuée, elle a subi les pires outrages. La mort, estiment les légistes, lui a été infligée par strangulation. Mais sa rate éclatée atteste, notent-ils, d'un « coup violent produit par un objet contondant, la pointe d'une chaussure par exemple, un coup de poing n'étant pas suffisant pour provoquer cette rupture ». En outre, l'intimité abîmée de la jeune fille révèle l'existence d'un viol terrible : « Les lésions relevées ne peuvent avoir été provoquées par une simple introduction phallique, l'introduction d'un objet doit être envisagée. » Pour les enquêteurs, à l'époque, ces constats ne sont que des indications. Pas des indices. Les seuls dont ils disposent sont troublants : l'après-midi même de la découverte du cadavre de la jeune étudiante, ses classeurs et un porte-documents lui ayant appartenu ont été retrouvés à 30 kilomètres de là, à Fenouillet, banlieue nord. Ces documents sont secs alors qu'il a plu dans la nuit. Le début de l'enquête le confirme vite : Andreas est interrogé et rapidement mis hors de cause. Son témoignage n'apporte aucun élément susceptible d'intéresser les gendarmes. Après avoir accompagné Laure sur la route, il s'était éclipsé sans attendre qu'un automobiliste la prenne en charge. Une foule d'automobilistes, routiers, motocyclistes et riverains de la route d'Albi sont interrogés. En vain. Restent les maigres indications fournies par la maman et la sœur d'Isabelle R. Isabelle est la meilleure amie de Laure. Elle habite chez ses parents, à l'Union, c'est-à-dire à quelques kilomètres en droite ligne de l'endroit où Laure a été déposée par Andy. Les deux jeunes filles, qui sortaient souvent ensemble et se déplaçaient en stop quand elles rentraient au-delà de l'heure du dernier bus, s'étaient juré « de se rendre chez l'une ou l'autre en cas de danger». Le 30 janvier, Pierrette R., la maman d'Isabelle, et Claire, sa sœur, indiquent aux gendarmes que Laure est vraisemblablement passée chez elles le soir de sa disparition. «J'ai entendu crier dans le jardin», disent-elles l'une et l'autre. Le message dont elles se souviennent est clair: «Madame R., c'est Laure», disait la voix. Maigre. Quelques jours plus tard, Pierrette R. tient à apporter des précisions: elle déclare avoir entendu un peu plus que ce qu'elle a indiqué précédemment. «La jeune fille a ajouté: ils sont déchaînés, si vous ouvrez ils mettront le feu à votre maison». Ils? Laure serait-elle venue avec au moins deux personnes? Un nouveau contre-pied dans les préoccupations des enquêteurs. La mère d'Isabelle complète son témoignage en disant avoir également entendu Laure crier «Papa, maman, il(s) m'emmène (nt)», puis, un peu plus tard: «Ce sont les voisins.» Voilà enfin presque un détail. Sauf qu'en dépit de tous ses efforts, Pierrette R., traumatisée par cette affaire, met un bémol: «Je ne me souviens plus si cette scène a existé ou si je l'ai rêvée», regrette-t-elle. Contre-pied dans le contre-pied. Les gendarmes n'avancent pas. Il faudra attendre 1993, et le secours de la science policière. En 1990, au moment du décès de Laure, les techniques de l'extraction d'ADN sont encore en phase expérimentale. Le procédé est connu, mais la justice, qui a besoin de vérités, doute encore de sa fiabilité. Mais, très rapidement, les pratiques évoluent et ce recours a tendance à se généraliser tant la marge d'erreur est infime, pour ne pas dire inexistante. De fait, les prélèvements effectués sur le corps de la victime sont analysés, et la carte génétique du tueur – récupérée sur un résidu de sang et de peau prélevé sous les ongles, et un écoulement de sperme – est établie. Mais cette indication ne donne ni le nom ni la photo du titulaire. Une foule de proches, amis, connaissances, relations plus ou moins probables de Laure Martinet sont systématiquement « testés ». Le décryptage ADN est notamment effectué à Saint-Genies-Bellevue où les camarades de la jeune fille et surtout, surtout les voisins, font l'objet de tests ADN. En vain. Laure Martinet habite alors rue du Torrent. La famille Alègre aussi ! Le frère de Patrice fait l'objet d'un examen, mais Patrice, qui ne vit plus sur place, ne fait pas partie du nombre des personnes convoquées… L'enquête piétine, va de faux espoir en chausse-trappe. Rien. À tel point que, le 26 septembre 1996, une ordonnance de non-lieu est rendue. Affaire classée.

Cauchemar en Ariège

Pourtant, en juin 1997, un sinistre hasard va forcer le destin. Le 11 juillet, non loin d'Ax-les-Thermes, au lieu-dit Barry-d'en-Haut, situé sur la commune de Verdun, en Ariège, la Brigade de Recherches (BR) du département intervient en fin d'après-midi. Munis de pelles, les militaires se rendent à l'arrière d'un chalet d'où a disparu Mireille Normand. Cette jeune Bretonne âgée d'un peu plus de 35 ans s'était installée depuis quelques années dans la maison familiale pour fuir l'aliénation citadine et renouer avec une vie plus libre, plus près de la nature. Ce rêve de montagne a tourné au cauchemar. Ses frères, tout d'abord, ses amis ensuite avaient fait part de leur inquiétude aux gendarmes dès avant la fin du mois de juin : nul n'avait aperçu, ou réussi à joindre Mireille au téléphone depuis le 19 au soir. Le 20, un ami de la jeune femme avait lui aussi appelé et avait eu une conversation avec un certain « Franck », qui lui avait expliqué que la propriétaire des lieux était sortie. Le 1er juillet, la BR de Foix est avisée par la guardia civil de Campello, situé près d'Alicante en Espagne, qu'une Citroën BX immatriculée en Ariège vient d'être retrouvée, près d'une plage. Les policiers espagnols donnent l'alerte parce que, selon eux, cette BX est vraisemblablement volée. Pour autant, malgré les appels de la famille et les indications de leurs homologues espagnols, les vérifications des gendarmes ariégeois se font sans hâte. C'est une amie de Mireille qui, inquiète de ce silence obstiné, se rend au chalet le 11 juillet en fin de matinée. Elle entre dans le jardin de devant et constate que la maison est close, ce qui n'arrivait jamais. Elle se décide alors à faire le tour, espérant pouvoir entrer via la porte qui donne sur le potager, situé à l'arrière. Là encore, pas d'issue. Mais soudain elle remarque qu'en un endroit inculte, la terre a été retournée. Redoutant le pire, elle informe les gendarmes. Son intuition va se révéler juste. Le corps de Mireille Normand, jeune femme libre dont le seul tort est d'avoir ouvert sa porte à un zonard sans boulot, gît à 80 centimètres sous terre dans un misérable linceul fait d'une housse de canapé clic-clac. En découpant le cercueil de toile, les gendarmes découvrent un corps meurtri, qui se présente à eux à demi nu, bâillonné, mains et pieds ligotés dans le dos. Une perquisition est effectuée dans la maison. Elle permet non seulement d'établir que des objets ont disparu, mais indique aussi que le meurtrier a grossièrement tenté d'effacer les traces de son forfait : des marches de l'escalier ont été poncées, et des marques de peinture sur la moquette signalent, plus qu'elles ne les dissimulent, des taches de sang que l'auteur des faits a naïvement tenté de camoufler. En outre, sur une table, les enquêteurs relèvent la présence d'un billet signé « Franck ». Qui est ce « Franck » ? L'inconnue est rapidement levée. Mireille Normand a de nombreux amis qui expliquent que la victime l'a rencontré le 14 juin, à l'occasion d'un méchoui. Des photos de Patrice Alègre sont soumises aux nombreux convives, qui constituent autant de témoins présents ce jour-là. Toute ambiguïté disparaît : il s'agit bien de « Franck ». Témoignages et constatations médico-légales indiquent que Mireille a été tuée soit dans la soirée du 19 juin, soit dans la journée du 20. En ce 11 juillet, l'agresseur a plus de vingt jours d'avance et on sait en outre qu'il a mis une frontière entre lui et ses poursuivants. Les gendarmes s'appliquent alors à reconstituer l'itinéraire de leur suspect. Ils estiment « entre fin avril et début mai » son arrivée en Ariège. On trouve sa trace dans le Couserans, à Aulus, où il va régulièrement encaisser des mandats à La Poste. C'est sa mère, la seule sans doute à savoir où il se trouve, qui lui adresse ce viatique. Les policiers, qui sont à ses trousses depuis le viol d'Émilie Espès, n'avaient pas songé à organiser cette surveillance. On découvre également que Patrice Alègre a fait quelques petits boulots, notamment chez un brocanteur, lequel le conduit à Foix « aux alentours de la mi-mai ». Là, il zone et se mêle à la foule des routards. Il traîne, fait la manche et squatte. La seule date certaine est celle du 31 mai. Ce soir-là, invité à dîner chez une amie de rencontre, il boit plus que de raison. La jeune femme parvient à se débarrasser de lui, mais il revient, fait un esclandre dans la rue et casse la porte. Les policiers l'interpellent.

Or, Patrice Alègre n'a ni son sac ni ses papiers sur lui. Embarqué au commissariat de Foix pour « violences légères et ivresse manifeste sur la voie publique », il fait l'objet d'une procédure. Il dit s'appeler « Robert Richard ». Après une nuit passée en cellule de dégrisement, il sort du commissariat avec, dans la poche, une convocation à comparaître devant le Tribunal de Grande Instance (TGI) de Foix, pour le 8 juillet 1997. Or, le surlendemain, la jeune femme victime de l'agression se rend à son tour au commissariat. Elle a récupéré, par l'intermédiaire d'un zonard, le permis de conduire que Patrice Alègre avait laissé dans un squat. Les policiers, navrés sans doute, se rendent immédiatement compte de leur méprise et constatent qu'ils viennent de laisser filer un homme recherché pour un viol commis à Toulouse. Difficile de savoir si cet épisode est à ranger dans le lot des maladresses policières, ou dans la liste non moins impressionnante des coups de chance qui ont aussi sûrement aidé l'insolente cavale du fuyard. Question de point de vue. Dans cet intervalle, Patrice Alègre est reparti dans les montagnes du massif de l'Arize, qui se déploie entre Tarascon et Saint-Girons. Il n'est pas très loin de Foix, mais il peut facilement disparaître dans cette zone d'habitat dispersé où il a déjà vécu, notamment dans une tente de fortune qu'il a dressée, planquée au fond des bois du Tuc de la Coume, qui sépare les vallées de Massat et d'Aulus dans le Couserans. Cet abri, d'ailleurs, ne sera jamais découvert par les gendarmes et restera longtemps à l'état de vestige. Le fuyard ne tarde pas à revivre au grand jour. Il va chercher ses mandats à Aulus et développe même une certaine vie sociale. Il se fournit à l'épicerie, va au café où il se fait des amis… et des dettes.

Le 14 juin, il est invité à une fête, un méchoui. C'est donc là qu'il rencontre Mireille Normand et se présente à tous les convives sous le prénom de « Franck ». La jeune femme, sensible à la galère dans laquelle il se trouve, lui propose de l'héberger quelques jours chez elle moyennant quelques travaux de jardinage. Marché conclu. Dans l'esprit de Mireille, il s'agit d'un contrat de quelques jours. En effet, au cours du méchoui Patrice Alègre a également accepté la proposition de deux invités qui s'apprêtent à aller cueillir des melons au Portugal. Rendez-vous est alors pris « pour la semaine du 20 », date de départ envisagée. « On se téléphone... » C'est le 16 juin que Patrice Alègre arrive à Barry-d'en-Haut, et s'installe dans le chalet. L'enquête ne dit pas la quantité de travail qu'il produit en échange de l'hospitalité de Mireille. Qu'importe après tout puisque, vraisemblablement, le séjour de « Franck » débute sur un mode acceptable pour la jeune femme, vue à plusieurs reprises dans la vallée en compagnie de son invité. Le 19 juin aurait pu être une journée comme une autre. Sauf que Mireille attend une famille de Foix, qui s'est engagée à acheter la vieille Peugeot 309 qui sommeille dans le jardin depuis qu'elle a fait l'acquisition de la BX Citroën. La transaction a lieu en fin d'après-midi. Le paiement s'effectue pour partie en liquide, environ 5 000 francs que Mireille range dans la poche de son jean. Après avoir pris l'apéritif et salué ses acheteurs, Mireille se retrouve seule avec Patrice Alègre. En milieu de soirée « vers 22 heures, ou 23 heures », selon l'estimation des enquêteurs, ils se rendent chez une connaissance de la jeune femme, qui entame son pécule pour acheter 500 francs de shit. Sur place, dira plus tard le vendeur, « Ils ont bu une bière et fumé deux ou trois joints». En clair: il est déjà tard quand ils reviennent au chalet. Là encore, si on se fie aux déclarations d'Alègre, ils fument quelques pétards supplémentaires et boivent quelques verres. La nuit est sans doute bien avancée quand Patrice Alègre s'essaie à jouer les séducteurs et réclame un baiser à Mireille. Qui le lui refuse. Il tente alors de le lui arracher, mais la jeune femme entend mettre un point final à cette insistance et décide d'aller se coucher. Patrice Alègre la suit et, sur le seuil de sa chambre, il l'attrape par le cou. Mireille se défend. Son agresseur «la cogne contre un angle», disent les rapports judiciaires. Qu'importent les détails; on le devine, le drame est engagé. La scène, terrible, dure jusqu'aux alentours de 4 heures du matin. Mireille est battue, à demi étranglée, violée à plusieurs reprises, subit une nouvelle tentative d'étouffement. Patrice Alègre la croit morte quand il ligote ensemble dans le dos, ses pieds et ses mains, et noue un bout de drap sur sa bouche. L'autopsie montrera que c'est ce bâillon qui est à l'origine de l'asphyxie définitive de Mireille. Ensuite, il descend le corps de sa victime dans une pièce du rez-de-chaussée, la dépose sur un canapé «clic-clac», et se lance dans une besogne non moins sinistre. Patrice Alègre revient à l'étage, sur les lieux du crime et se met en tête d'effacer toutes les traces du drame. Il y a du sang sur le matelas, il le retourne. Il y en a aussi dans les escaliers, il le ponce. Sur la moquette, il la peint. Bien évidemment, ivre et fumé, il en oublie. L'enquête estime qu'Alègre termine ce sale boulot à l'aube. Pour autant, il n'en a pas fini avec l'horreur. Il sort de la maison, brûle tous les draps et vêtements susceptibles de porter des traces de sang. Son affolement est très relatif:

il n'oublie pas que dans le jean de Mireille il reste encore un peu plus de 4 000 francs provenant de la vente de la 309. Il fait main basse sur cet argent. Et va se coucher. Dans la journée du 20 juin, il nettoie ses vêtements et se réserve un peu de temps pour « visiter » la maison. Dans son esprit, il est clair qu'il va partir avec la BX. Alors, il la charge de divers objets, essentiellement des outils : une meuleuse, une perceuse, un compresseur, une scie circulaire, mais aussi un téléviseur et un magnétoscope. À la tombée du soir, il se rend dans le jardin et creuse un trou « d'une profondeur d'environ 70 à 80 cm ». Il fait sans doute nuit quand il retourne dans la pièce du bas, où gît la dépouille de Mireille. Alègre la roule dans la housse du clic-clac : « Il transportait alors son corps sur l'épaule droite, remontait au premier étage pour passer à l'arrière de la maison, et la mettait directement dans le trou qu'il venait de creuser », indique le rapport des gendarmes. Froid mais sans ambiguïté. C'est le 21 juin, aux alentours de 6 heures du matin, que Patrice Alègre quitte le Barry-d'en-Haut. Après avoir recouvert de terre la sinistre sépulture de Mireille, il s'est appliqué à « fignoler » le maquillage des lieux dans l'espoir de dissimuler le crime. Avant de partir au volant de la BX, dont il a subtilisé les clés, il s'évertue naïvement à brouiller les pistes et laisse en évidence sur la table de la cuisine un petit mot, daté de l'avant-veille et signé « Franck » : « Tu n'es pas là, je m'en vais », écrit-il en substance. Patrice Alègre ne se sent pas encore traqué. Cependant, sans doute sait-il qu'il lui faut aller vite : la veille déjà, des amis ont appelé Mireille. Il a décroché et répondu assez naturellement pour ne pas éveiller d'inquiétude, qu'elle était allée chercher du travail, mais il sait que cette esquive ne constitue qu'un sursis. Mireille connaît trop de monde, reçoit trop de visites et en rend trop également, pour que son absence passe longtemps inaperçue. Avant de tracer la route, peut-être pour réfléchir, peut-être parce qu'il est inconscient, il revient dans le Couserans. Il fait un crochet chez un de ses anciens « employeurs », et lui vend pour 4 000 francs l'outillage et l'ensemble télé-magnétoscope dérobés chez Mireille. Dans la journée, il se rend à Aulus où il règle ses dettes d'épicerie, s'installe au bar, joue aux cartes comme si de rien n'était, efface son ardoise et passe la nuit à Ercé, chez un commerçant pour qui il a également travaillé. Le lendemain, il prend les petites et discrètes routes de montagne pour rejoindre Saint-Béat et passer en Espagne, via le Val d'Aran. Nous sommes le 22 juin 1997. Le 25, à Guardamar de Segura, près d'Alicante, il rencontre Isabelle Chicherie.

Autopsie d'une enquête bâclée

Dans les locaux de la 6e DPJ, qui doit « établir en procédure », le meurtre d'Isabelle Chicherie, l'inspecteur Guy Clotilde comprend vite que le suspect que viennent de lui livrer les gendarmes n'a rien d'un dur. Pas même d'une « lavette », d'ailleurs. Un être à part, comme rarement il en a rencontré.

Cinq ans après, au cours du procès, il n'est toujours pas remis de son étonnement : « Il était assis face à moi, je lui posais des questions, il répondait sur le ton de l'échange de banalités. Il discutait, en somme », dira le policier devant la cour d'assises. Il se souvient également que Patrice Alègre, qui vient de massacrer une jeune femme, plaide pour une faveur au moment de la prise de sang nécessaire pour l'extraction de son ADN et la mesure des toxiques et alcool retenus dans son organisme : « Il m'a demandé de s'allonger, parce qu'il avait peur de se trouver mal ! ».

Arrestation facile, garde à vue tranquille, aveux spontanés, explications détaillées : la mise hors circuit du tueur en série répond à des évidences qui, déjà, tranchent sur ce qui lui est reproché. « Il ne donnait pas l'impression de vouloir camoufler les choses, plutôt d'avoir des trous de mémoire », avancera l'enquêteur qui évalue : « Il m'a donné l'impression d'avoir vécu son arrestation comme un soulagement ».

Quand les policiers de la 6e DPJ en ont – rapidement – terminé avec leur suspect dans ce qu'ils nomment désormais le « dossier Chicherie », les gendarmes prennent le relais auprès de Patrice Alègre. Ils ont en tête trois affaires. Le viol d'Émilie Espès, les meurtres de Mireille Normand et de Laure Martinet. Ils décident de ne pas prendre la main : « Sans raison particulière, si ce n'est une intuition, mes collègues et moi avons décidé de le laisser dans le flou ».

« Salut Patrice, tu sais pourquoi nous sommes ici ?

– Oui, pour Martine, à Foix, en 1990. »

C'est un lapsus. Peut-être fait-il partie de ce besoin de « délivrance » unanimement souligné par les enquêteurs. Non, les gendarmes ne sont pas là pour « Martine ». Daniel Soucaze fait comme si la réponse était évidente :

« Alors, tu vas nous raconter. » Sans savoir qu'il aurait peut-être pu passer au travers de cette affaire, Patrice Alègre révèle aux gendarmes l'existence d'un troisième meurtre. Les enquêteurs ignorent tout de cette histoire mais, avec une candeur qu'il ignore, Alègre leur avoue le meurtre de Mireille Normand en l'appelant « Martine » à plusieurs reprises au cours de son récit. Les gendarmes laissent s'épancher leur suspect et, dans le même temps, font appel à leur mémoire. En vain. C'est le hasard qui va leur permettre de deviner que cette confusion mentale a un sens caché, et comprendre enfin que ce prénom est associé à un crime qui a effectivement eu lieu. Le dossier « appartient » en réalité à la sûreté urbaine de Toulouse.

La deuxième mort de Martine Matias

Nous sommes en février 1997. Martine Matias est une jeune Toulousaine sans histoire. Elle occupe un poste de secrétaire dans une grande entreprise de hautes technologies, et tant ses parents que ses rares amis la disent « discrète », voire « secrète » ; timide, presque farouche dans ses rapports avec autrui. Mais cela ne suffit pas à la décrire. Martine Matias est une championne. À 29 ans, elle a raflé plusieurs titres nationaux en boxe française. Elle s'entraîne au TOAC, un grand club toulousain ; même si elle a tendance à s'éloigner des compétitions, elle n'en continue pas moins l'entraînement pour garder la forme et consacrer une partie de son temps à l'initiation des débutants. Elle habite dans le quartier des Minimes, et vit dans un modeste T2 situé rue des Anges, au 4e étage d'un immeuble sans prétention. Le 11 février 1997, sur son palier, il n'y a pas de voisin. C'est un passant qui appelle les pompiers peu avant 8 heures du matin. En levant les yeux, il a aperçu une épaisse fumée s'échappant de l'appartement. L'intervention des soldats du feu est rapide, ils sont rejoints à 8 h 40 par une patrouille de police composée de deux capitaines, un homme et une femme. Le feu est circonscrit à 9 heures. Les policiers ne peuvent que constater : le corps carbonisé d'une jeune femme gît au milieu des décombres. En outre, et il n'est pas besoin d'être expert pour le relever, le feu est parti de deux foyers distincts. L'un et l'autre n'ont certes aucun outil technique à leur disposition, mais ils ont pour eux plusieurs années de pratique policière, faite d'un mélange de bon sens et d'expérience du drame. Aussi, à 11 h 15, de retour au commissariat, le chef d'équipe restitue ses constatations sur procès-verbal : « Porte d'entrée non fermée à clé, mais aucune clé à l'intérieur, porte de la cuisine maintenue fermée à l'aide d'une écharpe, dans le salon règne un certain désordre pouvant laisser penser qu'il y a eu fouille des lieux. Une voisine nous fait part de ce qu'hier soir vers 21 h 15, elle a entendu des cris de femme et ce matin à 5 h 45, elle a perçu nettement un bruit s'apparentant à un grattage, ceci après avoir été réveillée par son chien qui s'était mis à aboyer». Et de conclure: «Au vu de l'ensemble des éléments constatés et recueillis, tout laisse à penser que l'on se trouve en présence d'un acte criminel.» Certes, ces appréciations sont rendues sans examen approfondi et elles ne sont pas le fait d'une personne ayant le statut d'expert. Mais, dans une affaire qu'il pressent «sensible», un fonctionnaire qui s'engage ne le fait jamais à la légère. Sa valeur d'appréciation c'est le concret, et non pas l'interprétation. Toutefois, l'avis du capitaine est purement formel. Ce n'est pas à lui de trancher. L'enquête revient de facto au Groupe de Recherches Criminelles (GRC) de la sûreté urbaine, qui se rend sur place pour effectuer les constatations. Cette procédure démarre sur un coup de colère. En arrivant sur place, le GRC constate avec un certain mécontentement qu'un journaliste est passé avant eux. Il s'agit d'un cameraman de TLT (Télétoulouse), la télévision locale, qui s'est introduit dans l'appartement en jouant de la candeur d'un pompier, et a bien sûr filmé sans retenue avant de s'éclipser. Le groupe d'enquête est furieux. L'incident remonte au plus haut niveau du commissariat, jusqu'à Alain Dreuilhe, le DDSP (Directeur Départemental de la Sécurité Publique). Les policiers exigent la saisie des cassettes. Certains revendiquent l'audition du journaliste. Mais nous sommes à Toulouse et, ici, tout «s'arrange», surtout entre institutions. Car TLT est plus qu'un média, c'est une télé privée, mise en place en 1988 par la Générale des Eaux avant qu'elle ne devienne Vivendi, et dans laquelle la mairie de Toulouse est étroitement associée. Finalement, l'incident est réglé à la mode cassoulet: les cassettes sont saisies, mais TLT a le loisir d'en faire une copie et diffuse son reportage dans le journal du soir. Le journaliste l'a juré, il n'a « touché à rien ». Marginale, sans doute, cette péripétie est révélatrice d'un contexte local où tout peut se passer de gré à gré à condition d'avoir le bon numéro de téléphone, le bon interlocuteur. Même s'ils sont supposés être des officiers de police judiciaire, seuls arbitres des investigations qui leur sont confiées, l'autonomie des enquêteurs passe à la moulinette d'une hiérarchie soucieuse sinon de plaire, pour le moins de ne pas déplaire. Nous reviendrons sur le principe. En ce qui concerne les constatations elles-mêmes, le passage du journaliste n'a fort heureusement pas « pollué » les lieux. D'emblée, des évidences s'imposent aux policiers. Sur le palier, au débouché de la cage d'escalier, ils remarquent l'absence du globe lumineux et de l'ampoule qui servent à l'éclairage. Ils sont retrouvés sur les marches qui conduisent à la terrasse, soigneusement rangés dans un recoin d'escalier. Dans l'appartement, les détails pullulent : sur le lit calciné, près du corps, ils extraient des cendres un chargeur de 7,65, « un tube métallique », qui se révélera être un canon, et un goulot de bouteille de bière. Ce curieux inventaire se poursuit avec la découverte, dans le salon, d'un couteau au bout tordu, dissimulé sous trois coussins. Un constat assorti de cette remarque : « De nombreux objets sont éparpillés ». La visite se poursuit dans la salle de bains. Sur le sol, ils récupèrent « un soutien-gorge souillé de sang avec une bretelle déchirée » et ils voient du sang, beaucoup : sur un tapis de bain, sur le carrelage. Dans la baignoire, flottant sur l'eau noircie par la fumée, deux chaussettes blanches dont l'une est ensanglantée. Le présentoir à bijoux a été vidé et son contenu jeté sur le sol.

Au-delà de ces remarques matérielles, les divers éléments recueillis partent à l'analyse. Le sang, tout d'abord : la quasi-totalité des prélèvements examinés appartiennent à la victime. Sauf que, sur une serviette, l'expert note « la présence d'un élément ADN de type masculin ». Le pyrotechnicien, pour sa part, indique que « les deux foyers d'incendie ont été dopés par une quantité significative de combustible ». Comme il est d'usage, la responsabilité de l'enquête échoit à l'un ou à l'autre des OPJ du Groupe de Recherches, non pas en fonction du grade, ni de l'âge. La direction d'un dossier d'investigation fait l'objet d'un « tour », où chacun des dix membres du groupe occupe un rang strictement numérique. Ce jour-là, c'est le lieutenant P. P. qui est en tête de tableau. Il hérite donc de la conduite d'une information ouverte contre « X », le 12 février, par la juge Nicole Bergougnan pour « homicide volontaire et incendie volontaire ». Les policiers recueillent quelques témoignages, notamment celui de voisins qui disent avoir entendu, pour certains « des cris de femme entre 21 heures et 22 heures », pour d'autres, « des craquements entre 5 heures et 5 h 30 du matin ». Maigre. Effectivement, l'enquête va piétiner de longs mois. Pour la relancer, la famille de Martine Matias n'a de cesse de fournir des indications au chef d'enquête : petit à petit et chacun son tour la mère, la sœur, le frère repensent à des détails oubliés qui n'ont pas encore fait l'objet d'un procès-verbal. Ainsi, Marie-Louise, la sœur de Martine, fait un jour le point de la garde-robe et se rend compte qu'un blouson a disparu. La mère remarque dans l'inventaire l'absence de tel bijou. Le frère signale que des CD se sont volatilisés. Modeste famille d'immigrés portugais, les Matias sont des gens dignes.

Les parents ont une confiance sans borne dans les institutions de notre pays qui est devenu le leur, et ils ont élevé leurs deux filles et leur deux fils dans le respect des valeurs de la République. La police est de celles-là. Leur adhésion au système ne souffre aucune contestation. Jamais les Matias, sous l'autorité bienveillante du père, Joseph, n'ont discuté ni la règle ni les gens chargés de la faire appliquer.

C'est une famille où il y a de l'amour, celui de la terre d'accueil et des enfants qui y sont nés. Chaque fois que cette famille s'exprime, elle semble dire merci à la vie. Et pourtant. Pourtant les Matias se mettent à douter. Et à le faire savoir. Ils sont peu à peu taraudés par l'intuition que l'affaire s'enlise. Ils ne sont pas dupes des prévenances jésuitiques du lieutenant P.P. qui distille peu à peu l'idée que « Martine était peut-être un peu dépressive ». Ils notent, sans trop en avoir l'air, que leurs remarques et informations sont reçues avec plus de politesse que d'intérêt véritable. Toujours ils repartent en remerciant.

Mais trop c'est trop. Marie-Louise, la sœur de Martine, Joseph et François, ses frères, font peu à peu entendre leur voix. Certes discrètement, mais fermement. Le monde sur lequel cette famille a bâti sa droiture s'effrite peu à peu. Le lieutenant de police en charge du dossier devient de moins en moins allusif : « On a senti qu'il s'appliquait à nous préparer à l'idée que Martine s'était suicidée », dira Marie-Louise au procès.

De fait, non seulement le lieutenant ne parvient pas à gruger ses interlocuteurs, mais il ne convainc pas non plus ses collègues du GRC. La plupart des enquêteurs affectés à ce groupe sont de vieux briscards qui ont rodé leur intuition, leur bon sens et leur rigueur légaliste, au sein de services où la confrontation avec le pire est un pléonasme quotidien. En outre, ils entretiennent une méfiance innée pour les « coïncidences ». Ainsi, ils sont plusieurs à buter sur un détail tout bête : le soutien-gorge déchiré de Martine. «Vous en connaissez beaucoup, vous, des filles qui arrachent les bretelles de leur soutien-gorge pour se déshabiller ? », dira l'un d'eux au détour d'une conversation. Le sens du concret. D'autres relèvent que « l'appartement était ouvert et les clés ont disparu ». L'expérience. « Il y avait deux points de combustion qui ont été alimentés. On incendie son appartement d'un côté et on se suicide de l'autre ? ». L'évidence. Et cette applique lumineuse, rendue borgne et cachée dans la cage d'escalier ? Les flics n'aiment pas la conjonction des hasards quand la mort rôde, surtout quand la victime est rentrée alors qu'il faisait nuit et qu'ils ont pu s'assurer qu'aucun agent d'entretien n'a effectué de travaux sur cet éclairage, qui, vérification faite, fonctionne d'ailleurs parfaitement. Et tout ce sang dans la salle de bains ? Ce désordre dans le salon ? Ces bijoux éparpillés ? Ces armoires vidées ? Aucun d'entre eux n'a encore vu un désespéré mettre à sac son appartement avant d'en finir avec la vie. Reste aussi ce chargeur de 7,65 et ce canon retrouvé à proximité, qui ne cadrent pas vraiment avec la personnalité de la victime. Et puis, où serait le reste du flingue puisqu'il n'a pas été retrouvé dans les affaires de Martine ? Et ce goulot de bouteille ? Elle ne buvait jamais d'alcool. Bref, certains flics se mettent à douter de la démarche, pour ne pas dire des convictions du lieutenant. Mais sont-elles exclusivement les siennes ? Toujours est-il qu'un conflit apparaît quant à la conduite de l'affaire. La stratégie choisie par le jeune policier, qui cherche avant tout à comprendre un suicide est, dirons-nous, diversement appréciée. C'est un euphémisme. C'est à la faveur des vacances d'été que le dossier va quitter le service. Le chef d'enquête est pressé de le «boucler» par une hiérarchie qui répond aux attentes du juge Nicole Bergougnan. Cette dernière souhaiterait faire un point complet avant ses vacances. La juge n'attend qu'un état de situation, et ne formule aucune demande particulière. Elle veut simplement être informée. Il reste encore difficile de savoir comment est interprétée son attente. Il n'empêche que l'ordre redescend en cascade du commissaire divisionnaire jusqu'au groupe d'enquête mais saute un palier hiérarchique, en l'occurrence celui du chef de groupe, lequel est alors en vacances. C'est son second, un capitaine, qui transmet au lieutenant: «Il m'a semblé qu'on me demandait de clôturer ce dossier. Je ne sais pas si j'ai mal interprété», dira-t-il aussi diplomatiquement que possible, devant la cour d'assises quand il lui est demandé d'expliquer pourquoi le dossier de Martine Matias est classé «suicide» au cœur de l'été 1997.

Du champagne pour remonter le temps

Ainsi, en ce 7 septembre 1997, dans les locaux de la SR de Versailles, les gendarmes toulousains entendent Patrice Alègre s'expliquer sur Mireille Normand, qu'il appelle «Martine» de temps à autre. Au terme de son audition, Patrice Alègre est interrogé sur ce lapsus. Il ne s'explique pas cette «confusion», mais les enquêteurs ont un doute. Quand la garde à vue est levée, et Patrice Alègre placé sous mandat de dépôt, ils rentrent à Toulouse, chez eux et, machinalement jettent un œil sur le journal du jour. Dans *La Dépêche du Midi*, en marge d'un article sur Alègre un sujet traite de «la mort encore mystérieuse de Martine Matias». Pour Daniel Soucaze, le détail fait sens, il s'informe plus précisément sur ce meurtre et, constatant certaines similitudes avec le modus operandi qui a accompagné la mort de Mireille Normand, le gendarme avertit la juge Nicole Bergougnan, qui a déjà fait le rapprochement et a confié une nouvelle commission rogatoire aux policiers de la sûreté. Ceux-là même qui avaient classé ce dossier «suicide», repartent en enquête.

Ils accueillent un premier témoin, une dame qui brandit une photo de Patrice Alègre parue dans *La Dépêche du Midi*: «Je suis une voisine de Martine Matias. Le lendemain de sa mort, cet homme est venu chez moi me poser des questions bizarres. À l'époque, je n'avais pas fait le lien, mais aujourd'hui...». Connaissant désormais l'identité du «suicideur» présumé de Martine Matias, les policiers toulousains vont plus vite. Le lieutenant P. P. retrouve les clés de la victime chez la grand-mère d'Alègre, une partie des CD chez un copain. Le 10 septembre 1997, le suspect arrive à la maison d'arrêt de Toulouse Saint-Michel. L'avant-veille, il a été mis en examen à Paris par le juge Thierry Ducoudray pour «viol accompagné d'actes de barbarie et meurtre accompagnant un autre crime», sur la personne d'Isabelle Chicherie. Le 11, il rencontre un avocat commis d'office, Pierre Alfort. Le 12, le juge Serge Lemoine, qui instruit l'affaire Laure Martinet, le convoque et le met en examen pour «meurtre concomitant à un viol», ainsi que pour «viol et tentative d'homicide volontaire» concernant Émilie Espès. Le 17 il est à nouveau mis en examen pour «viols accompagnant, précédant ou suivant un meurtre» concernant la mort de Mireille Normand. Le 23 octobre, il est placé en garde à vue dans les locaux du commissariat central de Toulouse. Après un semblant de résistance, il reconnaît le meurtre de Martine Matias.

La presse a déjà commencé à parler de «serial killer».

Les gendarmes Michel Roussel, Jean-Yves Grolleau et Daniel Soucaze pressentent que le champ d'investigations qui s'ouvre à eux est immense. Se multiplient alors les interrogatoires et les visites régulières au tueur en série qui quitte Toulouse pour être écroué à Villeneuve-lès-Maguelone, près de Montpellier. Entre les enquêteurs et le détenu se noue une relation complexe. Placé à l'isolement, le tueur ne reçoit guère que leurs visites, et celle de sa grand-mère ou de son premier avocat Pierre Alfort. Aussi, les sorties avec les gendarmes lui sont-elles précieuses, il apprécie les extractions de sa cellule. C'est au cours de l'une d'entre elles qu'il va donner la clé d'une autre énigme. Le 3 décembre 1997, de retour d'un transport de justice à Saint-Geniès-Bellevue, le village où Alègre et Laure Martinet ont grandi, le tueur n'a pas le moral. Dans la voiture, assis à l'arrière, il demande aux gendarmes de rester un soir de plus en audition pour ne pas regagner sa cellule. Daniel Soucaze tente le coup : «Si tu nous donnes une affaire, on te garde». «Si je donne une affaire, je veux du champagne», revendique Alègre, rasséréné par la perspective de ne pas dormir au dur. «Tu l'auras si tu es sérieux», négocie le gendarme. On reprochera ensuite beaucoup aux enquêteurs cette façon de procéder. Mais la tactique marche. En descendant des hauteurs de Jolimont, un quartier d'HLM qui surplombe celui de la gare, Patrice Alègre fait un signe de ses mains menottées: «Là, j'ai tué une fille. Elle s'appelait Valérie. Elle travaillait avec moi au buffet de la gare.» Le tueur aura son champagne et même une douzaine d'huîtres, parce que les enquêteurs vérifient et constatent en effet que le 27 février 1989, une jeune fille âgée d'à peine 22 ans a été retrouvée morte dans un appartement de la cité Jolimont. Patrice Alègre n'a pas menti. Il vient d'endosser un nouveau meurtre commis en février 1989. Un drame que policiers et magistrats ont classé «suicide». En l'état des investigations en cours, ce meurtre s'impose aux gendarmes comme le premier de la série. Il va bientôt leur apparaître comme un «loupé» de la police toulousaine. À l'époque, la mort de Valérie Tariote est, selon les médecins légistes, consécutive à «une intoxication médicamenteuse». L'ensemble des indices relevés sur la scène du drame ne parvient pas à contrarier cette conclusion qui satisfait l'inspecteur en charge du dossier.

Pourtant, les procès-verbaux de constatations auraient pu donner matière à réfléchir. La jeune femme, âgée de 22 ans, a été retrouvée allongée sur son lit, «recouverte d'un peignoir de bain gris, d'une couverture écossaise et d'une couette. Le bas du corps était nu, le haut revêtu d'un tee-shirt blanc, les bras placés le long du corps, les poignets étaient liés sur le devant par un lacet blanc. La tête était bâillonnée au moyen d'un foulard jaune noué derrière la nuque, et reposait sur une casserole émaillée, rouge, remplie d'un liquide rougeâtre». Personne, alors, ne se demande comment cette personne aurait pu, les mains liées, se recouvrir «d'un peignoir, d'une couverture et d'une couette». Les constatations ne s'arrêtent pas là: «Entre le mur et le lit est retrouvé un slip de femme déchiré en deux». Encore une jeune fille qui arrache ses sous-vêtements avant d'en finir avec la vie. Il y a des mégots de Craven dans les cendriers. «Le concierge a retrouvé, le 22 février, dans le local à poubelles au pied de l'immeuble, le sac à dos de la victime, qui contient des cotons de démaquillage présentant des taches, une lampe de chevet, un cendrier et un verre avec des empreintes digitales, des mégots de Marlboro et la clé du verrou central de la porte de la victime», note le juge dans ses conclusions. Cette porte, précisons-le, était fermée à clé quand les policiers sont intervenus. Ce qui signifie que le sac a été déposé dans le local à ordures *après* que la porte a été fermée. Implicitement, il faut deviner que Valérie Tariote est *ensuite* remontée – dans son appartement verrouillé – pour s'allonger dans son lit. Mais personne n'en est à ces considérations. L'inspecteur ne frémit pas davantage lorsqu'il lit sur le rapport d'autopsie que «l'examen du corps a révélé la présence au fond de la gorge d'un foulard profondément enfoncé». Mais, précise-t-on, le corps ne portait aucune trace suspecte, «seul le cou présentait un sillon au niveau de la pomme d'Adam». Ces détails ne sont pas jugés significatifs. Les policiers s'en tiennent à l'examen toxicologique du sang qui trahit la présence de divers neuroleptiques «à une concentration toxique». Ils mettent cette analyse en perspective avec la découverte, dans l'appartement, du livre Suicide mode d'emploi placé sur une étagère du salon, et de la présence dans la cuisine, rangés dans une corbeille à fruits, de médicaments antidépresseurs. Pour les policiers, l'affaire est entendue : Valérie était dépressive, et elle a utilisé son traitement en suivant une recette du livre *Suicide mode d'emploi*, qui préconise de s'asphyxier après avoir ingéré un mélange de médicaments. Leur argument est appuyé par une intuition majeure: « Il est inconcevable qu'un assassin ait eu l'idée pour le moins curieuse de glisser une casserole sous la tête de sa victime ». Fiat lux. Alègre a donc droit au champagne. Cet épisode a beau faire ricaner certains policiers, la contre-enquête des gendarmes les encourage malgré tout à rester discrets car les résultats sont là. Outre les aveux, les gendarmes recueillent des preuves. Les empreintes digitales retrouvées sur le verre récupéré dans le sac à dos de Valérie sont bien celles de leur client, qui admet qu'à l'époque il fumait des Marlboro. Le passage du tueur en série sur les lieux du crime ne relève pas d'une déclaration consentie par goût pour le champagne, d'autant qu'en ce 3 décembre 1997, huit ans après les faits, il se montre capable de dessiner un plan précis de l'appartement. La progression des gendarmes est fulgurante. Début 1998, le 17 février, Patrice Alègre est mis en examen pour la mort de Valérie Tariote : « meurtre concomitant à un viol ». En moins de cinq mois et demi, l'homme recherché pour le meurtre de Mireille Normand a reconnu six crimes : cinq meurtres (Mireille Normand, Isabelle Chicherie, Laure Martinet, Martine Matias et Valérie Tariote) et un viol avec tentative de meurtre (Émilie Espès). L'instruction n'est pas pour autant terminée. Les aveux concédés par un suspect, ou les preuves réunies par les enquêteurs, ne suffisent pas à conditionner l'ouverture d'un procès. Il faut tout à la fois entendre des témoins, réunir des preuves ou des éléments matériels, confronter ensuite toute cette matière aux déclarations de celui qui s'accuse, au besoin le réentendre pour ajuster les mots et les constatations et, enfin, faire une enquête de personnalité et au moins une expertise psychiatrique. Ce n'est qu'au terme de toutes ces vérifications et étapes préalables, que le mis en examen prend rang d'accusé ou pas. Dans le cas de Patrice Alègre, ce travail s'annonce complexe. D'abord, le temps a effacé des traces et embrumé les mémoires. Autour des meurtres de Valérie Tariote (février 1989) et de Laure Martinet (janvier 1990), les témoins sont éparpillés, les indices introuvables. Les vérifications s'annoncent difficiles. Les trois autres meurtres et le viol sont plus récents, les témoins déjà ciblés, les indices encore frais. Mais le travail ne s'annonce pas moins complexe. En effet, les gendarmes ont déjà constaté qu'au-delà des aveux qu'il a consentis, Patrice Alègre n'a pas dit toute la vérité. Peut-être a-t-il menti, peut-être a-t-il édulcoré ses récits, mais tout ne cadre pas. Ni avec les déclarations des témoins, d'une part, ni, d'autre part, avec les éléments dont disposent les enquêteurs. Enfin, le juge Serge Lemoine, qui a rapatrié toutes les procédures en son cabinet, a déjà deviné que ce suspect n'a rien d'ordinaire et que l'expertise psychiatrique sera tout à la fois complexe et fondamentale, et que Pierre Alfort, l'avocat de Patrice Alègre, ne se contentera pas d'un avis. Si les meurtres de Valérie Tariote, d'Isabelle Chicherie et le viol d'Émilie Espès, ne soulèvent pas de question particulière, les trois autres meurtres laissent les enquêteurs dans l'expectative. Pour eux, Patrice Alègre n'a pas tout dit concernant le calvaire de Laure Martinet : le viol qu'il décrit ne cadre pas avec les traces relevées sur le corps de la victime. Il ment, vraisemblablement, quand il raconte sa rencontre avec Martine Matias, et la façon dont il lui a ôté la vie car, une fois encore, certaines lésions relevées par les médecins légistes ne trouvent pas d'explication dans ses « aveux ». Pour finir, il cache une partie de la vérité quant aux indices qu'il a voulu dissimuler après avoir tué Mireille Normand. Enfin, aux yeux des enquêteurs, Patrice Alègre ne s'est jamais expliqué de façon convaincante sur ses mobiles. Pour lui, c'est presque simple. En tous cas, invariable : « Elle me plaisait, j'ai eu envie d'avoir un rapport sexuel avec elle. Elle a refusé, mais j'avais bu, pris de la coke alors j'ai pété les plombs. » Dans le parler populaire, devenu quasi usuel, « péter les plombs » c'est ne plus s'appartenir, perdre toute raison. Dont acte. Mais, en l'occurrence, Alègre redescend bien vite : il prend soin de dissimuler les traces de sa présence et, surtout, il ne manque pas de rafler des objets au passage. Perte de contrôle ?

Les psychiatres sont appelés à la rescousse. Ils vont sécher. Ils travaillent dans le même temps que l'enquête, mais en parallèle. Les gendarmes apportent des faits, les « psys » des interprétations issues de constats cliniques. Ils sont sept à examiner le suspect, les docteurs Guy Montebello, Jacques Bricout, Roger Franc, Daniel Ajzenberg, Daniel Zagury et Michel Dubec, psychiatres, et Alain Penin, psychologue. Aucun ne tranche clairement. Ils se montrent très réservés pour donner une opinion définitive. Leur appréciation, nuancée et prudente, est à la mesure du sujet qu'il leur est donné d'examiner : «Trop affirmer serait une erreur », dit devant la cour d'assises le Dr Ajzenberg, résumant en cela l'opinion générale qui se dégage au terme de l'intervention de l'ensemble de ses collègues. Cette réserve est tout à leur honneur. Les événements à venir contiendront les clés de leur réticence à tracer un portrait psychologique ou psychiatrique définitif : ils n'ont pas tous les éléments en main. Confusément, les experts sentent déjà que Patrice Alègre n'a pas tout dit : « Il manque à son évaluation des réponses à des questions qu'il refuse d'aborder », avance le Dr Franc. « Il se refuse à descendre au fond du puits et s'il ne parle pas c'est plus de l'autoprotection qu'un système de défense », pressent Daniel Ajzenberg. « Il répète de façon stéréotypée que c'est plus fort que lui (mais quelle que soit l'opacité de ses motivations à ses propres yeux, Patrice Alègre a su développer des stratégies d'évitement », notent Daniel Zagury et Michel Dubec, dans leur rapport. Ni eux, ni la justice ne connaissent encore tous les arcanes du dossier. Les connaît-on même aujourd'hui ? Comme l'a expliqué à la barre le Dr Zagury, il est « réducteur d'enfermer Patrice Alègre dans une catégorie connue de profils criminels ». Cependant, tous s'accordent à admettre faute de mieux, que « le sujet a une dimension psychopathique potentialisée par un recours massif aux toxiques ». Tous également parlent de « dangerosité sociale », et le pronostic évolutif, autrement dit les chances de guérison, sont très minces à leurs yeux. Alain Penin se dit « extrêmement réservé », Daniel Ajzenberg évoque « un futur très inquiétant » et indique qu'il a décelé en lui « une bombe explosive qui peut réexploser à tout moment ». « La barre de la récidive est très haute », estiment Daniel Zagury et Michel Dubec. Pour résumer en termes profanes l'avis des experts, Patrice Alègre est un très probable psychopathe : pervers narcissique, dépourvu de culpabilité, se croyant indestructible, sans détresse ni doute, émotionnellement neutre. Des symptômes « enkystés », appuient les psychiatres. En clair : il a tous les outils inconscients et les moteurs psychologiques pour recommencer s'il ressort. « Il est cliniquement impossible de minimiser le potentiel de répétition » et ses capacités de réadaptation sont pratiquement nulles : « L'espace est mince pour penser qu'il peut parvenir à se soigner », concluent-ils unanimement. En décodé une fois encore : sauf miracle, il est incurable. Bien évidemment, il s'agit là d'un raccourci, car, pondèrent Daniel Zagury et Michel Dubec, «Toute interprétation fondée sur des explications élémentaires de logique criminelle est vouée à l'échec. Faire le deuil d'une explication simple est une nécessité absolue ». Bref, à leurs yeux Patrice Alègre reste un cas pour lequel on a provisoirement trouvé une case, par défaut. L'énigme psychiatrique est intacte. Peut-être le diagnostic évoluera-t-il à l'issue d'expertises futures, qui ne manqueront pas d'être ordonnées quand Patrice Alègre s'apprêtera à affronter un autre procès. Les experts auront alors d'autres éléments d'évaluation, ne serait-ce que dans l'interrogatoire sur les faits, pour définir un profil plus précis de celui qui reste une énigme pour la psychiatrie moderne, encore balbutiante dans l'approche des tueurs en série « à la française ». Comme l'a noté Stéphane Durand-Souffland dans son compte rendu d'audience, « Les tueurs en série posent trop de questions, laissent trop de hiéroglyphes dans leur sillage, pour que leur mystère soit élucidé. On attend donc des experts plus qu'ils ne peuvent offrir ». Concernant le cas de Patrice Alègre, il indique : « Le clivage se forme, qui invente un personnage maternel idéal, et un personnage paternel abject. Le ftur tueur fourbit inconsciemment des schémas délétères, comme s'il se préparait un alibi.» Pour s'expliquer, Patrice Alègre a toujours mis en opposition sa mère « toujours là pour (lui) mettre un peu de soleil », et son père

« qui ne savait que gueuler et taper ». Enfin, il dit également trouver les raisons de ses gestes dans un viol qu'il aurait subi alors qu'il avait 13 ans. Quoi qu'il en soit, la question reste entière de savoir s'il s'est composé un personnage d'enfant battu et violé, ou si effectivement la genèse de sa haine trouve racine dans un passé peu enviable.

Patrice Alègre : une enfance volée

Patrice Alègre est un accident. Il le dit lui-même pour avoir entendu ses parents se disputer ouvertement sur le propos : « Je n'étais pas désiré, c'est parce que ma mère était enceinte que mon père a été obligé de l'épouser. » C'est vrai. Sa mère, Michelle Salvy, a alors dix-huit ans, dix-huit ans d'assistance publique. Son père, Roland Alègre, a vingt et un ans, il est au service militaire et apprend la nouvelle par courrier. « Cet enfant, ils n'en voulaient pas », confirme la grand-mère Cécile au cours d'une enquête de personnalité. Mais les conventions sont plus fortes. Roland épouse Michelle. Pour le pire. Le meilleur viendra après, en 1975, avec la naissance d'un second enfant. C'est sous ces auspices que Patrice Alègre vient au monde, le 20 juin 1968. Sa mère est coiffeuse, son père dans la police. Le couple s'installe dans une banlieue alors rurale située au nord de Toulouse, le village de Saint-Genies-Bellevue, qui compte alors moins de 1 000 habitants. Toutefois, le salon de coiffure qu'exploite sa mère est implanté dans le cœur historique de Toulouse et, le matin, c'est elle qui l'amène à l'école : « toujours des établissements privés pour qu'il ait une bonne éducation », soulignera Michelle Salvy. Le jeune garçon fait une scolarité jugée « acceptable », jusqu'au cm², qu'il redouble. Ce parcours va se poursuivre de façon chaotique. Non que Patrice Alègre n'ait le goût des études, mais « Il était turbulent », dit sa mère, « difficile », admet son père. « intenable », disent ses professeurs. En d'autres termes, la situation se gâte, à tel point que l'enfant accumule les échecs : il fait deux sixième, deux cinquième, et finit dans une classe spécialisée d'un LEP, une de ces voies de garage dont l'Éducation nationale a le secret pour attendre la barre fatidique des seize ans, qui signe la fin de la scolarité obligatoire. Il est inscrit en « mécanique ». Pour la forme. Parce qu'il y a longtemps que, dans la maison de Saint-Genies, rien ne va plus. Michelle et Roland se disputent assidûment. La mère reproche au père sa violence, le père reproche à la mère sa conduite volage. Tous deux s'accusent de trop boire. Bref : après les mots, les coups pleuvent. Le petit Patrice assiste à ces scènes, et y participe parfois : il s'interpose et prend des coups. Roland Alègre est CRS. C'est dire qu'il a un emploi du temps imprévisible, régenté par les missions qui s'imposent à son unité. Quand il est en service, il quitte la maison le matin sans savoir s'il rentre le soir ou dans huit jours. Dans ces intervalles, Michelle « en profite ». Elle s'invente une autre vie, une vie de fête. Elle sort dans les boîtes de nuit et se laisse aller à des rencontres. Des flirts d'un soir consommés dans la voiture, pendant que Patrice reste tout seul, sans garde, à la maison. À moins qu'il ne soit, parfois, sur la banquette arrière de la voiture. Il arrive aussi qu'une relation s'installe et « un copain » vient chez les Alègre, occuper dans le lit conjugal la place du père absent. Dans sa chambre, qui jouxte celle de ses parents, ou plus exactement celle de sa mère, le petit Patrice entend des gémissements évocateurs :

«Je savais de quoi il s'agissait», dit-il aux psychiatres à qui il explique que, pour ne plus entendre, «Le plus simple est de mettre la tête sous l'oreiller». Combien de nuits a-t-il passées ainsi ? Il ne le dit pas. Il dit qu'il «s'en foutait». Il dit aussi que les amants de sa mère étaient «des copains». Il se souvient que quelques-uns lui ont donné de l'argent, mais il n'arrive pas à dire si c'est pour lui faire plaisir ou pour acheter son silence. Un jour, ce qui devait arriver arrive. Roland Alègre rentre plus tôt que prévu et surprend son épouse en pleins ébats. Fou de rage, il s'empare d'un fusil et menace de «faire un carton» s'il n'obtient pas un constat d'adultère. Patrice s'interpose. Il a onze ans et commence à se masturber sur le catalogue des *3 Suisses*. Ces rapports parentaux ambigüs ne s'en tiennent pas qu'aux incartades maternelles. Aux psychiatres, Patrice Alègre explique aussi ce qu'il appelle «les soirées bagarre». On devine : Roland et Michelle s'engueulent et les coups partent. Il arrive que «le petit Patrice» s'interpose et encaisse à son tour. «Quand il avait sept ans, il s'accrochait au pull de mon mari pour le retenir et l'empêcher de me cogner. Après, quand il a eu douze ans, il préférait s'échapper pour ne pas voir», précise Michelle Salvy lors de sa déposition devant la cour d'assises. Forcément, ce contexte ne serait rien s'il n'y avait l'alcool. En boîte, Michelle danse et boit. Elle rentre ivre plus souvent qu'à son tour. À tel point qu'un jour elle se rend directement de la boîte de nuit au salon de coiffure où elle travaille. Elle s'effondre au milieu des clientes et plonge dans un coma éthylique. Roland aussi : «Il allait aux soirées CRS et il rentrait saoul. C'était le métier qui le voulait», dit benoîtement Michelle Salvy devant les jurés. À la barre, le père rectifie le tir à sa façon :

« C'est faux, je ne bois jamais.

– Pourquoi ? questionne le président.

– Parce que j'ai l'alcool violent.

– Mais, comment le savez-vous ? insiste le président.

– Je le sais quand j'ai bu ».

Les tentatives de séparation se succèdent. Mais Roland et Michelle Alègre ne parviennent pas à descendre de leur tandem pathogène. Ils se séparent, se rabibochent, retombent chacun dans le drame muet et rejouent ensemble la partition du fracas, jusqu'au refrain. Devant les jurés, elle explique qu'il lui est arrivé d'avorter dans les toilettes, elle ne se rappelle plus en quelle année. Elle fait en revanche l'impasse sur une tentative de suicide, en 1978, qu'elle n'a confiée qu'à Marie-Josée Daguzan, l'expert psychologue. Bien évidemment questionné par les psys sur les cicatrices intimes qu'aurait pu lui laisser cette ambiance familiale, Patrice Alègre répond invariablement « Je m'en fous ». Toutefois, il fait un jour une confession aux docteurs Michel Dubec et Daniel Zagury qui précisent : « Il s'en souvient bien ». Un soir, peut-être parce que les coups pleuvaient plus fort, ou peut-être parce que « le petit Patrice » a eu plus peur qu'à l'ordinaire, il fait un serment : « Je ne frapperai jamais une femme ». Le gamin oublie les nuits blanches, les cris et les coups en laissant s'exprimer son tempérament « très turbulent », comme dit sa mère, qui se souvient que « déjà, à la maternelle, les sœurs l'attachaient sur une chaise pour l'obliger à rester en place. Je pensais que ça lui passerait. Mais il ne s'est jamais calmé et, plus il devenait exubérant dans son comportement, plus il devenait secret et replié. Il faisait des fugues dès l'âge de 12 ans. Quand je lui demandais où il était allé, il me répondait invariablement : c'est mon affaire». Nous sommes au début des 80, et Patrice Alègre mène une vie de «sauvageon». Au cours de ses fugues, il vole ses premières Mobylettes. Rien de bien méchant, sauf qu'il commence à s'introduire dans les garages, puis dans les maisons. Avant de partir sur la Mob'qu'il était venu piquer, il rapine quelques disques ou des BD qu'il espère échanger ou vendre par-ci, par-là. Rien de bien méchant, certes, sauf qu'il a l'imprudence de faire ses conneries dans le quartier où il habite et qu'il est très vite repéré. Son père est bien sûr averti. Et les coups qu'il fuyait repleuvent toujours plus dru.

Quand il a fini de corriger son fils, Roland Alègre va s'arranger avec les voisins. S'il le peut, il restitue l'objet du litige, sinon, il paie : «Je le reconnais, j'ai minimisé les choses», admet-t-il à la barre, tout en réfutant avoir été d'une violence excessive : «Si quelqu'un dit que mon fils est allé à l'école avec des bleus, c'est un menteur», tranche-t-il à la barre de la cour d'assises. «Mon fils a été une grande énigme», ajoute-t-il, «jusqu'à sept ans, c'était un gamin adorable, on jouait, il riait. Puis j'ai été absent et il est devenu un marginal. J'ai subi et beaucoup payé.»

Patrice Alègre désigne son père sur le front inépuisable des «soirées bagarre», il fait de sa mère une victime perpétuelle, presque expiatoire. Père honni : «Il n'y a rien de bon en lui, il ne savait que gueuler et taper», contre une sainte femme : «Elle était cool, elle m'aimait, elle me protégeait, elle était jolie». Patrice Alègre fonctionne selon ce schéma et, comme il ne fait pas dans la demi-mesure, il propose un jour à sa mère de «faire la peau» à son père. Pour les psychiatres, ce manichéisme n'est pas feint: « Nous sommes au-delà du registre œdipien, mais dans une configuration incestuelle », estime le Dr Daniel Ajzenberg. Ce « clivage », comme disent les spécialistes, a donné au procès ce dialogue d'une violence inouïe entre le père et le fils qui se parlaient pour la première fois depuis cinq ans:

« Mon fils me manque. Je ne dis pas que je n'irai pas le voir en prison, mais je ne suis pas encore prêt à le faire, se désole Roland Alègre.

– Je pense qu'il ment, affirme Patrice Alègre depuis le box.

– Quand on a son fils en face, on a envie de le serrer dans ses bras, de l'embrasser.

– Je n'ai qu'un regret, c'est de ne pas t'avoir tué, comme je l'avais promis à ma mère.

– J'aime mon enfant, poursuit le père imperturbable.

– Et moi je ne t'aime pas. » conclut Patrice Alègre.

Même s'il jure ne pas s'intéresser à son enfance et aux séquelles qui pourraient en découler, Patrice Alègre sait qu'il n'a pas été imperméable à son vécu familial. Cependant, il n'en a jamais fait un argument personnel pour construire sa défense, il ne s'est pas présenté au procès en disant: « Voilà, j'ai eu une enfance malheureuse ». En revanche, il a fort habilement saisi la perche, un peu comme s'il savait qu'on allait la lui tendre. Il serait excessif de dire qu'il a joué sur ce registre, tant il est vrai que ce qu'il a dit au procès corrobore ce qu'il a indiqué aux experts mais, les psychiatres tout d'abord, son père ensuite, ont mis un bémol. « Patrice Alègre ne déteste pas son père autant qu'il dit le détester, et il n'aime pas sa mère autant qu'il dit l'aimer », relativise le docteur Daniel Zagury.

Son confrère Daniel Ajzenberg a ce mot : « D'une certaine façon, il s'identifie à son père : il bat les femmes ». Son père admet la violence : « Une fois, oui, c'est vrai, je l'ai frappé durement avec un gourdin ». Mais peut-être pour se rassurer, peut-être pour faire bonne figure, il s'en réfère aux lettres de son fils : « Il m'écrit des lettres où il parle de la pluie et du beau temps, il ne m'accable jamais sur le passé. Il termine invariablement par "J'espère te lire très bientôt, je vous embrasse tous." Alors ? Quand il écrit ces lettres, il a un père, quand il est au procès il dit qu'il a un monstre mais je n'ai pas relevé parce que j'ai pensé que son exagération avait été soufflée par ses avocats qui, finalement, n'avaient que ce type d'argument pour peser sur le procès ». À sa façon, Patrice Alègre aussi a pondéré sa haine affichée pour son père, mais pas devant les juges. Aux psychiatres, et seulement à eux, il fait une confession. Leur rapport consigne l'épisode : « Nous lui demandons s'il pense que son père, qui était dans la police, intervenait par amour pour son fils ou par honte pour lui-même. Il nous répond : "Peut-être un peu des deux" », écrivent les experts. En soi, la réponse n'a rien de décapant mais elle indique malgré tout que Patrice Alègre savait son père dans son ombre, et ne voit pas exclusivement « un type qui ne parlait qu'avec ses poings ». Il discerne aussi en lui un homme qui a agi pour tenter de le sauver. En 1983, Roland Alègre est affecté au commissariat de Toulouse, à la BIVP (Brigade d'Intervention sur la Voie Publique) : « C'est à peu près à ce moment-là que j'ai perdu la maîtrise sur mon fils ». Patrice est maintenant un adolescent. Il commence à boire de l'alcool et à fumer du haschisch, ce ne sont plus des cyclos, mais des motos qu'il vole. L'école n'est qu'un vague souvenir, il est sur la voie de garage des sections spécialisées, au CET Roland-Garros où on l'aperçoit quelques semaines. La seule chose qui semble encore l'intéresser, c'est le rugby à XIII. Sur un terrain, il excelle. En revanche, une fois encore, son comportement avec les autres membres de l'équipe rend sa présence problématique. Ses frasques ont déjà fait l'objet de signalements. Patrice est placé sous assistance éducative par le Service d'éducation surveillée du département de la Haute-Garonne. Début 1983, son éducateur rédige un rapport alarmant : « Il déserte l'école. Peu motivé par une quelconque formation, très inhibé, Patrice est en train de gâcher son avenir. Ce garçon très athlétique, très sportif, a aujourd'hui tout abandonné pour s'orienter vers la délinquance. M. Alègre, de par sa situation, a toujours pu trouver des arrangements à l'amiable et aucune plainte n'a été déposée, mais aujourd'hui il n'accepte plus. La situation se dégrade. Profitant du mode de vie de sa mère, il obtient tout ce qu'il désire pour son silence. Il est le complice de cette dame, et il règle peut-être inconsciemment les comptes à son père. » Le 25 mars 1983, le juge des enfants ordonne son placement provisoire au centre Louis-Defon, au Vigan, aux limites du Gard et de la Lozère. Là encore, le pensionnaire fait des siennes, et les brigades de gendarmerie du canton ne tardent pas à le connaître. L'établissement rédige plusieurs rapports et c'est avec un gros dossier que Patrice Alègre quitte l'endroit, trois mois plus tard, le 16 juin. C'est dans cet intervalle, à une date non précisée, que Patrice Alègre dit avoir été violé. Selon lui, alors qu'il fuguait du foyer Louis-Defon, il aurait été pris en stop par deux toxicomanes qui circulaient à bord d'une Ami 8, lesquels lui auraient offert un shoot d'héroïne. Patrice Alègre est formel devant les psychiatres, mais il reste discret devant la cour d'assises : les deux hommes auraient profité de son état de faiblesse pour abuser de lui avant de l'abandonner en pleine campagne. Les experts se sont montrés circonspects sur la réalité de cet épisode traumatisant. Ils l'estiment « crédible », ni plus ni moins. Tout en usant du conditionnel, et même en postulant qu'il « aurait pu servir de réactivateur puissant », ils notent que cet événement ferait partie « d'un ensemble de traumatismes ». Il ne serait qu'une strate de plus, venant se superposer à « des traumatismes plus précoces liés aux premiers temps de son existence d'enfant non désiré, au sein d'une ambiance familiale ponctuée de violence ». De retour à Toulouse Patrice Alègre a de nouveau affaire à son père, qui prend une initiative. À sa façon bien sûr. « Il m'a foutu à la porte », dit Patrice Alègre. Admettons. Mais plus prosaïquement, il va vivre chez sa grand-mère paternelle, Cécile, dans le quartier des Izards à Toulouse.

2

LE PROFIL D'UN TUEUR

Dans les pas du serial killer

Début 1984, quand Patrice Alègre arrive dans le quartier des Izards, c'est déjà un jeune homme. Il n'a que quinze ans, mais il en paraît dix-huit. Il est non seulement charpenté – il joue au rugby – mais il a surtout cette attitude faite de désinvolture et d'arrogance qui contribue à lui donner une certaine allure, une vraie assurance que n'ont pas les adolescents de son âge. Ajouté à son physique, son comportement n'arrange rien. Sa mère était permissive, sa grand-mère le laisse faire. Mieux, Patrice Alègre joue sur les deux tableaux. Quand il a besoin d'argent, il file au salon de coiffure et puise dans la caisse. Loin de son père qui, malgré tout, représentait un obstacle, il pousse comme une herbe folle. Même s'il quitte l'école, le sport et un éducateur qui assure son suivi sont là pour lui servir de garde-fou. « Cette période aurait été la plus heureuse de son existence, la plus libre en tous cas », notent les psychiatres dans leur rapport. Le délégué de la Protection Judiciaire de la Jeunesse (PJJ) vient au procès expliquer que « fin 1984, la situation de Patrice Alègre paraît s'améliorer et, début 1985, un rapport favorable est rédigé à l'attention du juge pour enfants». Cette pause sera de courte durée. C'est à cette période que le petit délinquant change de registre. Il se met à boire sans retenue et fume de plus en plus de haschisch. Il laisse tomber le vol de Mobylettes, leur préférant les motos puissantes et les voitures. En septembre 1985, se produit un événement dont la gravité a aujourd'hui une résonance toute particulière : un soir, à la fête de Croix-Daurade, il séduit une jeune fille, parvient à l'entraîner à l'écart de la foule et, après avoir proposé un flirt, ne supportant pas de s'être fait « vester », Patrice Alègre tente de l'étrangler. « J'étais saoul », dit-il en guise d'excuse. Mineur à l'époque, en phase de « reprise en main » par la PJJ et ses éducateurs, Patrice Alègre a échappé à une plainte et aux sanctions qui auraient pu en découler. L'incident s'est réglé « pédagogiquement ». En d'autres termes, il a été minoré, est-on tenté de dire aujourd'hui, alors qu'à l'époque, dans l'esprit des personnes qui entouraient « le petit Patrice », il s'agissait de lui donner une chance. En fait, c'est justement dans cette période, 1985-1986 que Patrice Alègre devient « Alègre », un de ces délinquants dont les journaux s'autorisent à faire sauter le prénom, tant le nom à lui seul suffit à désigner. Mais le gamin des Izards n'entre jamais dans les colonnes des journaux. Certes il fait l'objet de « signalements » à la PJJ, mais jamais il ne sera arrêté et présenté à un juge.

Installé chez sa grand-mère, loin du milieu pathogène que constitue le foyer familial, Patrice Alègre n'est pas pour autant coupé de son père. Pas tant qu'il voudrait le dire, et le laisser croire. Preuve en est qu'en

1987, il obtient un Travail d'Utilité Collective, un TUC, à la cafétéria du commissariat central de Toulouse, alors situé rue du Rempart-Saint-Etienne. Patrice Alègre sur la voie de l'insertion sociale ? Peut-être. C'est dans l'indifférence qu'il regarde ses parents achever de se déchirer et finalement divorcer en cette année 1987, même s'il admet difficilement de voir sa mère quitter la maison pour s'installer dans une caravane. Peu de temps après, en janvier 1988, il rencontre Cécile. Son premier amour, fort, intense. Vrai. Elle a un an de plus que lui mais en réalité cela ne compte pas. La relation est passionnelle, fusionnelle, fulgurante. Très vite, ils vivent ensemble.

Le couple s'installe chez les parents de la jeune femme. Mais, comme on ne se refait pas, Patrice Alègre a quelques écarts de conduite et exaspère sa belle-famille qui ne supporte pas de le voir traîner, rentrer ivre et ne pas travailler. Les parents de Cécile les prient d'aller vivre ailleurs. Tout naturellement, ils s'installent chez la grand-mère de Patrice, lequel retrouve le quartier des Izards dont il est le caïd. Bien évidemment, au cours du procès, Cécile est priée de raconter cette époque : « Il avait un côté rebelle, et son enfance malheureuse m'a émue. Il était plutôt calme et aimant, il pouvait être très affectueux. Enfin, dans les premiers temps, ça a duré six mois. Mais dès qu'il s'est mis à boire, il a changé, il est devenu un autre, très violent. Quand il rentrait, il cassait tout. Il me giflait, démolissait les meubles. Nous nous sommes séparés plusieurs fois. Après, il revenait en me suppliant, me disant qu'il allait changer, qu'il ferait des efforts, il me parlait toujours de son enfance malheureuse ». C'est dans ce contexte déjà chaotique que, fin 1988, Cécile découvre avec joie qu'elle est enceinte : « C'était un enfant désiré ». La petite Anaïs naît en juillet

1989. Patrice Alègre papa, quelle différence ? Le surlendemain de la naissance de la petite, Cécile lui rappelle qu'il doit la déclarer : « Il a dit qu'il irait mais, le matin, il a estimé qu'il avait besoin de dormir, il est resté au lit et n'a jamais reconnu sa fille ». Patrice Alègre papa non assumé pleure aujourd'hui sur ses mains à la seule évocation d'une enfant à qui il n'a pas donné son nom « parce qu'il était fatigué ». Les temps qui suivent n'ont guère laissé de souvenirs plus radieux à la jeune maman : « Il s'en foutait d'aller travailler pour nourrir sa gosse. Il partait sans rien dire et revenait quand ça lui chantait, parfois trois jours après », dit-elle encore à la barre. Aujourd'hui, avec le temps, sa fille est devenue une icône. Quand elle est née, Patrice Alègre avait déjà tué. Valérie Tariote, dont il a avoué le meurtre, et peut-être Josette Legoy, une prostituée dont il nie le crime pour lequel il est mis en examen. En 1991, le couple s'essaie à une énième tentative de récupération. Patrice, Cécile et Anaïs s'installent dans un appartement de la rue des Anges, situé au quatrième et dernier étage d'un immeuble modeste et propret. Cet appartement a une particularité qui apparaîtra six ans plus tard : il est situé pile en face de celui qu'occupera Martine Matias. Une coïncidence puisqu'en 1991 la future victime n'est pas encore installée dans le quartier. Là encore, c'est le recul qui permet de dire que 1991 a été une année charnière dans la vie du tueur en série. À l'époque, bien sûr, tout le monde ignore ce qu'il fait et devient. Toujours à la barre, Cécile se souvient de cette année-là : « Nous nous sommes installés rue des Anges pour tenter de repartir sur d'autres bases. Mais c'est vite devenu l'enfer : il sortait de plus en plus, buvait de plus en plus et devenait violent en proportion. Un jour, il est parti en Espagne, j'en ai profité pour retourner chez mes parents.» Cependant, malgré le chaos ambiant, Cécile aime Patrice. «À sa façon», comme il convient de dire, mais elle s'en détache. Un jour, alors qu'il rentre défoncé au petit matin, il réveille la jeune femme et exige un rapport sexuel. Elle s'y refuse, il la soumet, elle subit, et Patrice Alègre dépasse les limites: il lui met les mains autour du cou et commence à serrer. Soudain, un instant de lucidité et il s'effondre: «Non, pas toi, pas toi», pleure-t-il. Pour la santé morale de l'enfant, pour elle aussi qui aspire à une vie cohérente, Cécile fuit et va habiter rue du Calvados. Mais elle est rattrapée, Patrice Alègre la retrouve, rentre chez elle, casse des meubles. «C'était si terrible que, le 22 mars 1993, je suis allée au commissariat pour déposer une main courante. Sans effet», déplore la jeune femme au cours du procès. «C'est le fils d'un collègue», fait valoir le flic qui transmet la procédure à la permanence de nuit. En 1994, pourtant, Patrice est arrêté le 5 janvier à la suite d'une bagarre au cours de laquelle il menace un homme avec un couteau. Il sera condamné à neuf mois de prison, qu'il effectuera pour une large part, puisqu'il sera libéré fin août. À sa sortie, rien ne va plus avec Cécile. Le couple se sépare en 1995. Patrice Alègre a rencontré Sylvie, gérante d'une discothèque dans laquelle il est employé comme portier. Malgré cette nouvelle relation, Patrice Alègre garde des contacts avec la mère de son enfant. «Quand nous étions ensemble, il était inexistant avec sa fille; après notre séparation, il est devenu papa modèle», vient dire Cécile à la barre du tribunal. Mais l'enfant n'est pas le seul trait d'union entre eux. Tout aussi sûrement, la jalousie féroce de Patrice Alègre sert d'argument à ses retours incessants. L'explosion a lieu en mai 1996. Furieux de constater que Cécile tente de refaire sa vie,

Patrice Alègre menace son nouvel ami avec un couteau, tente de fracasser la porte de l'appartement et faute d'y parvenir se jette sur la voiture qu'il s'attache à démolir consciencieusement. Deux fois, cette nuit-là, Cécile appelle police-secours. Encore une fois, dans la patrouille qui intervient, il y a un flic qui est là pour dire qu'il s'agit « du fils d'un collègue », et on demande à la jeune femme de différer son dépôt de plainte : « Il y avait un officier qui a protesté en disant que cela n'était pas normal, mais les autres étaient majoritaires et il n'a pas été entendu », dénonce Cécile devant les jurés. Au bout du compte, elle résume : « Pendant sept ans, cette relation n'a été que du malheur. »

Le tueur a la mémoire courte

Dès le début du procès, au cours de l'interrogatoire qui sert d'introduction aux débats, Patrice Alègre est sollicité par le président Michel Treilles :

« Vous avez volé très tôt des cyclomoteurs, puis des motos, et enfin des voitures. C'était fréquent ?

– Quand je n'avais personne pour me raccompagner, je volais une voiture pour ne pas rentrer à pied.

– Au bout du compte, ça en fait beaucoup ? interroge le président.

– Oui, certainement, un certain nombre.

– Mais vous buviez aussi ! s'étonne le magistrat.

– Oui, c'est sûr, du whisky et de la bière, mon grand plaisir c'était de traverser la ville à fond sans m'arrêter aux croisements.

– Mais vous rouliez en état d'ébriété !

– Ben oui, d'ailleurs j'en ai cassé une vingtaine.

–Vous preniez de la drogue ?

– Souvent, oui.

– Du haschisch ?

– Une dizaine de joints par jour, peut-être plus, ou moins, je ne comptais pas.

– De la cocaïne ?

–Je me levais, j'en prenais.

– Des cambriolages ? s'inquiète encore le président.

– Ouais, souvent.- Combien ?

–Je ne les ai pas comptés, mais à certaines périodes, un par jour.

– Vous ne vous êtes jamais fait arrêter. Au bout du compte vous vous en êtes bien sorti, comment expliquez-vous cela ?

–Je ne me l'explique pas.

–Vous étiez bon ?

– Peut-être.

–Votre père a-t-il usé de sa qualité de policier pour vous aider ?

–Je ne sais pas. Mais si mon père m'a couvert, c'était pour lui, pour son honneur.

– Et si ce n'était pas que ça ? glisse le président.

–J'ai dû passer à-travers », hasarde Patrice Alègre.

Alors, avec détermination l'avocat général Marc Gaubert se lève et met les pieds dans le plat que s'essaie à contourner le président :

« Alègre, vous avez été indicateur pour la police ?

– Non ! Jamais ! »

Patrice Alègre à son tour a bondi. Le ton de sa réponse est sec. Le ronron de l'interrogatoire préalable est rompu, la page de l'entrée en matière est tournée ou plutôt déchirée :

« Je vous interdis de poser ce genre de question. Je ne suis pas une balance. C'est tout. »

Ce sera tout en effet. Le ton est à la fois tranchant et menaçant. Patrice Alègre vient clairement de faire comprendre qu'il ne supportera pas une autre question sur ce chapitre. Au moment du procès, en février 2002, cette réponse n'a qu'une portée relative, presque anecdotique. Elle ne prendra sens que plus tard… S'il est elliptique sur son passé de délinquant, Patrice Alègre reste tout aussi fuyant quand il est pressé de s'expliquer sur les meurtres :

« J'ai fait des aveux, ça suffit, je n'ai pas envie de revenir là-dessus, jette-t-il au président.

– Ça vous gêne, c'est inutile, trop difficile ? pondère le juge.

– Tout à la fois.

– Vous l'avez dit aux gendarmes, vous l'avez confirmé devant le juge, pour quelles raisons ne le diriez-vous pas devant les familles ?

– Je ne peux pas. »

C'est sur cette base qu'au cas par cas seront évoqués les cinq meurtres et le viol dont répond alors Patrice Alègre.

À quelques détails près, ses réponses seront alors invariablement les mêmes. D'abord, l'accusé réitère ses aveux :

« Oui, c'est bien moi qui l'ai tuée.

Le juge lui demande alors :

– Pourquoi et comment ?

– J'ai voulu l'embrasser, elle a refusé, alors j'ai pété les plombs.»

La rengaine. Pour exemple, ce dialogue avec le président autour de la mort de Valérie Tariote :

« On s'est couchés, et ça s'est mal passé.

– Pourquoi ?

– Elle a refusé.

– Comment ?

– Je refuse d'entrer dans les détails.

– Ce ne sont pas de détails dont il s'agit ici, mais des faits qui vous sont reprochés. Votre victime avait un foulard dans la gorge.

– Oui, je l'ai appris par les gendarmes.

– Comment est-ce possible ?

– Je ne m'en rappelais pas. Je l'ai étranglée avec mes mains, c'est une image que j'ai. La seule. Je ne me rappelle pas du reste, comme quoi j'ai ramassé des objets et que je les ai jetés.»

À quelques nuances près, le récit de ses meurtres sera identique. Lapidaire et parsemé d'oublis. Ainsi, pour la mort de Martine Matias, il décrit le même scénario préalable du baiser refusé et du « pétage de plombs », mais en revanche Patrice Alègre reste confus, pour ne pas dire qu'il ment probablement, quant aux circonstances de sa rencontre avec la jeune fille et de la façon dont il parvient à entrer chez elle le soir du drame. Selon sa version, il avait un rendez-vous avec elle et elle l'a invité à venir boire un verre chez elle. L'emploi du temps de la jeune fille ce soir-là, puis la façon dont la cage d'escalier de son immeuble était plongée dans la pénombre, ne cadrent pas avec le scénario d'une rencontre programmée. Idem pour le meurtre : les explications fournies par Alègre ne suffisent pas à expliquer tous les détails relevés sur la scène du crime. « On ne saurait dire si vous avez oublié, ou si vous ne voulez pas vous souvenir », lui fait un jour remarquer le président excédé par trop de réponses évasives. Et il constate :

« Vous ne vous rappelez rien de Valérie Tariote, mais vous vous souvenez avoir eu un accident en sortant de son immeuble. Pour Martine Matias, vous ne savez plus rien, mais vous vous souvenez du titre des CD que vous lui avez volés. Alors ? » Alors, jamais de réponse. Le procès d'assises s'est terminé le 21 février 2002, plein de frustration pour les familles des victimes. Mais « l'affaire Alègre » est loin d'être close. Avant, bien avant qu'il ne soit conduit devant un jury populaire, le juge Serge Lemoine et les gendarmes ont travaillé sur le passé du tueur en série et ont fait un certain nombre de découvertes qui ne figurent pas dans les procédures qui constituent l'enjeu du procès. Nécessairement, entre ces hommes naît une relation. Les uns et les autres se respectent et s'apprécient pour des qualités professionnelles qu'ils partagent : la rigueur et le désir de vérité. Des valeurs nécessaires quand le travail est complexe, et la confiance s'installe d'autant plus facilement que tous ont très rapidement l'intuition qu'Alègre n'a pas tout dit. Un mélange de bon sens et d'expérience les amène à un constat simple qui s'impose à eux dès leurs premiers contacts avec le criminel. Une simple lecture de la chronologie des meurtres éveille la curiosité des béotiens qu'ils sont alors : 1989, Valérie Tariote ; 1990, Laure Martinet ; 1997, Martine Matias, Émilie Espès, Mireille Normand, Isabelle Chicherie.

Entre-temps, rien ? Il n'est pas besoin d'être un « spécialiste » des serial killers pour se poser la question qui tombe sous le sens. Fatalement, sous la direction du major Jean-Yves Grolleau, les gendarmes s'attachent à explorer les huit ans qui séparent le premier et le dernier crime connus du tueur en série.

Les sorties avec les gendarmes sont précieuses pour Patrice Alègre qui apprécie les extractions de sa cellule. Entre les enquêteurs et le suspect s'installe un dialogue qui dépasse l'idée que l'on se fait communément de l'affrontement qui a lieu durant les gardes à vue. Une relation humaine s'installe, faite de respect mutuel. Tout n'est peut-être pas orthodoxe d'un point de vue réglementaire, mais Patrice Alègre n'est pas un suspect ordinaire. Il a droit à quelques faveurs et, en contrepartie, il fait des concessions. Patrice Alègre n'étant pas spontanément bavard, le travail des gendarmes s'annonce complexe. Pour commencer à explorer cette période de vide, ils demandent à leurs homologues des brigades et compagnies régionales de bien vouloir ouvrir leurs tiroirs et exhumer toutes les affaires de crimes et disparitions non élucidées. Pour faire bonne mesure, ils récupèrent également les suicides litigieux. En tout, 191 dossiers « remontent ». Dans le même temps, ils demandent à Patrice Alègre de leur indiquer avec autant de précision que possible, les lieux dans lesquels il est passé et les gens qu'il a rencontrés.

Pendant que Jean-Yves Grolleau et Daniel Soucaze interrogent, Michel Roussel note sur de grands cahiers d'écolier. Très rapidement, la somme d'informations recueillies ne peut plus être consultée comme un livre ordinaire. Les gendarmes arrachent les pages des cahiers et les assemblent en de grands panneaux qui courent du sol au plafond de leur bureau. Ils s'appliquent à faire correspondre des lieux, des dates, des personnes et des événements.

La traque de cette quadrature morbide est astreignante. Les gendarmes cherchent des coïncidences. C'est en parcourant le dossier Tariote qu'ils affirment avoir eu le déclic. « Cette chronologie interrompue, d'une part, et d'autre part la façon que Patrice Alègre avait de se raconter, en utilisant des signaux codés, nous a confortés dans l'intuition que toute la vérité n'était pas encore sortie. » Début 2000, le major Grolleau prépare sa retraite, le lieutenant Daniel Soucaze quitte Toulouse pour la Bosnie. En juillet 2000, la cellule Homicide 31 naît officiellement. Le passé de Patrice Alègre, c'est le chef Michel Roussel qui va l'exhumer… sans savoir à ce moment qu'il va du même coup faire remonter tous les « ratés » de la justice toulousaine. Fort à propos, un nouvel outil technique vient à son secours. Sans pour autant abandonner ses traditionnels cahiers, il rentre toutes les données des six premiers dossiers concernant le tueur en série dans le logiciel Anacrime, mis au point par l'Institut de Recherche Criminelle de la Gendarmerie Nationale (IRCGN), de Rosny-sous-Bois. Trois à quatre mille pièces de procédure qu'un ordinateur classe par thèmes : les modus operandi, les dates bien sûr, les lieux évidemment, les personnages qui gravitent dans la périphérie des crimes. Un travail de fourmi sur les traces du tueur en série qui a beaucoup bougé et voyagé entre 1989 et 1997. « Nos interlocuteurs n'y croyaient pas trop. Alègre était en prison, alors pourquoi perdre encore du temps et de l'énergie sur le passé de cet individu ? », dira en substance

Michel Roussel pour résumer l'état d'esprit qui anime la gendarmerie de l'époque. Une poignée de gendarmes, huit au total, secondés par deux membres du Service technique de rapprochement judiciaire et de documentation de Rosny-sous-Bois s'attaquent avec des moyens réduits à l'examen de centaines de dossiers, le tout dans un confort très spartiate qui jure avec l'ampleur de la tâche. Mais seule la détermination compte. Sur les murs, une véritable toile d'araignée grossit de jour en jour. Des noms, des images de femmes, de lieux, émergent du passé en un macabre décompte. Les gendarmes de la cellule Homicide 31 classent les affaires qui leur parviennent. D'abord des meurtres non élucidés dont les procédures sont arrachées à la poussière des tiroirs. Certains sont immédiatement éludés, ils retiennent en priorité les affaires remontant au début des années 90, essentiellement à Toulouse, ou dans sa périphérie immédiate. Des années où, les gendarmes le savent déjà, Patrice Alègre hante la nuit toulousaine. Aujourd'hui encore, personne ne sait ce qui est arrivé à Valérie Réorda qui n'avait que 16 ans quand elle s'est évanouie le 7 août 1990 de la fête locale de Saint-Jory, quelques mois à peine après la mort de Laure Martinet. On sait simplement que Patrice Alègre fréquentait ce village, qui était aussi celui de sa compagne Cécile et de son ami Gilles Bivi. On retrouvera onze jours plus tard le corps de l'adolescente dans un sous-bois qui borde la Garonne, dissimulé entre un bouleau et un noyer, sous un gros pneu de tracteur, partiellement recouvert de branchages. L'autopsie n'a jamais pu livrer les circonstances précises de cette mort tragique. Avec obstination, les gendarmes travaillent et retrouvent des témoins qui ont vu le tueur en série en compagnie de la jeune fille, mais ils ne se privent pas non plus d'explorer d'autres pistes : « Il ne s'agit pas d'affirmer que Patrice Alègre est coupable dans toutes les affaires que nous avons exhumées », pondère le gendarme. Une autre enquête éteinte sans explication attire leur attention, même si Patrice Alègre n'a que 17 ans quand, le 19 décembre 1985, Patricia Caillet, une jeune femme de 25 ans qui en paraît à peine 19, est assassinée dans une chambre de l'hôtel du Berger, au 3 de la rue des Moutons, dans le bas de la rue Bayard. Ce jour-là, le client qu'elle avait fait monter, un jeune homme, est redescendu à peine dix minutes plus tard, comme l'a remarqué le gérant de l'établissement. Quand elle a été découverte, Patricia gisait sur le lit, même pas déshabillée. Son cou était marqué par de vilains hématomes et un sillon sanglant, signe évident d'une strangulation. Ce meurtre ne sera jamais résolu. Un peu plus tard, dans la même journée, une autre prostituée a été agressée en début de soirée par un homme qui a tenté de l'étrangler avec un lacet, en haut des allées Jean-Jaurès. Deux événements qui ont semé l'inquiétude dans le milieu de la prostitution. Certaines filles envisageant même d'arrêter momentanément leur activité. Avant que l'oubli ne fasse son œuvre.

C'est en travaillant sur les lieux fréquentés par Alègre, que la « cellule » relève aussi que le calvaire de Suzanne Mortessagne-Cikojevic n'a jamais été compris. Dix-sept ans après, sa famille, admirable de courage, porte encore à bout de cœur ce mystère intact. Le 6 juin 1987, Suzanne, qui a alors 65 ans, part aux champignons. Le lendemain, on découvre son corps dissimulé sous un tas de bois, près de la Garonne, à quelques kilomètres de son domicile. Elle a péri sous les coups d'un agresseur qui a pris le temps de cacher son corps et d'effacer les traces de son passage. Elle gisait non loin de Fenouillet. Fenouillet, c'est le village où ont été récupérées les affaires scolaires de Laure Martinet, c'est là également que le corps sans vie d'une autre victime, Patricia Gélis, sera récupéré. C'est là aussi un des lieux de pêche au sandre préféré de Patrice Alègre.

Une autre mort énigmatique occupe les enquêteurs. Une mort quasi insoluble avec un corps resté longtemps sans identité. Cette fois les gendarmes ont dû se transporter dans un bois proche de la commune de Dourgne, à côté de Revel, aux confins des départements du Tarn et de la Haute-Garonne. En juin 1990, le cadavre décomposé d'une femme est découvert par un chercheur de champignons. Des traces de fractures faciales et costales ont été relevées lors de l'autopsie tardive, signe évident d'une mort violente. Il faudra attendre 1999, pour qu'un nom soit enfin mis sur ce corps qui ne correspond à aucune disparition signalée. Personne ne semble s'être intéressé au sort de Marie Lombrassa, 29 ans, dont le profil pourrait correspondre à celui d'une prostituée sans famille. Seul élément tangible, la victime portait des chaussures à talons hauts pas vraiment faites pour marcher en forêt. Tout laisse penser qu'elle a été amenée sur place par son meurtrier. Le dossier a dormi près de dix ans avant d'être « sélectionné » par la cellule Homicide 31 qui avait finalement décidé de le laisser en sommeil… avant de le réactiver une nouvelle fois, après l'audition d'un proche de la famille d'Alègre. Auditionné le 15 avril 2001, ce témoin répond à une question banale :

« Quelles étaient les activités préférées de Patrice ? interroge le gendarme.- Le VTT du côté de Saint-Béat, mais aussi la pêche en ruisseau, notamment à La Rigole, dans la région de Dourgne. Il y allait souvent seul. Il connaissait bien la région, il y a de la famille maternelle enterrée.» Sur le bureau des enquêteurs surgissent aussi des dossiers de disparitions non expliquées. Parfois, ce sont les brigades qui les envoient, souvent, ce sont des parents désespérés qui les apportent. Ainsi, Gabriel Loubradou, professeur retraité, épuisé de tracas, qui dépose un jour de 1998 le dossier désespérément vide de sa fille Hélène, qui avait 27 ans, le 16 août 1989. Mère d'un petit garçon de 7 ans, cette employée de la Sécu, qui souffre de dépression, a rendez-vous le soir-même avec sa sœur jumelle. Elle ne la verra jamais. Son père, Gilbert Loubradou, n'a jamais voulu croire au suicide. Ce jour-là, vers 16 heures, elle quitte la clinique de Flourens, dans laquelle elle est en convalescence. Depuis, nul ne l'a revue. Une battue est organisée un mois plus tard, qui conduit naturellement les chercheurs vers le lac de Flourens, une base nautique située à deux kilomètres de la clinique, où Hélène allait régulièrement se promener. Une photo de la disparue est présentée au personnel de la guinguette du lac. Un serveur en est certain: «J'ai récemment vu cette personne. Elle était en compagnie d'un jeune homme, plutôt athlétique. Leur dernière discussion a eu l'air de mal se passer». La piste ne sera pas, ou mal, creusée. En décembre 2000, Michel Roussel rouvre ce dossier parce qu'il sait que Patrice Alègre allait régulièrement pêcher dans ce lac. En outre, Gabriel Loubradou a retrouvé le carnet intime de sa fille, dans lequel elle mentionne un jour: «Rencontre de Pat'», alors qu'elle revient justement d'une promenade à la base nautique. Enfin, la jeune fille avait un collier en or qui n'a jamais été retrouvé, mais les gendarmes ont repéré sur les livres de comptes d'un bijoutier que, en décembre 1989, Patrice Alègre a vendu « un collier en or, d'occasion ». Sur le papier, Martine Escadeillas a elle aussi « disparu » même si, la concernant, certains indices laissent redouter le pire. Secrétaire, âgée de 24 ans, Martine semblait mener une vie sans histoire mais, depuis le 8 décembre 1986, nul ne l'a jamais revue. Ce matin-là, vers 8 h 30, la jeune femme accompagne à pied son ami, qui part au travail, jusqu'à l'arrêt d'autobus, puis regagne son appartement dans un immeuble de la commune de Ramonville-Saint-Agne, aux portes de Toulouse. Des voisins ont entendu des cris. Ce sont les seuls témoignages. Quand son ami est rentré à midi, il a trouvé l'appartement vide, le fer à repasser encore branché et la vaisselle du petit déjeuner sur la table de la cuisine. Des traces de sang ont ensuite été découvertes dans l'escalier et dans le sous-sol de l'immeuble où se trouvait le parking. Mais les gendarmes de la section de recherches qui avaient mené les investigations n'ont jamais résolu cette énigme. Cette terrible et déchirante incertitude, les parents de Corinne Lazzari la vivent aussi au quotidien. Dans la soirée du 2 mars 1992, leur fille, une aide-soignante de 29 ans, s'évapore corps et biens alors qu'elle est tombée en panne d'essence. On retrouvera sa Renault 19 blanche à Labarthe-Inard, dans un chemin perpendiculaire à la route nationale 117, à mi-chemin entre Saint-Gaudens, d'où elle venait, et de Muret, où elle se rendait. Dans le véhicule fermé à clé, on a retrouvé le sac à main de Corinne et ses papiers d'identité. À la nuit tombée, la jeune femme a demandé de l'aide et du carburant aux habitants d'une maison voisine qui l'ont ensuite vue monter dans une Peugeot.

Puis plus rien… Initialement confiée à la PJ, cette affaire a été considérée comme « policièrement résolue », c'est-à-dire que les enquêteurs pensent savoir qui est l'auteur du rapt, mais ne disposent pas d'éléments suffisants pour l'amener jusqu'à sa phase judiciaire. Il convient de préciser que le suspect ciblé par la PJ n'est pas Patrice Alègre. Mais les gendarmes récupèrent aussi les morts qui ont fini dans les statistiques des suicides. En janvier 1998, à l'issue d'une audition, Patrice Alègre indique aux gendarmes qu'il a un jour, « entre 1992 et 1995, balancé une femme dans le lac de Cazères, après l'avoir violée et étranglée ». Rien de plus. Les enquêteurs retrouvent la trace du « suicide » d'une mère de famille, Hélène Rodes, dont le corps a été repêché dans le lac de Cazères, le 21 juillet 1995. Les recherches ont permis d'établir que Patrice Alègre a travaillé à cette période à la base nautique qui borde le plan d'eau. En outre, au terme d'une seconde autopsie, il est établi aujourd'hui que cette personne ne s'est pas noyée, mais qu'elle était morte avant son immersion.

Et quid de la mort de Hadja Darolles-Benyoucef, cette jeune femme de 26 ans, décédée le 3 novembre 1987, dans des circonstances très singulières à son domicile de la rue des Fontaines à Toulouse ? Le drame est découvert par le fils de la victime, qui rentre de l'école. Quand il arrive pour goûter, il est confronté à l'horreur. La porte de l'appartement familial est ouverte. Sa mère gît face contre terre, dans une mare de sang, à deux pas du berceau de son bébé de 8 mois. La robe de la jeune maman est relevée à mi-corps, une chaussure manque à son pied. L'état visible de son corps est éloquent : dans la gorge, un couteau enfoncé jusqu'à la garde et, autour du cou « une cordelette blanche présentant deux nœuds marins assez sophistiqués ». Voilà pour la partie visible. Reste que le lendemain, au cours de l'autopsie, on découvre « une couche culotte pliée en huit dans la bouche de la victime ». Cela n'émeut pas les médecins légistes, ni même les enquêteurs qui acceptent sans broncher les conclusions de « l'expert » : « Après avoir essayé de s'entailler la gorge, la défunte avait pu tenter de se pendre avec une cordelette puis, n'y parvenant pas, elle avait pu se planter le couteau de cuisine à travers la gorge, ce qui a provoqué la mort. » Contre toute évidence, les médecins légistes concluent au suicide. Rien ne suscite de questions de la part des enquêteurs ; ni les constats, ni la vie et l'entourage de cette jeune femme pleine de projets. Son mari avait téléphoné l'après-midi même, vers 16 heures, pour dire qu'il avait peut-être trouvé un terrain pour y bâtir la maison dont ils rêvaient ensemble, et dont ils avaient encore parlé avec passion au déjeuner. Mais l'enquête s'est arrêtée là. Aucun examen gynécologique ne figure au dossier. Rien ne viendra entamer les convictions des policiers qui se contentent du rapport d'autopsie pour argumenter leur « enquête », malgré les traces de sang qui ont été retrouvées sur le palier et dans l'escalier menant à l'appartement. Rien qui suffise pour contredire la thèse du suicide, ni même pour en douter. Cette affaire semble porter la marque du tueur en série. Des indices relevés dans d'autres homicides : bâillon enfoncé dans la gorge, coups de couteau au cou… Coïncidence ? Hadja Darolles-Benyoucef était employée dans une entreprise dépendant de la SNCF, et elle fréquentait ce quartier de la gare où Patrice Alègre, on le découvrira plus tard, avait ses habitudes dans le milieu de la prostitution.

À la faveur de l'enquête reprise par la cellule Homicide 31 sur les pas du tueur, sérieusement soupçonné, c'est un ancien amant d'Hadja Darolles-Benyoucef, un homme de 57 ans qui a pourtant été mis en examen en 2005 pour ce meurtre, 18 ans après les faits et avant d'être remis en liberté en criant toujours son innocence.

Dans ce morbide inventaire de suicides où le simple bon sens suffit à faire douter de l'infaillibilité du droit et de la médecine légale, la mort d'Édith pose un problème de même nature. La dépouille d'Édith Schleichardt, une jeune chamoniarde de 22 ans vivant en Ariège, est découverte le 23 septembre 1990, dans un terrain vague situé aux portes de Cintegabelle, en Haute-Garonne. Ce sont des chasseurs qui, les premiers, voient ce corps très abîmé. Il n'est pas besoin d'être médecin légiste pour deviner qu'Édith repose là depuis plusieurs jours. À cet égard, les premières déclarations des chasseurs sont éloquentes, mais un détail choque également ces trois hommes qui n'ont rien à voir ni avec la gendarmerie, ni avec la médecine légale : la jeune fille a le tee-shirt relevé sur son ventre, son collant et sa culotte baissés à mi-jambes et une bombe lacrymogène ostensiblement dressée dans son intimité.

D'entrée de jeu, les gendarmes de la section de recherches de Toulouse qui ont fait les premières constatations, estiment que « compte tenu de l'état du corps il semblait difficile d'avancer l'hypothèse d'un meurtre, eût-il été commis par strangulation ». Fortiche, d'autant que l'autopsie va relever « la présence d'une forte dose de méprobamate (Equanil) dans le sang ». Ce sera donc un suicide. Il n'y a ni voiture, ni moto, pas même un vélo à proximité, mais personne ne se demande comment la jeune fille est venue en finir là, à plus de trente kilomètres de l'endroit où elle a été vue la dernière fois, faisant du stop en direction de Toulouse. Pourquoi son vernis à ongle et son nécessaire à maquillage ont été lancés à plus de sept mètres du corps. On ne s'interroge même pas sur le fait de savoir si sa mort est survenue à l'aller ou au retour. Qu'importe : le 4 octobre 1990, onze jours après la découverte de la jeune fille, un procès-verbal de « recherches infructueuses » est rédigé. Et fait allusion à des événements qui se produiront une semaine plus tard ! Me Pierre Dunac, l'avocat de la famille, a obtenu l'ouverture d'une information contre Patrice Alègre pour « meurtre ». Les doutes autour de ce présumé suicide sont tels que le juge a ordonné l'exhumation du corps de la jeune femme. Une autopsie a été pratiquée et des comparaisons d'ADN sont en cours. Le contre-rapport d'expertise médico-légale conteste vigoureusement les premières conclusions établies par les docteurs Bras et Alengrin : « Aucun élément ne permet de retenir que l'intéressée a absorbé des substances toxiques dans le but d'un suicide. » Une seconde étude, sur photos, réalisée par un expert en pyrotechnie, fait valoir que « la victime porte les marques d'une peau brûlée profondément ». Pour conclure qu'Édith a bien subi des violences. Là encore, Pierre-Marie Bras et Danièle Alengrin, les médecins légistes, se sont trompés, comme ils se sont trompés dans le cas de Martine Matias, Hadja Benyoucef-Darolles ou Valérie Tariote. Qu'importe le foulard coincé au fond de la gorge de cette jeune femme. Des neuroleptiques retrouvés dans la cuisine et le livre *Suicide mode d'emploi* dans la bibliothèque suffiront à lever les doutes. Ils ont conclu à une « intoxication médicamenteuse ». Décidément une habitude.

Les recoupements de la cellule homicide 31

Dans ce maquis d'enquêtes enterrées, ou sabotées, il faut beaucoup d'énergie à la cellule Homicide 31. Toutes les informations, tous les éléments collectés sont méthodiquement examinés, classés, recoupés pour certains, évacués pour d'autres. Travail de fourmi, travail de titan, comme on voudra, mais les gendarmes, Michel Roussel en tête, ne comptent pas leur temps pour démêler et relier entre eux les fils parfois ténus d'un itinéraire qui se révèle vite très complexe, d'autant qu'il apparaît que Patrice Alègre « cloisonnait » ses différentes activités. Deal de drogue, cambriolages, trafics de voiture, liens avec le milieu de la nuit... toutes les personnes qui croisent Alègre ne se connaissent pas, ne se connectent pas forcément. Pour les uns, le fourgue homosexuel qui l'initie aux « amitiés particulières » alors qu'il est encore mineur, c'est Patrice. Pour d'autres, il se présente sous le sobriquet de « Pat' », il fait ça auprès des filles qu'il drague, c'est tellement plus sympa. Sur le pavé du quartier de la gare, il se donne un parfum d'Amérique au néon en se faisant appeler « Loyd », ça fait nuit et trottoir, tellement impénétrable. La constance de la « cellule » se révèle payante. En quelques mois, remontent les premières pistes. C'est le doyen des juges toulousains, Serge Lemoine, qui pilote cette instruction aux multiples facettes. Peu à peu, un autre visage du tueur en série se dessine. Via le profil des victimes, on s'aperçoit que Patrice Alègre a effectivement été très proche des milieux de la prostitution.

Première surprise, il faut encore remonter dans le temps pour retrouver le premier homicide qui vaut une mise en examen à Patrice Alègre :

avant Valérie Tariote en 1989, les gendarmes ont été intrigués par la mort violente de Josette Legoy, une prostituée de 60 ans, spécialiste de séances sadomasochistes, tuée dans sa chambre en décembre 1987, au 4 de la rue Denfert-Rochereau, dans le quartier chaud de Toulouse. La prostituée, qui se faisait appeler « Josiane », avait transformé un petit local, un ancien magasin, en studio discret. Au matin du 5 décembre, des voisins ont vu s'échapper de la fumée sous la porte de ce boudoir de fortune. Frappée, battue, Josette Legoy gît en travers de son lit. Les mains liées dans le dos, le visage tuméfié par les coups. Elle a succombé à une strangulation. Son agresseur, un client pense-t-on, a tenté de maquiller son geste en mettant le feu à une pile de vêtements. Le chien de la victime, un berger allemand attaché dans une pièce voisine, n'a pas bronché. Seul indice, à plusieurs reprises, un homme circulant à moto a été aperçu dans le secteur par des riverains. L'ombre du tueur, âgé à l'époque de 19 ans ? Le juge y croit. Entendu au lendemain de son procès d'assises, Patrice Alègre nie le meurtre de « Josiane », comme il nie tous les nouveaux homicides que le juge Lemoine et les gendarmes le soupçonnent d'avoir commis. Pierre Alfort, l'un des deux avocats du serial killer, s'agace de ces mises en cause répétées. « Lors de sa garde à vue, mon client a dit ce qu'il a toujours dit : il n'y a rien d'autre dans son passé que les crimes qui lui ont valu une condamnation à perpétuité en février 2002. » Pourtant, les procédures s'accumulent. Le 30 mai 2002, Patrice Alègre est mis en examen pour le meurtre de Josette Legoy, mais aussi pour celui d'une autre professionnelle du sexe, Josette Poiroux, une femme de 44 ans, originaire de Vendée, spécialisée dans le massage thaïlandais relaxant. Josette Poiroux se faisait appeler « Linda ». Elle est retrouvée sans vie en milieu de journée, le 21 octobre 1992, dans son appartement en feu, boulevard des Minimes. Un quartier où Alègre a habité et dans lequel réside alors sa grand-mère. La masseuse, venue de Perpignan, qui n'était pas à proprement parler une prostituée, vivait depuis un peu plus d'un mois dans le petit T2. C'est là qu'elle a été frappée à mort de plusieurs coups de couteau. La dernière personne à l'avoir vue vivante est une voisine qui a aperçu sa silhouette à la chevelure blonde à l'heure du déjeuner. Accompagnée de son petit chien, un caniche, Linda remontait chez elle avec une baguette de pain. Moins de deux heures plus tard, lorsque les secours interviennent, le corps entièrement dénudé de Josette Poiroux est découvert partiellement carbonisé, recroquevillé sur le sol, entre le lit et la fenêtre. Une fois de plus, le meurtrier a mis le feu pour faire croire à un incendie accidentel. La marque du tueur en série ? Une fois encore, le juge y croit. Mais une fois de plus, l'enquête policière n'aboutit pas dans un délai raisonnable. Une habitude ? Pourtant, cette fois, les investigations ont été confiées à la police judiciaire, qui n'obtiendra pas plus de résultat que la brigade criminelle de la sûreté urbaine. Sans doute y avait-il du travail à faire à l'époque, puisqu'en 2002, dix ans après, les gendarmes retrouvent non seulement un démarcheur qui était dans l'immeuble au moment du meurtre, mais aussi et surtout, le dernier client de la victime. Cet homme, qui se faisait appeler « René », est un des plus gros avocats de la ville, qui a gravité un temps dans les sphères du Toulouse Football Club. Un de ceux qui, forts avec les faibles, mettent toujours un peu de morgue dans la voix pour faire de la justice une vertu alors qu'en réalité, ils ne la traitent que comme une administration. Un de ceux qui sont capables de s'indigner quand on refuse d'aider « la manifestation de la vérité ». Rattrapé par l'enquête, le voilà redevenu ce pauvre type qui se liquéfie devant les gendarmes. Lui qui plastronnait dans les dîners mondains avec « tous ceux qui comptent », promet de tout dire à condition que sa déclaration échappe à un procès-verbal. Il dira tout. Finalement pas grand-chose : il s'est fait masser, c'est sa vie privée et tout le monde s'en fout. Pour cette seule année 1992, on relève également les corps de Line Galbardi, battue et étranglée dans la nuit du 2 au 3 janvier, et celui du travesti Claude Martinez, retrouvé poignardé dans le garage qui lui servait de studio, le 27 février. Ces deux meurtres vont se révéler « fondateurs » du scandale qui, onze ans plus tard, va éclabousser Toulouse. Mais nous sommes en 1992, et l'hécatombe dans le milieu de la prostitution n'interpelle visiblement ni la police, ni la justice qui ne font pas de lien entre les différents homicides. Cette succession d'événements dans une ville qui, à l'époque, recensait « statistiquement » deux à trois homicides par an, aurait pourtant dû mettre la puce à l'oreille des policiers et des magistrats. Il faudra attendre 1999, et deux événements distincts qui vont finir par converger. Il y a d'abord la déposition d'une autre femme de la nuit qui va orienter les recherches des gendarmes de façon déterminante. Elle s'appelle Françoise D. Elle a été violée et a fait l'objet d'une tentative d'étranglement que son agresseur n'a fort heureusement pas conclue. Comme par hasard, son calvaire a eu lieu en février 1992, près de la gare Matabiau, où elle vendait ses charmes. Cette femme meurtrie a certes mis plusieurs années avant de se décider à parler. Toutefois, son témoignage tardif, recoupé avec les déclarations de Patrice Alègre, va se révéler précieux. Il y a ensuite cette « petite phrase » que Patrice Alègre lâche à Michel Roussel au retour d'un énième transfert, aux abords du quartier de la gare Matabiau. Le tueur pointe la direction de l'hôtel de l'Europe, un établissement borgne du boulevard Bonrepos, entre le quartier Belfort et la gare, au bord du canal du Midi : « Il s'est passé quelque chose là », lance-t-il laconiquement. Les enquêteurs partent immédiatement à la recherche d'une prostituée que le détenu a évoquée. Fausse piste. La jeune femme est retrouvée bien vivante. Mais la connexion entre les propos d'Alègre et la réalité se fait un peu plus tard. Une prostituée a bien a été tuée dans l'hôtel de l'Europe. C'était dans la nuit du 2 au 3 janvier 1992. Elle s'appelait Line Galbardi. Elle avait 28 ans. Un meurtre jamais élucidé par les services de police. Un meurtre révélateur de troublantes carences de l'appareil judiciaire toulousain qui est aujourd'hui au centre de la nouvelle affaire Alègre. L'indication d'Alègre est croisée avec le témoignage de Françoise D. C'est elle qui, sans le vouloir, va attiser la curiosité de la cellule Homicide 31 sur cette très curieuse année 92, en révélant des disparitions, en évoquant à son tour des meurtres jamais résolus. Année de malchance policière ? Les gendarmes veulent en avoir le cœur net. Sur la base des souvenirs de la victime, les enquêteurs recherchent, retrouvent et interrogent d'anciennes professionnelles. Certaines, rares, sont encore en activité. D'autres sont mortes ou demeurent introuvables. Sur les trottoirs, on travaille plus couramment sous pseudonyme qu'avec un badge. D'autres enfin ont tiré un trait sur leur passé et se sont refait une nouvelle vie. Pas une autre vie.

Deux meurtres sur ordonnance

Les indications de Françoise D. sont vérifiées et permettent effectivement de retrouver « des filles » qui vendaient leurs charmes sur les trottoirs de Toulouse. Ces recoupements focalisent les enquêteurs sur un territoire et une période. Pour la première fois depuis le début de leur enquête en 1997, se dessine un contexte autour de leur suspect. Jusqu'alors, leurs investigations les conduisaient vers des faits épars, dans lesquels le tueur en série leur apparaissait comme le psychopathe solitaire décrit aux assises. Peu à peu, au fur et à mesure qu'ils établissent l'environnement de Françoise D., ils parviennent à situer Patrice Alègre dans un univers où il n'apparaît plus comme un électron libre et fou, tueur de hasard, lâché dans des mondes connus de lui seul, et hermétiques entre eux. Françoise D. ramène les gendarmes en 1992, et les oblige à se situer dans le quartier de la gare. À Toulouse, cette zone située en plein centre de la ville se compose d'une vingtaine de rues tout au plus. L'épine dorsale en est la rue Bayard, large avenue aux airs haussmanniens qui débute dans l'ombre de Jeanne d'Arc, et s'achève boulevard Bonrepos, une avenue qui longe la gare Matabiau, sur la rive droite du canal du Midi. Parallèles à la rue Bayard, les allées Jean-Jaurès.

Rue Bayard, boulevard Bonrepos et allées Jean-Jaurès sont reliés entre eux par un réseau de ruelles plus ou moins borgnes, plus ou moins tordues, qui convergent avec des bonheurs divers par la place Belfort, lieu de passage obligé pour les automobilistes, mais pas nécessairement pour les piétons. À Toulouse, ce quartier est indifféremment appelé « quartier Belfort », « quartier Bayard » ou « quartier de la gare ». Pour tous, c'est « le quartier chaud ». Dans le haut de la rue Bayard, se côtoient tabac de nuit, sandwicheries, et bars à frites. Néons criards, embouteillages perpétuels, mauvaises rencontres fréquentes. En s'enfonçant vers la place Belfort, trois ou quatre bars « américains », plus ou moins discrets, plus ou moins « montants », voisinent avec une dizaine de sex-shops, crades pour la plupart. L'ensemble est constellé d'une quinzaine d'hôtels. Boulevard Bonrepos, des enseignes de renom accueillent les cadres à la descente du train. Pour le reste, la grande majorité, les prix pratiqués comme l'aspect extérieur laissent présumer des conditions d'accueil plus modestes. Partout sur les trottoirs, et aujourd'hui encore : des prostituées. Françaises. En 1992, avant que les mafias de l'Est envoient des filles achetées une poignée de dollars, le quartier de la gare suffit à circonscrire la prostitution des Blanches. Les Ghanéennes, arrivées au milieu des années 80, ont leurs trottoirs un peu plus loin sur le canal. Les filles, quelles qu'elles soient sont en principe connues par les policiers qui les recensent dès qu'elles montrent une certaine assiduité à leur commerce. Il y a 173 prostituées et 29 travestis recensés en 1989, 257 filles et 30 travestis en 1992, et une soixantaine d'Africaines sur les trottoirs, auxquelles il faut ajouter une cinquantaine de « marcheuses », ou occasionnelles, qui se baladent entre bars américains et petits extras sous les lampadaires. En principe, cette société interlope s'autorégule et ne pose pas de problème. Rares en effet sont les scènes de violence qui entrent dans la chronique des faits divers. Si l'on excepte quelques bagarres de bidasses et autres fins de nuit alcoolisées, ce quartier est à l'époque relativement calme. Comme bien souvent, d'ailleurs, le sont les quartiers chauds dans les villes de province. Le « marché » toulousain est trop peinard pour risquer de le gâcher en faisant des vagues. La police, bien sûr, veille, mais à Toulouse comme ailleurs, le business particulier de ce type de quartier exige un ordre en marge de la loi, garanti par les professionnels du secteur. Juste une façon d'assurer la paix pour avoir la paix. Côté flics, il y a à l'époque environ huit cents fonctionnaires de police rattachés à la sûreté urbaine. Six cent cinquante sont en uniforme ou affectés à des tâches administratives, ce qui fait qu'il reste environ cent cinquante civils, que l'on appelait alors « les inspecteurs ». Ils étaient répartis en brigades, ou « groupes » à l'effectif variable en fonction des missions. « Groupe des stups », « Groupe des Enquêtes Générales » (GEG), « Groupe Recherches Criminelles » (GRC), « flagrants délits ». Appellations et affectations qui varient en fonction des directeurs successifs et des multiples réformes imposées par le Ministère.

Quand les gendarmes donnent ce coup de rétroviseur, ils ont sur le papier le portrait d'une ville ordinaire. Restent les déclarations de Françoise D., le contexte qu'elle décrit et les témoins qu'elle leur permet de rencontrer. Le retour en 1992 est plus brutal que prévu.

Annus horribilis. Pour cette seule année, quatre cadavres jonchent les statistiques des meurtres sans auteur. Il y a d'abord celui de Line Galbardi, une prostituée retrouvée battue et étranglée au matin du 3 janvier 1992 ; puis celui de Claude Martinez, un travesti découvert égorgé le 27 février, celui de Josette Poiroux, poignardée et laissée sans vie dans un appartement en feu le 21 octobre. Enfin, Patricia Gélis-

Balléjos, retrouvée le 6 décembre dans la Garonne. Outre le viol et la tentative de meurtre dont a été victime Françoise D., trois des quatre crimes non élucidés relevés par les gendarmes concernent des personnes qui vivaient du commerce du sexe. Patricia Gélis-Balléjos est un cas à part. C'est une jeune femme sans problème social, âgée de 29 ans, maman d'un petit garçon de 2 ans. En revanche, sa vie privée subit des bouleversements à la fin de l'été 92, et c'est une jeune femme fragilisée qui disparaît le 5 octobre de cette année-là. Elle travaille dans un magasin du centre de Toulouse, situé non loin du canal. Son corps sera retrouvé dans la Garonne deux mois après sa disparition inexpliquée, simplement classée « hydrocution ». Les gendarmes s'attachent à cette énigme et, huit ans plus tard parviennent à retrouver des témoins qui attestent de la présence d'Alègre dans ce quartier dans la période du meurtre. Avec l'accord de la famille, ils font exhumer le corps et constatent que la jeune femme n'est pas morte « d'hydrocution », comme ont cru pouvoir l'attester les médecins légistes à l'époque. En outre divers éléments d'enquête, liés à la disparition d'un bijou, ramènent les enquêteurs vers Patrice Alègre. Le tueur nie le crime, mais il a été mis en examen pour meurtre, le 27 septembre 2001.

L'éxécution de Line Galbardi

Les gendarmes butent sur les deux premières affaires qui retiennent particulièrement leur attention. D'abord, même si elles n'ont a priori rien à voir entre elles, elles sont liées dans le temps. Ensuite et surtout, il apparaît assez rapidement que Patrice Alègre connaissait les deux victimes, Line Galbardi, une prostituée de 28 ans, et Claude Martinez, un travesti âgé de 48 ans. Enfin, ces deux affaires sont liées au monde de la nuit. En portant plainte contre Patrice Alègre et en témoignant sur son viol, Françoise D. met les enquêteurs sur la piste d'autres prostituées qui ont, dit-elle, « connu de plus près Patrice Alègre » et qui pourraient avoir des informations intéressantes sur le meurtre de Line Galbardi. Commence alors pour Michel Roussel et les gendarmes une longue traque pour retrouver ces témoins clés. Et ils vont trouver. Quelques mois plus tard, en 1999, ils identifient et localisent deux d'entre elles. « Patricia », 32 ans, qui a refait sa vie dans la région de Pau dont elle est originaire, et « Fanny », 30 ans, elle aussi sortie des griffes de la prostitution, qui vit encore à Toulouse. Deux femmes au destin similaire, dont les témoignages vont jouer comme un détonateur après des mois de silence, de non-dits et de semi-confessions. Car pendant des mois, convoquées à plusieurs reprises par les gendarmes, elles ne parlent pas. Elles ne veulent plus revenir sur un vécu que leurs proches ne connaissent même pas. Patricia a alors deux enfants. Fanny quatre. Leurs compagnons ne soupçonnent rien. Interrogées, ré-interrogées, placées même en garde à vue, ni l'une ni l'autre ne veulent au départ raconter ce qu'elles savent. Il faudra toute la patience du chef Michel Roussel et toute sa persuasion pour qu'enfin, les deux ex-prostituées reviennent sur un passé très douloureux enfoui dans leurs mémoires, mais aussi encore imprimé sur leurs corps. Dans leur chair. « On a eu confiance en Michel », disent-elles pour expliquer comment elle se sont décidées à parler. Un hommage à la persévérance du gendarme, mais aussi le soulagement d'avoir enfin pu se libérer d'un lourd secret. Nous sommes au début de l'année 2003. En janvier. Pour la première fois, après un énième face à face avec les gendarmes, Patricia raconte. Elle raconte comment, onze ans auparavant, Line Galbardi, cette petite brunette venue du Canada via l'Espagne, et surnommée « Chaouina », a été tuée dans la chambre 24 de l'hôtel de l'Europe en face de la gare Matabiau. Son récit est terrible. Le temps n'a rien effacé au souvenir d'une scène d'une extrême violence qui dévoile le rôle central de deux personnages. Le premier est connu, il s'agit de Patrice Alègre. Le second, Lakhdar Messaoudène, fait soudain irruption dans l'histoire. Renseignement pris, Messaoudène est un « mac », il a été le protecteur de Line. En 1992, il avait 29 ans et crânait en croyant régner sur la rue Bayard et le quartier de la gare, où il faisait travailler une dizaine de filles et un travesti. Dans le récit de Patricia, il apparaît qu'il fréquentait Patrice Alègre et que les deux hommes étaient liés en affaires. Entre eux, le partage des tâches était relativement simple. Lakhdar Messaoudène tirait l'essentiel de ses revenus de la prostitution, Alègre quant à lui fournissait les filles en drogue. De temps à autre, le premier réquisitionnait le second pour « essayer » une fille. « L'essayage » est une technique assez rudimentaire : elle s'impose à une nouvelle venue qui subit les assauts, tous les assauts. Si elle rechigne, gare à elle. Si elle avale ses larmes et ses cris, elle gagne l'immense privilège de pouvoir aller à la rencontre de michetons pour revendiquer « 200 francs la pipe, 300 l'amour ». Selon les filles, ni Alègre, ni Lakhdar ne sont des tendres. D'ailleurs, c'est le second boulot d'Alègre : calmer les récalcitrantes, corriger les rebelles. Ce sont ces méthodes qui auraient coûté la vie à Line Galbardi, soupçonnée d'avoir eu la velléité de trop parler aux flics.

Nous sommes dans la nuit du 2 au 3 janvier 1992. L'heure est indéfinie, on suppose qu'il est un peu plus de 23 heures. Pour le reste, la déposition de Patricia, interrogée le 8 janvier 2003 à la gendarmerie d'Arthez-de-Béarn est d'une précision clinique : « Patrice a saisi Line par les cheveux et l'a obligée à s'agenouiller. Elle a commencé à crier. C'est alors qu'il a fait remarquer à Lakhdar qu'il manquait une fille. Lakhdar est descendu la chercher. Nous sommes restées sous la surveillance de Patrice qui a commencé à frapper Line. Elle était nue. Il nous a dit qu'il nous fallait apprendre à nous taire et qu'il n'y avait qu'une façon de nous apprendre à fermer notre gueule. Patrice frappe Line à coups de poings, violemment, très violemment, à la tête, au ventre, partout. Le premier coup de poing l'avait à moitié assommée. Elle était encore consciente et hurlait de douleur en disant que ce n'était pas elle qui avait parlé. Je n'arrive pas à donner un délai sur l'absence de Lakhdar. Il est arrivé avec Nadia. Il a fermé la porte à clé et sorti son fusil de dessous son imper. Patrice tapait toujours Line. Il était dans un état d'excitation incroyable, comme un fou, un peu comme dans une scène du film l'Exorciste, comme s'il avait deux personnalités différentes. Il était complètement changé ». Patricia poursuit en apportant une précision : Elle n'était pas seule à assister à « l'exemple », selon elle, Lakhdar avait exigé la présence de Fanny et de Nadia. « Lakhdar s'est approché de Line et lui a dit qu'il savait que c'était elle qui l'avait balancé. Il s'est mis lui aussi à taper Line. Nous étions pétrifiées et n'osions pas bouger. Nous assistions à l'exemple sans pouvoir rien faire. Je ne sais pas combien de temps ils ont frappé Line, mais cela m'a semblé une éternité. Line était toujours au sol. Elle a tenté de se défendre, de ramper, de s'échapper. À un moment, elle a tenté de s'enfermer dans la salle de bains. Vu leur état d'excitation, j'ai compris qu'ils iraient jusqu'au bout ». Le calvaire de Line n'est pas terminé : « Patrice a attrapé Line par les cheveux et l'a jetée sur le lit. Elle a atterri à plat ventre. Il s'est mis sur elle à califourchon et l'a bloquée. Il a mis ses mains autour de son cou et s'est mis à serrer fort. Line se débattait. Lakhdar nous a dit de bien regarder. Je détournais la tête pour ne pas voir mais Lakhdar me l'a fait tourner, à Fanny aussi nous obligeant à regarder. Line se débattait de moins en moins. Ses bras et ses jambes avaient des spasmes, elle avait la bouche ouverte. Elle saignait suite aux coups. Elle n'a plus bougé. J'ai compris qu'elle était morte ». La force et la précision du témoignage font écho à ce que Fanny va raconter de son côté. Les deux anciennes prostituées ont assuré aux gendarmes que, pendant les dix années qui séparent le meurtre de ces aveux, elles ne se sont jamais rencontrées, jamais téléphoné. Dont acte. Force est de constater qu'elles ont été entendues séparément par les enquêteurs et elles disent la même chose. Mais Patricia va plus loin. Cette jeune femme qui dit « vouloir se repentir », mais qui craint également de subir des poursuites pour « complicité », reconnaît avoir servi de rabatteuse pour le compte de Lakhdar. Elle se défend en assurant avoir été contrainte de tenir ce rôle de lieutenant de Patrice Alègre, pour le compte du proxénète. Les deux hommes, dit-elle, ont kidnappé sa fille pendant quelques jours pour l'obliger à travailler pour eux. Patricia devient tout à coup un témoin fondamental. Elle donne des informations que jamais les gendarmes n'étaient parvenus à réunir sur cette époque en général et, en particulier sur le monde clos de la prostitution toulousaine, dont Patrice Alègre apparaît soudain comme un agent actif. Mais l'ancienne prostituée ne se contente pas de raconter le meurtre, elle en donne les clés. Elle affirme que Line est morte parce qu'elle a assisté à un autre meurtre quelques jours auparavant. De fait, elle décrit l'exécution d'une prostituée arrivée récemment à Toulouse et mise sur le trottoir par Lakhdar Messaoudène. La victime a succombé à un essayage, infligé dans la campagne toulousaine. Selon Patricia, la scène a lieu « une ou deux semaines avant la fin de l'année 1991 ». Ce soir-là, Alègre et Lakhdar ont convoqué Patricia et Line au dressage de la nouvelle venue. L'identité de cette jeune femme n'a jamais été établie, Patricia dit ne pas s'en souvenir. En revanche, elle donne des précisions sur les lieux du drame. Elle décrit aux gendarmes un endroit qu'elle dénomme « la maison du lac » : une grande maison bordée par un étang au milieu duquel se trouve une île avec un pigeonnier », dit-elle en substance. La scène que décrit Patricia est au diapason de la mort de Line : « Ils l'ont violée devant nous et puis Patrice a pété les plombs », se souvient Patricia qui détaille ses déclarations. Elle indique que Patrice Alègre qui, selon certains témoins, consomme à l'époque jusqu'à cinq grammes de cocaïne par jour, « est surexcité ». Il finit par étrangler sa proie après l'avoir violée sauvagement, pendant que Lakhdar lui donne des coups de crosse avec une arme. Les deux hommes décident de se débarrasser du corps, qu'ils lestent en lui emprisonnant ensuite les jambes dans une bassine pleine de ciment. Le cadavre, assure Patricia, est alors jeté dans le lac. Etait-ce bien cette maison, ce plan d'eau? Le souvenir de l'ex-prostituée est-il vacillant au point de confondre avec un autre endroit? Ou au contraire n'a-t-elle pas brodé cette histoire en empruntant cette route, qui est aussi celle qui va de Toulouse à Pau, où elle habite? Toujours est-il que les gendarmes retrouvent vite une maison pouvant correspondre à ce signalement, située au bord de la N117, entre Toulouse et Saint-Gaudens. Bien sûr, les enquêteurs sonderont la pièce d'eau. Rien. Reste qu'une partie du petit étang a été bétonnée depuis la date des faits, quand la nationale a été transformée en autoroute sur l'axe Toulouse-Bayonne. Ce meurtre sans cadavre reste une énigme. Cet épisode est en tout cas fondateur d'une partie de la suite du dossier. Car Patricia ajoute qu'après cette scène insoutenable, elle et Line sont bouleversées. Le tueur prévient: « Maintenant vous êtes complices d'un meurtre, il faut vous taire ». Patricia choisit son camp. Celui du silence. Depuis que sa fillette a été enlevée pendant quelques semaines, elle obéit au doigt et à l'œil. Elle sait à qui elle a affaire. « J'avoue que j'ai préféré sauver ma peau », dit-elle. Mais Chaouina est plus fragile; rongée par l'héroïne, c'est le cauchemar de trop. « Elle n'en pouvait plus, se souvient Patricia. Pendant des jours elle a vacillé, puis elle a parlé ». Elle assure aux gendarmes que Line s'est alors rendue au commissariat, à la rencontre d'un officier de police.

Un homme de la brigade des mœurs, qu'elle connaissait bien, à qui Line aurait raconté le meurtre de la maison du lac. C'est à cet instant-là, peut-être, que les gendarmes entrent dans « la deuxième affaire Alègre », car le témoignage de Patricia se fait encore plus précis : loin de susciter la curiosité de ce policier, la confession de Line se retourne contre elle. L'inspecteur qui, au demeurant se faisait passer pour un commissaire, aurait-il discrètement alerté Alègre et Lakhdar sur l'émotion de leur protégée ? Les gendarmes au soir de ce présumé détour par le commissariat, se posent la question. Lakhdar Messaoudène est-il au courant du passage de Line ? Patricia fait aux gendarmes cette confession terrible : « Nous nous sommes retrouvés dans la soirée au bar *le Barrié*. Il y avait avec moi, Nadia, Line, Lakhdar, Charles G., « Moustique », Patrick S., et Patrice Alègre. Nous allions dans ce bar chaque soir avant de travailler. Lakhdar prend la parole et nous dit qu'il savait que l'une de nous trois avait parlé de ses trafics. J'ai constaté que Line était mal, anxieuse. Lakhdar nous dit que dans la nuit, il saura qui a balancé et qu'il ferait un exemple. Pour que cet exemple soit bien compris, il le ferait devant tout le monde. Je comprends par là que ce serait devant nous, les filles. Je n'imaginais pas qu'elle puisse mourir, tout au plus qu'elle prenne une branlée comme il était de coutume dans ce métier. Je vous confirme que c'est moi qui ai indiqué à Lakhdar que Line était une balance ». Certes, Patricia culpabilise aujourd'hui, et à juste titre sans doute. Mais si on sait que c'est elle qui a fait le signe de tête pour désigner la bavarde à Lakhdar, on reste en droit de se demander qui a averti le proxénète qu'une de ses protégées s'était rendue au commissariat.

Une enquête torpillée

Patricia poursuit le cours de son récit et explique qu'elle craque à son tour. Le lendemain, elle se rend au commissariat central de police. Elle y rencontre le même inspecteur que Line, pour tout lui dire du meurtre auquel elle a assisté la veille et dont elle se sent responsable. Toujours selon l'ex-prostituée, le ton du flic est clair. Sans nuance. « En allant le voir spontanément le jour de la mort de Line, il m'a répondu que, pour moi, il était temps de partir, que j'allais devoir faire une déposition devant des collègues à lui. Il m'indique de n'en rester qu'aux généralités. Ses collègues d'ailleurs ne me poseront aucune question. Au préalable, il m'avait dit que, de toute manière l'affaire allait être classée ».

Aujourd'hui, sur la foi du tableau de vacances de l'époque, l'inspecteur visé indique qu'il n'a pas pu rencontrer Patricia, en arguant du fait qu'il n'était pas en service du 30 décembre au 16 janvier. Une absence confirmée par le calendrier des congés. « Il était peut-être marqué comme étant en vacances, mais il était dans son bureau », persiste Patricia. La trace de l'audition de l'ex-prostituée a bien été retrouvée. Elle a été interrogée par un major, un ancien de la brigade des mœurs dissoute deux ans plus tôt, qui prend la déposition sans pour autant forcer sa curiosité : « Je connais Line depuis le mois de septembre 1991. Hier soir, je suis arrivée sur le boulevard aux environs de 20 heures, Chaouina n'était pas là. Je ne l'ai pas vue de la soirée ».

Pour Patricia qui n'a pas été brusquée, l'entretien n'a pas duré plus d'un quart d'heure. Mais la version du major varie sensiblement : «Vu qu'une prostituée avait été assassinée, j'ai repris les archives, il était envisageable que Patricia que je connaissais pour avoir traité son affaire de proxénétisme trois mois auparavant pouvait me donner des renseignements». À la lecture du PV de l'époque, on constate que la demande de «renseignements» est un peu mince.

Patricia va écouter les conseils qui lui ont été prodigués et ne s'attarde pas davantage à Toulouse. D'autant plus qu'elle croise un plus tard dans la rue un sbire d'Alègre, un dénommé «Mousse», qui lui fixe un rendez-vous pour le soir dans un hôtel où elle doit réserver sous un faux nom, en donnant le code d'accès et le numéro de chambre. «J'ai compris que mon tour était venu», avance-t-elle devant les gendarmes. Dans la nuit, Patricia dit adieu à la prostitution et à Toulouse. Elle a contacté un égionnaire de ses clients pour lui demander de l'emmener. Loin. Il accepte. Dans le même temps, autour de l'hôtel de l'Europe, l'enquête de police n'avance guère. Les premières investigations ont été confiées au Groupe de Recherches Criminelles (GRC) de la sûreté urbaine. Sur la vingtaine de clients qui occupaient l'établissement, seuls deux résidents seront questionnés: l'un avait fumé des pétards de «H» toute la nuit, l'autre avait mis des boules Quiès... Personne n'a rien vu, ni entendu. Des prostituées sont mises à la question. Sans plus de résultat. Et pour cause. Une dizaine de prostituées sont entendues mais jamais, à aucune d'entre elles, on ne pose la question de savoir si Line avait «un copain» ni, bien sûr, un protecteur. Dans le manuel du petit policier, ces deux questions sont le B. A.-BA de la leçon n°1 : quand une prostituée est assassinée, on cherche d'abord à savoir qui elle fréquente, qui la fréquente. En outre, on demande aux filles qui tapinent à côté d'elle, si elles n'ont pas vu le soir du crime un client un peu douteux. Ici, rien. Ces questions sont oubliées par les limiers de l'époque. Même le gardien de nuit de cet hôtel de passe, Gilbert Cartayrade, qui avait pris ses fonctions six mois auparavant, ne sera pas trop rudoyé. Alors que le magistrat instructeur a demandé sa garde à vue, il est simplement interrogé. Lui non plus n'a rien vu, comme il le dira au juge Lemoine qui l'a mis en examen pour « complicité d'assassinat » et incarcéré le 12 février 2003, le lendemain même de la première déclaration accusatrice de Patricia. Comme quoi, quand elle le veut, la justice peut aussi se montrer rapide. « J'ai travaillé jusqu'au matin sans que rien d'anormal ne se produise ou ne me soit signalé. Comme d'habitude, je ne dors pas la nuit. Durant tout mon service, je n'ai jamais vu le ou la cliente qui occupait la chambre 24 », explique l'ancien veilleur de nuit, aujourd'hui âgé de 70 ans. Il poursuit : « Line Galbardi, je la connais pour l'avoir eue comme cliente, il y a quelques mois. Je peux affirmer qu'elle ne s'est pas présentée à l'hôtel durant mon service ». Pourtant, Patricia accuse Gilbert Cartayrade de savoir beaucoup de choses sur cette nuit tragique. Ainsi, après avoir détaillé la mort de Line, elle raconte le « nettoyage » de la chambre : « Lakhdar est remonté avec le veilleur. Ils ont voulu prendre Line, la sortir du lit pour pouvoir le refaire. Lakhdar, le veilleur et moi, l'avons emmenée dans la salle de bains. Je l'ai prise sous le corps, Lakhdar la portait sous les aisselles et le veilleur par les pieds. Le veilleur a commencé à tout nettoyer, vider les poubelles, changer les serviettes, les draps ». Rattrapé par l'affaire onze ans plus tard, Gilbert Cartayrade nie ce témoignage qui sonne comme une accusation. Il se rappelle certes la découverte du corps et l'enquête policière qui a suivi, mais ne garde aucun souvenir particulier de la soirée : « Je l'ai déjà dit aux policiers à l'époque, je n'ai rien remarqué ni entendu quoi que ce soit de particulier ce soir-là », réitère-t-il en substance. Il ignorait même que l'*Europe* ait été à un moment ou à un autre, un hôtel de passe. Faute de charge plus directe et de preuve, il sera libéré le 4 juillet. Encore Gilbert Cartayrade fait-il partie des personnes qui ont eu les faveurs d'un interrogatoire policier au lendemain de la mort de Line Galbardi, en 1992. En consultant le dossier, les gendarmes avaient donc pu prendre connaissance de son existence. Ils sont en revanche plus surpris de voir tout à coup surgir un personnage récurrent dans les déclarations des filles : Lakhdar Messaoudène, 29 ans à l'époque, un proxénète qui fantasme sa toute-puissance. Avec ses lunettes Cartier, son long imperméable beige et son fusil caché dessous, il n'aime rien tant que de se placer au milieu de la rue Bayard et clamer « Je suis le Parrain III ! » Lakhdar Messaoudène n'est pas qu'un cinéphile. C'est un julot casse-croûte qui vit au Mirail, un quartier populaire de Toulouse. Question de discrétion, sans doute. Côté flambe, il est fier de son Alfa rouge et de ses bijoux. Les filles le craignent, mais tout le monde l'ignore. Son « job », c'est de réunir ses gagneuses tous les soirs au *Barrié*, « en bas » de la rue Bayard, et de les faire bouffer en fin de soirée dans un bar à frites situé « en haut » de la même rue. Enfin, Lakhdar n'a qu'un lointain rapport avec les Restos du Cœur. Toutes les filles le disent : « Quand on arrivait, il nous demandait l'argent de la soirée. Il voulait le garder, par sécurité ». En résumé : elles ne revoyaient plus le pognon. Ce mac, que les filles connaissent, échappe miraculeusement à toute curiosité policière au lendemain de la mort de Line. Il faut (re)dire que les policiers n'ont jamais cherché à savoir si un mac rôdait dans les parages. Cependant, il serait peut-être hâtif d'en conclure que les limiers de la sûreté ignoraient jusqu'à son existence. Justement, trois semaines à peine après la mort de Line, ils s'énervent soudainement autour de Lakhdar. Ils le veulent. Bizarrement, ce n'est pas pour le meurtre de l'hôtel de l'Europe qu'ils déploient leur énergie. Ils lui reprochent de faire tapiner Nadia, une jeune fille à peine majeure. Pour l'attraper, il faut que Nadia porte plainte. Aujourd'hui, elle raconte : « Les flics des brigades de nuit en civil sont venus me demander de porter plainte contre Lakhdar. Je redoutais sa colère, j'ai refusé. Le lendemain, ils sont revenus à la charge. Je leur ai dit oui pour me débarrasser d'eux, mais je ne me suis pas rendue au commissariat, j'avais trop peur. Le troisième soir, c'était le 24 janvier 1992, les flics m'ont embarquée au commissariat et m'ont obligée à déposer la plainte. Puis, ils m'ont ramenée sur le trottoir. J'étais complètement flippée à l'idée que Lakhdar l'apprenne. Mais je n'ai pas eu de temps pour réfléchir : ils sont revenus une demi-heure plus tard, et ils l'ont coffré ». L'épisode n'est peut-être qu'une coïncidence, pourtant, aujourd'hui on ne peut s'empêcher de se demander pourquoi cette insistance policière auprès de Messaoudène, le 24 janvier, alors que vingt jours auparavant l'existence du julot leur était inconnue. Dans le cas contraire, ils n'auraient pas manqué de l'interoger. Mais Lakhdar Messaoudène ne sera pas entendu sur la mort de celle qui travaillait pourtant pour lui. Dans le même temps, les investigations sur le meurtre de Line Galbardi ont finalement été confiées à la Police Judiciaire (PJ). Les policiers se lancent officiellement sur la piste d'un jeune homme, un certain « Durand », qui a réservé dans l'après-midi du 2 janvier la fameuse chambre 24. Personne ne l'a revu. Un paquet de gitanes, une poche remplie de vêtements provenant d'un magasin de Perpignan, et un exemplaire de *L'Indépendant* de Perpignan sont les seuls indices. À-t-on voulu expédier et perdre les policiers sur cette piste catalane ? En fouillant dans la vie de Line Galbardi partagée entre Toulouse et l'Espagne, les enquêteurs ne trouveront rien. L'autopsie n'est pas non plus là pour les aider. Rien, dans les rapports de médecine légale, ne mentionne la grande toxicomanie de la victime. Ses compagnes de trottoirs expliquent qu'elle ne sniffait plus parce qu'elle avait les sinus détruits, cramés, décapés à force de poudre. Elle ne se piquait plus dans le pli du coude, trop abîmé. Elle s'administrait la drogue dans les veines des mains, comme l'ont rapporté des témoins. Rien sur les sinus, aucune mention non plus de ces traces de seringue. Seule la marque d'un coup violent à la nuque a été consignée dans le rapport du médecin légiste. Ce qui ne correspond pas à la correction décrite par Patricia et Fanny. Ni aux photos originales qui signalent une profonde balafre sur le cuir chevelu de la victime mais aussi du sang dans la chambre du crime. Début 2003, quand ils reprennent le fil de l'affaire à la lumière des déclarations des deux jeunes femmes, les gendarmes et le juge Serge Lemoine s'interrogent rétrospectivement sur tant d'incohérences. Incompétence policière ou souci délibéré de cacher la vérité ? Les zones d'ombre ne manquent pas. À commencer par le rôle joué par le substitut du procureur de la République, qui s'est rendu sur les lieux du crime en présence du chef de la sûreté urbaine de l'époque. Qui était-il ? Onze ans après les faits, il est impossible de le savoir. Les procès-verbaux de constatation établis à l'époque par les policiers portent tous la mention : « En présence constante du procureur ». Mais aucun nom n'est mentionné. Contrairement à l'usage. Devant le juge Lemoine, les contradictions des policiers en charge de l'enquête sont apparues. Le commandant qui a mené les constatations initiales a indiqué le 14 avril 2003 qu'il ne se rappelait plus quel était le substitut présent sur les lieux. Quant à savoir pourquoi il n'a pas indiqué son nom sur les procédures, il précise que « c'est une pratique récente de personnaliser le membre du Parquet ». Quatre jours plus tard, un autre policier est interrogé à son tour : « En ce qui concerne la mention du nom du magistrat du parquet, je sais que moi-même, lorsque je faisais les procès-verbaux de transport, je l'indiquais. Je ne sais pas pourquoi il n'a pas été mentionné dans ce procès-verbal ». Le 22 avril, c'est au tour d'un capitaine d'indiquer les protocoles en vigueur à l'époque : « Il va de soi que les divers intervenants sont mentionnés par leur identité, surtout lorsqu'ils se déplacent ». À priori, parce que le meurtre a eu lieu un week-end, le bordereau du roulement des permanences correspondant à cette période a disparu. «Au cours du déménagement du palais de justice », estime-t-on au tribunal. S'il n'y a rien à cacher, pourquoi le substitut concerné ne s'est pas signalé de lui-même ? On imagine mal, même onze ans après les faits, une mémoire judiciaire aussi défaillante. Le juge Lemoine a joint tous les substituts en poste au Parquet à ce moment-là. Tous ont répondu par la négative. Personne ne se souvient de ce crime. Aujourd'hui, on ne sait toujours pas qui est ce « Monsieur le substitut ». Est-ce le même qui a signé le réquisitoire introductif et dont l'identité n'est pas davantage établie ? Puisque, aux yeux de tous les intervenants « il n'y a pas eu dysfonctionnement dans ce dossier », quel intérêt a ce magistrat de dissimuler sa présence sur les lieux ? Amnésie, peut-être. Mais quel crédit accorder alors aux dépositions de deux des policiers, réinterrogés les 10 et 14 avril 2003 par le juge Lemoine ? Le premier confirme se souvenir qu'il y avait le commissaire et un substitut, tout en soulignant : « Je ne me rappelle plus lequel ». Quatre jours plus tard, l'autre commandant est interrogé à son tour : « En ce qui concerne le nom du magistrat je dois vous dire que ce matin je suis allé voir mon collègue qui m'a posé la question de savoir si je m'en souvenais. Je lui ai dit que non, et il m'a dit que c'était un substitut dont il m'a donné le nom ». Un magistrat alors en charge des affaires financières au parquet de Toulouse. Interloqué, le juge écrit au policier pour lui demander des précisions : « Aucun élément ne m'est revenu en mémoire quant à l'identité du représentant du Parquet », lui répond-il. Difficile d'être plus évasif. Même si les investigations de voisinage ont été jugées « correctes » par les policiers, on ne sait toujours pas pourquoi aucun enquêteur ne songe à interroger les camarades de Line Galbardi, qui était toxicomane, sur ses fréquentations. De la même façon, *Le Figaro* note que « des écoutes judiciaires sur un certain Charles Gardieu, proche de Patricia et habitué du quartier, ont révélé que celui-ci avait été entendu au moment des faits en 1992. Or, il n'en existe aucune trace dans la procédure ». Le mystère de ces écoutes disparues est d'autant plus têtu que le 13 décembre 1991, trois semaines avant la mort de Line dont on sait qu'elle était toxicomane, Charles Gardieu était condamné à six mois de prison avec sursis pour trafic de stupéfiants. Trois semaines après la mort de Line, le 23 janvier 1992, il comparait pour proxénétisme et écope d'un an de prison avec sursis. Mais *Le Figaro*, qui révèle l'anecdote, montre que la surprise est ailleurs: «Aucune de ces condamnations non amnistiées n'est inscrite à son casier judiciaire. Le juge, à ce jour, n'a reçu aucune explication». En outre, il est un autre détail curieux: le carnet d'adresses de Line Galbardi n'a pas été exploité à l'époque. Pourtant, et même si cela ne suffit pas à tout expliquer, on y trouve le nom d'un grand sportif, très lié à certains policiers, dont la compagne tombera quelques années plus tard pour ses activités dans une «boîte à bouchons». Le détail n'a peut-être qu'une importance jugée accessoire par les enquêteurs de l'époque; pourtant, on sait aujourd'hui que ce sportif connaissait Alègre. Après le récit de Patricia et Fanny, le mystère entretenu autour de la mort de Line Galbardi peut aujourd'hui apparaître comme la clé d'un monde insoupçonné et insoupçonnable, tout comme il pouvait relever à l'époque d'une bévue procédurale. En matière policière, quand il y a bavure, il s'agit en général d'un accident individuel et isolé, une erreur exceptionnelle liée au comportement personnel d'un fonctionnaire de police. Dans le cas de cette enquête sommaire de la police urbaine, le caractère collectif de la bévue a de quoi susciter les questions. Les syndicats policiers sont certes dans leur rôle quand ils montent au créneau, onze ans plus tard, pour parler de «mauvais procès» fait au «travail» de leurs confrères. Mais ils n'expliquent pas pourquoi personne à l'époque n'a cherché à savoir qui fréquentait Line. Pourquoi ne s'attachent-ils pas à savoir qui était le mystérieux substitut qui pourrait, par son témoignage, garantir la rigueur des investigations diligentées à l'époque ? Et pourquoi enfin, personne ne s'est interrogé sur le fait de savoir comment, par qui et pourquoi, la minuscule chambre du crime était si bien rangée quand les limiers y ont déboulé ? Un rôdeur, vraiment ? De nouvelles auditions de la femme de chambre de l'hôtel de L'Europe et du propriétaire, entendus en février 2007, il y a quelques semaines, par les juges Lemoine et Rives, ont montré que la scène de crime avait été modifiée. À l'ouverture des scellés, la femme de chambre a constaté que les draps qui lui étaient présentés, notamment un drap housse, n'étaient pas ceux utilisés dans l'hôtel à l'époque. Le propriétaire, lui, s'est étonné de la disparition d'une forte somme d'argent, environ 50 000 francs retrouvés sur les lieux par les policiers avec un tee-shirt et des chaussures. Un élément confirmé par la femme de chambre. À la question des juges qui lui demandaient pourquoi elle n'en avait pas parlé avant, elle a répondu que les policiers lui avaient dit que c'était « sans importance »

Mauvais temps pour les travestis

Et que penser de la répétition, sept semaines plus tard, d'un loupé à peu près identique. La mort violente d'un travesti est à cet égard très troublante. Claude Martinez, alias « Claudia » pour ses clients, avait 48 ans quand, le 28 février 1992, il est retrouvé égorgé dans son studio de la rue Escoussières, dans le quartier Arnaud-Bernard. Là encore, l'enquête de

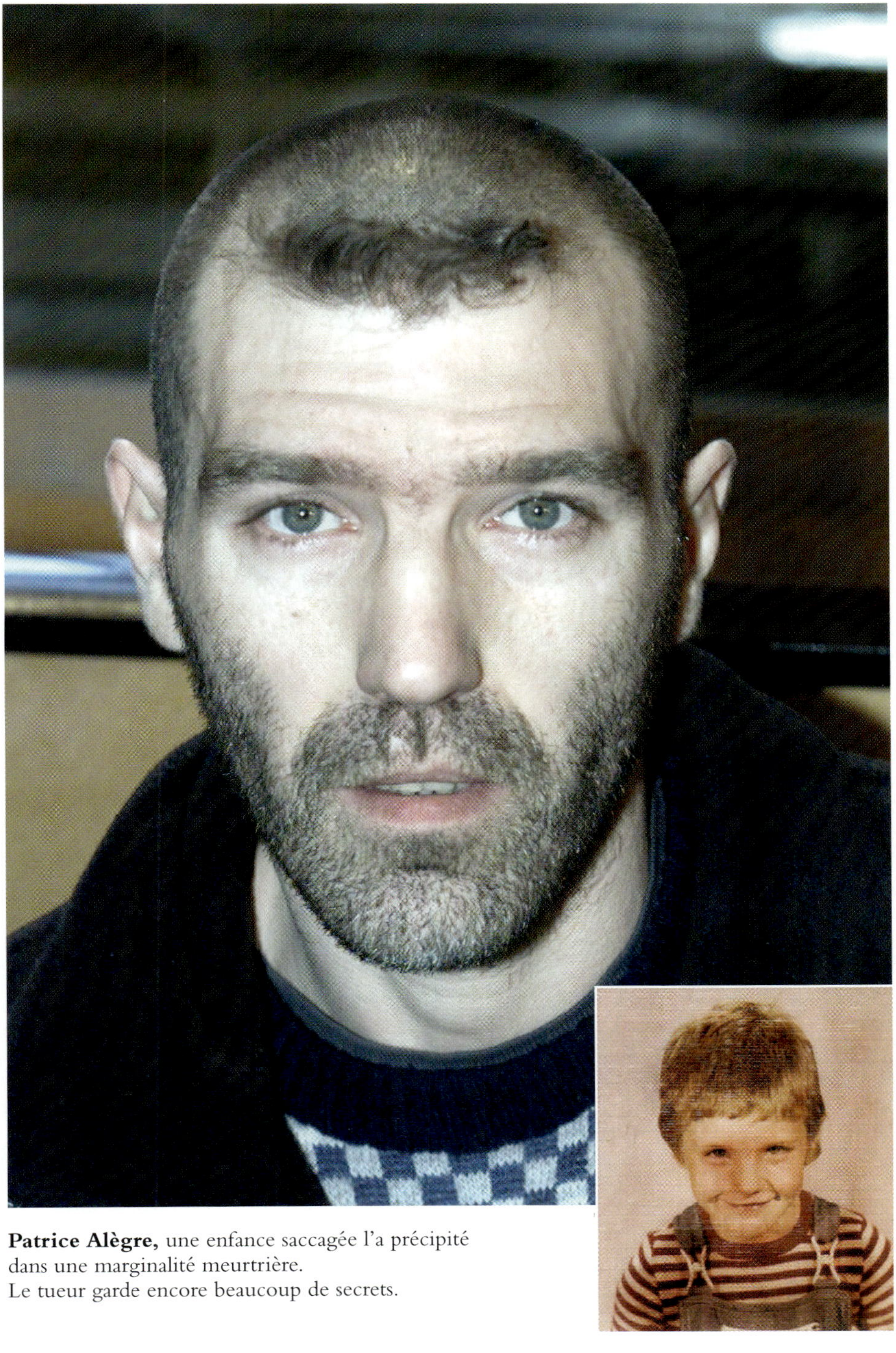

Patrice Alègre, une enfance saccagée l'a précipité
dans une marginalité meurtrière.
Le tueur garde encore beaucoup de secrets.

Isabelle Chicherie,
la dernière victime de Patrice Alègre qui sera arrêté le lendemain en septembre 1997.

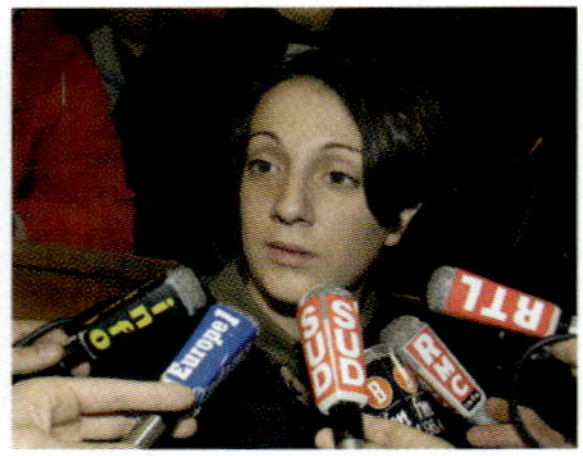

Emilie Espès,
violée par le tueur en série, a été la seule à lui échapper.

Line Galbardi,
son meurtre en 1992 est une des clefs de la deuxième affaire Alègre.

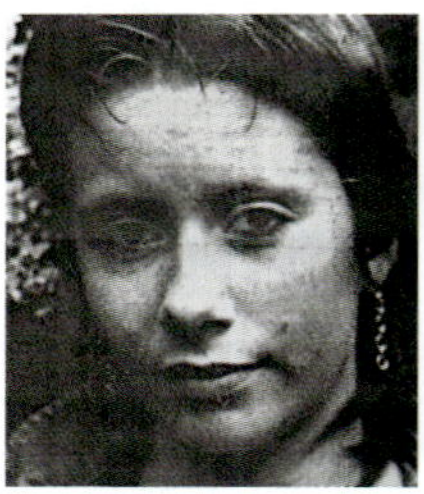

Edith Schleichardt,
en 1990 l'enquête sur sa mort avait été classée en quinze jours. Le dossier a été rouvert.

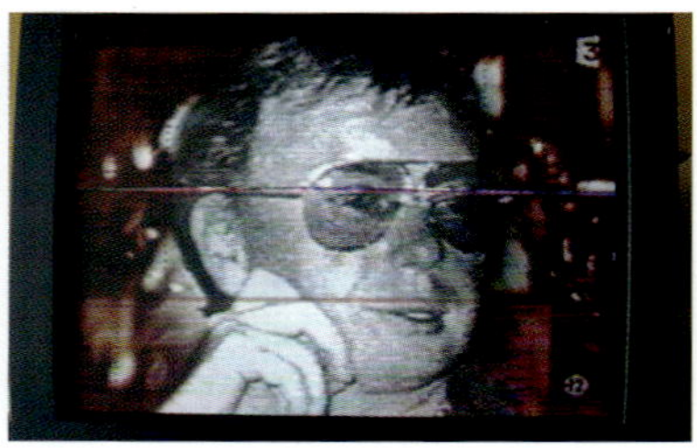

Claude Martinez,
dit Claudia, le travesti aux photos compromettantes.

Mireille Normand,
tuée en Ariège au début de l'été 1997.

Hélène Loubradou,
26 ans. La disparition de cette jeune mère de famille d'une clinique de Balma, en 1989, n'a jamais été élucidée.

Josette Legoy,
une prostituée de 60 ans, spécialiste des séances sado-masochistes, étranglée dans son studio incendié en décembre 1987. Alègre est mis en examen

Martine Matias,
29 ans, retrouvée morte dans son appartement en février 1997. Les enquêteurs avaient conclu à un suicide, Alègre a été condamné pour ce meurtre en 2002.

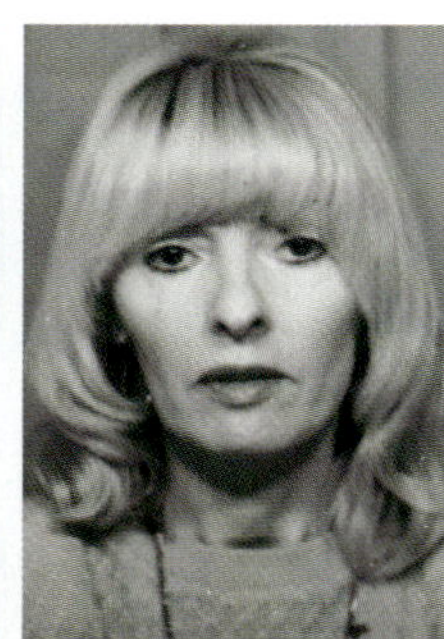

Josette Poiroux,
surnommée Linda, une masseuse de 44 ans, poignardée à mort en octobre 1992. Alègre est mis en examen.

Fanny,
l'une des ex-prostituées par qui le scandale est arrivé.

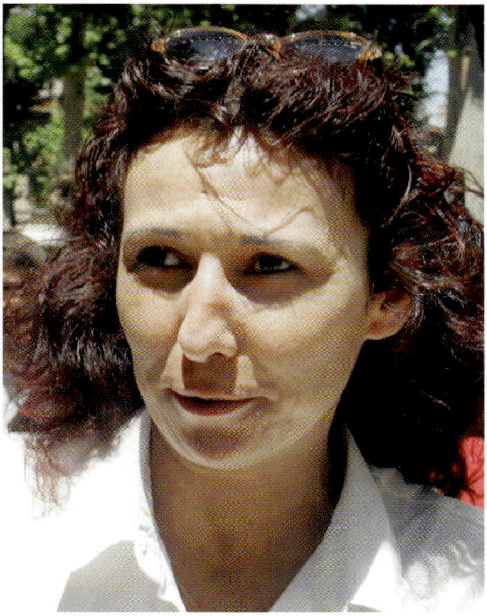

Patricia,
la première à témoigner publiquement, maintient toujours ses accusations.

Djamel,
mort dans des circonstances troubles. Ses délires ont dynamité le dossier.

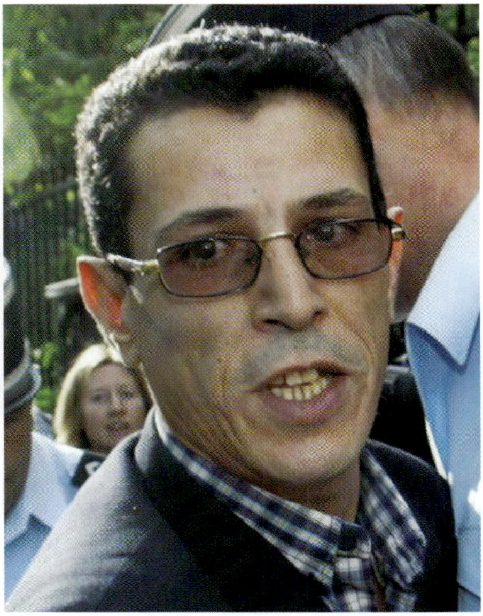

Lakhdar Messaoudène,
un «mac» dénoncé comme proche de Patrice Alègre sur le trottoir toulousain. Ce qu'il nie.

Michel Roussel,
le gendarme qui a exhumé un passé oublié...avant de jeter l'éponge.

Gabriel Loubradou,
le président de l'association «Stop à l'Oubli» dénonce l'attitude de la gendarmerie.

Le procureur général **Jean Volff** (à gauche) aux côtés du procureur **Michel Bréard** : deux magistrats poussés vers la sortie.

Les familles des victimes sont toujours mobilisées pour obtenir des réponses de la justice sur les enquêtes bâclées, et les meurtres classés suicides.

la police n'a jamais abouti. Un dernier client entrevu, une ombre filant dans la rue. Il est vrai que les indices initiaux sont maigres. « Claudia est spécialisée dans les rendez-vous sadomasochistes », apprennent assez rapidement les policiers. L'enquête s'oriente vers l'hypothèse d'une séance qui aurait mal tourné. Selon le voisinage, des cris, des bruits inhabituels, auraient été entendus entre 2 et 4 heures du matin dans la nuit du 27 au 28 février. « Arrête, arrête, tu me fais mal », a crié Claudia ce soir-là. Puis le silence. L'après-midi suivante, sur le coup de fil d'une voisine, le corps du travesti est retrouvé dans l'ancien garage aménagé qui lui servait de boudoir. Claude Martinez est étendu sur le sol près de la porte. Son corps porte les traces de plusieurs coups de couteau dont une entaille plus profonde portée à la gorge, juste sous un gros collier de sa panoplie de « dominateur ». La blessure a été fatale. Quand les policiers arrivent sur place, ils trouvent les lieux dans un grand désordre. La lampe de chevet et plusieurs meubles sont renversés. Selon toute évidence, la pièce a été fouillée. Mais une somme d'argent est retrouvée dans un tiroir. Signe que Claudia n'a pas été agressée pour ses économies. S'il ne s'agit pas d'un meurtre crapuleux, est-ce alors un accident ? Une scène de domination qui aurait mal tourné ? Où le geste d'un déséquilibré ? Les questions que se posent les policiers restent sans réponse.

La mort de quatre autres travestis, asphyxiés, un mois plus tard, le 29 mars 1992, dans l'incendie d'un studio de la rue de Toul, proche du palais des Sports, non loin d'Arnaud-Bernard, suscitera moins d'interrogations. Officiellement, c'est une cigarette ou une bougie qui ont mis le feu à un matelas, lequel s'est consumé lentement. Les quatre victimes étaient rentrées tard et « fatiguées », sur le coup de 6 heures du matin, après une longue nuit de bringue. Paco, 29 ans, Nanou, même âge, son frère Roxy, 33 ans, et Gina, 26 ans, ont été surpris dans leur sommeil. Quand l'alerte est donnée en début d'après-midi, il est trop tard.

Un accident donc, qui ne fera l'objet d'aucun rapprochement avec le sort de Claude Martinez. À la faveur de l'affaire Alègre l'enquête sera finalement rouverte en 2004. Les corps de deux des travestis ont été exhumés (les deux autres corps avaient été incinérés) et une autopsie pratiquée qui a révélé des traces de coups. Mais les investigations n'ont à ce jour pas progressé… Les éléments fournis par les anciennes prostituées éclairent ces morts successives d'une lumière singulière. « Fin 1991, tout le monde a pris peur, car on a su que des cassettes circulaient, ils sont devenus comme fous », se rappelle Patricia. « Ils » ? Au moins Patrice Alègre, que Fanny va mettre directement en cause dans l'exécution de Claude Martinez, qui avait un défaut : la vidéo. Le travesti avait pris l'habitude de filmer certains de ses ébats tarifés. Il aurait eu aussi la mauvaise idée de vouloir faire chanter ses partenaires. Bien connu de la brigade des mœurs, Claude Martinez avait une double vie. La nuit, cet homme athlétique racolait sous un manteau de fourrure et une perruque qui recouvrait ses cheveux blonds décolorés, jouant à la demande le rôle du dominant ou du dominé. Prostitué depuis 16 ans, mais à l'écart du milieu de la nuit, il arpentait surtout les contre-allées du boulevard d'Arcole et était l'un des rares travestis toulousains à accepter des passes « hard ». Selon le témoignage de sa sœur, il avait essentiellement une clientèle de bourgeois, d'habitués qui le contactaient par téléphone. Mais un autre travesti, également interrogé, a confirmé qu'il lui arrivait aussi de participer à des partouzes, accréditant l'hypothèse selon laquelle il arrivait à Claude Martinez de participer à des soirées sadomasochistes. « La victime, qui passait pour un gentil, en fait, faisait parfois chanter ses clients mariés », note un enquêteur dans une synthèse rédigée à l'époque. Une ancienne prostituée admettra « avoir visionné des cassettes tournées au cours de ces soirées ». C'est donc que le travesti (ou quelqu'un d'autre) filmait. Cet homme marié, père de trois enfants, a-t-il été trop loin ? A-t-il été trop gourmand en croisant des clients astreints à la plus grande discrétion et soucieux de préserver leur vie privée ? Les gendarmes découvrent que ces velléités de chantage peuvent constituer le mobile du crime. C'est Fanny, le 10 avril, qui les aiguille sur cette éventualité. Au cours d'une audition, elle indique avoir surpris une discussion entre le tueur en série et « deux commanditaires » qui se seraient inquiétés de l'existence de cassettes vidéo compromettantes. Sur le mode : « Il faut récupérer ces enregistrements ». Ce qu'aurait fait, à sa manière, Patrice Alègre dont une ceinture supposée lui appartenir a été retrouvée chez Claudia. Aucune preuve n'existe pour les cassettes, mais le passage d'Alègre sur les lieux du crime est avéré, tout au moins pour le juge Lemoine, qui l'a mis en examen pour « assassinat », le 14 mai 2003. De fait, si ces cassettes ont un jour existé, elles ont disparu du domicile du travesti et n'ont jamais été retrouvées. Peut-être ces cassettes relèvent-elles d'une affabulation. Admettons. Mais qu'est venu chercher cet assassin cambrioleur qui laisse l'argent dans les tiroirs de la commode ? Il y a en tous cas quelque chose qui ne tourne pas rond dans l'enquête qui a suivi ce drame. Car une disparition, bien réelle celle-là, vient ajouter sa part de mystère à ce meurtre. Un procès-verbal rédigé par les policiers le 2 mars 1992, mentionne la saisie – sous la cote n° 8 – d'un agenda au domicile de Claude Martinez, au 52, rue des Tourneurs, « dans lequel sont notés des numéros de téléphone ». Quand les gendarmes arrivent au greffe du tribunal en décembre 2000, le responsable les informe qu'une partie des scellés concernant l'homicide du travesti ont été détruits, le 27 mars 1998. Il y avait là des cassettes audio, des objets divers, chèques, clés, et des prélèvements effectués sur la scène du crime. Autant de pièces à conviction irrémédiablement perdues. Mais le plus surprenant est que le fameux agenda s'est volatilisé. Il ne fait pas partie de la liste des scellés portés « détruits ». Plus simplement, son existence n'a plus jamais été mentionnée dans la procédure. Et il ne semble pas avoir été exploité. Jamais, les policiers n'ont utilisé le moindre numéro de téléphone qu'il contenait. L'autre mystère que le juge Serge Lemoine s'efforce aujourd'hui de percer en pointant, une à une, les carences de l'enquête initiale, concerne les activités sadomasochistes de la victime. Cet aspect de la personnalité de Claudia ne sera pas exploré, sa femme sera à peine interrogée sur la question et l'environnement nocturne du travesti vaguement sollicité, sans plus. À l'époque, les policiers ne connaissaient pas Patrice Alègre tel qu'il apparaît aujourd'hui. Mais onze ans après les faits, les gendarmes ont établi, eux, qu'il est probable que sa route a croisé celle de Claude Martinez. Les deux hommes fréquentaient à l'époque un des hauts lieux de la nuit toulousaine, chic et coquin, une célèbre boîte de nuit de la rue de la Pomme, *Le Shangaï*, qui jette encore tous les matins, longtemps après l'aube, une clientèle exténuée sur les trottoirs de la Ville rose. Une boîte vouée à la danse et aux rencontres homosexuelles qui peuvent devenir très chaudes sous l'effet de quelques euphorisants. Un endroit un peu « people » à sa façon, où une petite bourgeoisie hétéro joue à s'encanailler. Claude Martinez avait un temps été employé comme portier du *Shangaï*. Il y a donc côtoyé beaucoup de monde, anonymes comme gens d'influence, et sans doute certains de ses futurs clients. Le piège mortel qui s'est refermé sur lui a-t-il été amorcé lors de ces rencontres nocturnes ? Les policiers n'ont pas cherché à le savoir. Ce constat n'a donné lieu qu'à une brève audition du patron de cette boîte gay-friendly, qui a affronté ensuite une procédure pour « travail clandestin et dissimulé », initiée en 1999 par l'URSSAF. Le 7 mars 2000, la gérante de l'établissement a obtenu une relaxe alors qu'un rapport avait débusqué pas moins de seize employés « n'ayant pas eu de documents de salaire et dont les rémunérations n'ont pas été portées en comptabilité ». Au passage, certains responsables de l'URSSAF, qui s'étonnent encore de cette indulgence, ont reçu des pressions à peine voilées pour ne pas trop pousser le dossier. À quelles relations les dirigeants de cet établissement, où Alègre et le travesti Claude Martinez se sont croisés, doivent-ils cette faveur ? Mystère. L'enquête conduite dans le prolongement du meurtre fera chou blanc. Comme celle sur Line Galbardi quelques semaines plus tôt. Une certitude, en ce début d'année 1992, le monde de la nuit toulousain est en ébullition. Au mois d'avril, la disparition de Michel Tordjeman serait presque passée inaperçue. Ce bon vivant de 42 ans, à la bonne humeur communicative, a mis fin à ses jours dans son appartement du centre ville. D'un coup de pistolet dans le foie. Michel Tordjeman n'est pas n'importe qui dans le microcosme local. Patron de deux brasseries en vogue place Saint-Georges, le *Van Gogh* et le *Père Bacchus*, ce fêtard, cigare dans une main, champagne dans l'autre, était aussi le gérant de l'*Apocalypse*, une immence discothèque, et d'un lieu échangiste, les *Bains Bulles*, dans le quartier Saint-Aubin. À l'annonce de sa disparition, les rumeurs les plus diverses ont couru sur les circonstances et les raisons de son geste. Son geste ? Dans le Toulouse branché, certains n'hésitent pas à parler d'exécution et d'affaires louches. C'est *La Dépêche du Midi* qui va clore le sujet en un étonnant plaidoyer : «Laissons Michel Tordjeman reposer en paix en évitant les conjectures hasardeuses que rien, pour l'heure, ne permet d'étayer», se croit obliger de préciser le quotidien régional à l'attention de ses lecteurs. Le message est passé. Les questions en sont restées là.

Dans le courant du premier trimestre 2003, alors que les anciennes prostituées Patricia et Fanny commencent à dérouler la nouvelle trame d'un scénario vieux de dix ans, une ambiance étrange, faite d'un mélange d'agitation et de discrétion inhabituelles entoure le cabinet du juge Lemoine. Les gendarmes, d'habitude courtois, organisent des faux-fuyants et se débarrassent de la presse. Les avocats d'Alègre, d'ordinaire toujours prêts à porter la parole de leur client, disent tout ignorer de ce qui se passe dans le bureau du juge. Il est vrai qu'ils n'y sont pas invités lorsque Patricia ou Fanny sont appelées à déposer. Ce trop-plein de silence va finir par déborder. Dès le mois de mars, *La Dépêche du Midi, Le Figaro, Sud Ouest* et *Le Parisien* rapportent les quelques indices qui trahissent ce climat. Jusqu'alors, depuis l'arrestation d'Alègre, et si l'on excepte l'étape du procès qui avait mobilisé une forte presse autour des débats, le traitement médiatique concernant le tueur en série restait purement comptable, lié aux mises en examen successives que prononçait de temps à autre le juge Serge Lemoine. Mais tout à coup, deux événements dérèglent la mécanique bien huilée de la traditionnelle addition des cadavres. Le 12 février, on apprend d'abord la mise en examen du veilleur de nuit Gilbert Cartayrade dans l'enquête sur la mort de Line Galbardi. Puis, quelques jours plus tard, surgit le nom de Lakhdar Messaoudène, illustre inconnu, présenté comme « un proxénète expulsé en Algérie ». Pas de quoi réveiller de vieux démons. Toutefois, les journalistes locaux qui se tiennent au contact de l'enquête, pressentent que quelque chose est en train de se jouer en marge de la liste déjà longue des affaires que la justice tient pour classées.

Du psychopathe solitaire à l'homme de main

Au mois de février 2003, le système judiciaire s'active subitement autour de l'affaire Alègre. À voir les incessants allers-retours des gendarmes de la cellule Homicide 31 entre leur caserne et le palais de justice, suivis de près par le ballet des avocats dans les couloirs des cabinets d'instruction, les airs de chattemite du juge Serge Lemoine, qui file par les portes dérobées, le mutisme un peu trop ostensible du parquet, il est évident qu'il se passe des choses. Il faut donc savoir quoi.

Ce frémissement invisible de l'ordinaire, c'est la « prime » du localier. Le premier, Jean Cohadon, journaliste à *La Dépêche du Midi*, fait ce constat : « De petits détails laissent penser que doucement, le travail de fourmi réalisé par les enquêteurs et le juge, fissure la carapace du tueur. L'incarcération hier d'un homme de 70 ans, mis en examen pour complicité d'assassinat, démontre que les enquêteurs progressent. » Le propos est émis dans le cadre de l'enquête liée au meurtre de Line Galbardi, où il apparaît pour la première fois que les gendarmes ont retrouvé d'anciennes prostituées. Mais, en soi, cela suffit à peine à faire un article. Peu à peu, il apparaît qu'Alègre aurait pu jouer un rôle dans le milieu de la nuit toulousaine. Rien de plus, rien de moins. Le 18 février, autre papier. Une nouvelle fois, la mort de Line Galbardi est au centre des préoccupations : « Alègre aurait ce jour-là puni la jeune femme à la demande de son mac avec une telle cruauté, que deux anciennes prostituées, témoins des faits, ont été suffisamment terrorisées pour disparaître et garder le silence pendant dix ans ». La teneur des comptes rendus qui suivent n'a rien d'explosif. « Un autre Patrice Alègre apparaît, un tueur aux masques qui se superposent, s'effacent, se remplacent ». Il n'y a pas de date, sinon des approximations qui situent cette période « entre 1988 et 1993 ». En fait, il s'agit davantage d'évoquer, sur le mode conditionnel, « une nouvelle lecture du dossier et, plus largement du passé de Patrice Alègre ». Ces articles ne sont porteurs d'aucune révélation fracassante. Il s'agit plutôt de l'évocation d'un contexte, une façon de porter un éclairage nouveau sur le parcours du tueur en série qui a fasciné la France au cours de son procès. Avant de retomber illico dans les oubliettes de l'actualité. Seul, *Le Parisien* reprend l'information, le 3 mars et s'interroge : « Et si Patrice Alègre n'était pas seulement un tueur solitaire ? ». La question jette une nouvelle lumière sur une affaire qui se résume alors à une espèce de boulier morbide et fait surgir un nouveau paramètre dont personne jusqu'alors n'avait réellement pris la mesure : Patrice Alègre a gravité dans un monde interlope et beaucoup de personnages très divers ont tourné autour de lui. En février 2002, le procès avait laissé de lui l'image d'un psychopathe solitaire livré à ses démons. Les réponses biaisées de l'accusé, certes, mais aussi l'organisation des débats avaient contribué à entretenir ce mythe. Si l'on excepte le passage obligé de sa famille, et le témoignage d'un de ses anciens éducateurs, personne n'est venu raconter la vie « ordinaire » du tueur livré à lui-même. Seuls deux travestis qui disaient avoir eu des relations avec lui sont venus « éclairer » la personnalité du Toulousain Patrice Alègre lâché dans les rues de la ville. Ni Gilles Bivi, ni Michel S., compagnons de rue, de casse, de came n'ont été invités à la barre pour expliquer ce qu'il faisait alors de ses jours et de ses nuits. Au sortir du procès, tout portait à croire qu'Alègre avait vécu vingt-neuf ans à Toulouse sans rencontrer personne d'autre que les siens. Or, tout à coup, l'enquête vient combler cette lacune fondamentale. Patrice Alègre est toujours apparu « hors du temps ». C'est maintenant un paysage social et humain qui se dessine autour de lui et du meurtre de Line Galbardi. Un veilleur de nuit mis en examen, et des prostituées qui l'« auraient » connu s'inscrivent dans le décor. L'ombre d'Alègre, qui avait d'abord avoué ce meurtre en novembre 1999, avant de se rétracter en janvier 2000, resurgit sur fond de protections policières. Et c'est la déflagration. Le 1er avril 2003, *La Dépêche, Sud Ouest* et *Le Figaro* publient l'information : les gendarmes ont retrouvé d'anciennes prostituées. L'une d'entre elles assure avoir été témoin du meurtre de deux de ses collègues et soulève l'existence d'un système de protection policière en vigueur sur les trottoirs toulousains. Cette prostituée repentie, que les médias rebaptisent « Patricia », décrit le meurtre d'une de ses anciennes collègues et son mobile. « Lakhdar Messaoudène nous a dit que l'une d'entre nous l'a balancé aux flics et que dans la soirée il saurait laquelle et ferait un exemple ». Elle évoque aussi un système de corruption, qui existait au début des années 90. Elle dénonce certains policiers qui venaient régulièrement chercher « des enveloppes », avec 900 francs en liquide. Le pot-de-vin, explique-t-elle, avait pour but d'assurer la tranquillité de tous sur les trottoirs de la Ville rose. Contre de l'argent, quelques policiers fermaient les yeux sur les petits commerces de la nuit. Quand les gendarmes interrogent Patricia sur le pourquoi de cette relation présumée « privilégiée » entre les policiers, Lakhdar Messaoudène et Patrice Alègre, elle indique :

« Le contrat était : tu payes, je te fais pas chier et tu ne monteras jamais dans le panier à salade ». Elle fournit enfin un second mobile, beaucoup plus radical : « Pour la protection de Lakhdar et Patrice ; ils n'ont jamais été inquiétés alors que j'avais révélé l'affaire des armes ». L'affaire des armes ? Un autre mystère.

La tension monte

Des faits, rien que des faits. Les dépositions des prostituées existent. C'est très normalement qu'il en a été rendu compte dans la presse. Mais la tension monte d'un cran. Face à ces révélations, toutes les parties en cause montent au créneau. Les défenseurs de Patrice Alègre, Mes Pierre Alfort et Laurent Boguet, s'insurgent : « Patrice Alègre a toujours assumé ses responsabilités. Quand il a tué, il a avoué. Il ne reconnaît pas la mort de Line Galbardi. Alors, arrêtons d'en faire le coupable idéal chaque fois qu'un dossier sort du placard. Il est condamné à perpétuité et il le sait. Pourquoi en ce cas n'avouerait-il pas ? ». Cette indignation ne suffit pas à Me Georges Catala, partie civile pour la famille de Line Galbardi, qui réagit dans le même temps : « Il faut lever tous les doutes et comprendre comment Patrice Alègre a pu prospérer dans une ville finalement pas si grande. Soit il a eu une chance inouïe, soit il a effectivement été au cœur d'un système complaisant ». Les défenseurs d'Alègre et la partie civile sont d'accord sur le principe de la situation : il faut entendre les policiers mis en cause. Mes Alfort et Boguet attendent de cette audition « la démonstration de la mythomanie de l'accusatrice ». Me Catala évoque la même éventualité, mais sans trancher : « Je ne sais pas si ces accusations sont fondées. Je constate et m'interroge. Soit cette femme ment, et il faut vite restituer ces fonctionnaires de police dans leur honneur, soit elle dit vrai et il faut en tirer les conclusions qui s'imposent.» Les syndicats policiers ne tardent pas à réagir. Bien évidemment, leur position est relayée par la presse: ils s'interrogent sur «la crédibilité» de ce témoignage qu'ils qualifient de «scandaleux». Ils ajoutent qu'ils sont persuadés que les policiers sont «victimes d'une calomnie» et plaident pour que soit «lavé l'honneur» de leurs collègues tout en admettant, légalistes, qu'il conviendra de «les punir si ce qui est dit est vrai». Dans le courant de cette première semaine d'avril 2003, on obtient confirmation que le témoignage de «Patricia» n'est encore connu que de façon parcellaire: il apparaît assez rapidement que la jeune femme est allée plus loin, et que non pas deux mais plusieurs auditions figurent au dossier. Tout s'enchaîne et se répercute en temps réel, et le contenu d'un second témoignage commence à filtrer. L'interlocutrice n'est pas encore clairement identifiée, mais on sait qu'il s'agit d'une autre ancienne prostituée. Elle sera surnommée «Fanny». Celle-là est venue expliquer qu'elle a été abusée à plusieurs reprises par des magistrats dont l'un est présenté comme son amant régulier. Là encore, Patrice Alègre est dans l'ombre: les deux jeunes femmes évoquent des «soirées spéciales». En termes clairs, des partouzes à connotation sadomasochistes organisées pour une bonne société toulousaine en quête de sensations fortes, pour lesquelles le tueur en série aurait servi de pourvoyeur, passant sur les trottoirs pour y cueillir des filles appelées à faire du bien à des gens qui font mal. Plus ou moins diffuses, d'autres informations surviennent dans le courant du mois, qui laissent entendre que ces témoins auraient également précisé que ces soirées étaient accompagnées d'une consommation assez abondante de cocaïne. L'indice est d'autant plus recevable que Patrice Alègre n'a jamais réellement fait mystère de ses activités de dealer. Au cours de son procès, parlant de la cocaïne, il avait eu ce mot : « J'en prenais dès mon réveil ». Durant les débats, quelques précisions avaient été apportées qui établissaient aux alentours de plusieurs centaines de grammes – entre 200 et 500 – les quantités mensuelles régulièrement écoulées par le tueur en série qui, exceptionnellement, pouvait prendre en charge 1 kg. Lui-même en consommait de 2 à 5 g par jour, à certaines périodes. Il est évident que les quantités qu'il manipulait étaient suffisamment importantes pour lui permettre ce véritable luxe. Selon un de ses « vendeurs » de l'époque, Patrice Alègre fourguait de la coke de première bourre. Pas de « la blanche », coupée et recoupée cent fois avec du n'importe quoi, mais de « la pasta », brut d'import, sortie des cales du bateau et tout droit livrée au consommateur. Pas d'intermédiaire, ou si peu, pour une came qu'on ne trouve pas dans la rue. Très chère, aux alentours de 800 francs (110 euros) le gramme à l'époque, la pasta c'est la coke jet set, celle des soirées privées ou, pour le moins, des mondes clos. C'est celle que l'on confie à Alègre. Pas pour la revendre à des « fourmis », ces dealers à la petite semaine qui coupent au Manicol et se font « serrer » quelques semaines plus tard. Alègre traite « en direct », à coups de vingtaine ou cinquantaine de grammes, pour faire disparaître son stock en quelques jours ? Pourquoi pas, mais encore faut-il trouver des clients qui peuvent mettre entre 15 000 et

40 000 francs (2 250 à 6 000 euros) pour se constituer un stock de poudre. Alègre n'a jamais été interrogé sur ce point. Le feu couve, mais personne encore ne prend la mesure du sinistre qui se prépare sauf, sans doute, Me Georges Catala, avocat de plusieurs parties civiles, qui prédit : « Si ce que disent ces filles est vrai, nous sommes aux portes d'une déflagration sociale ». Plus on avance dans le mois d'avril, plus les contours de la nébuleuse se dessinent. Le 15 avril, deux événements : d'abord, Me Florence Hégoburu, l'avocate paloise de Patricia, dépose une plainte auprès de la gendarmerie pour « viols, actes de torture et de barbarie » sur la personne de sa cliente, qui désigne alors ses bourreaux présumés. Dans le même temps, le procureur de la République de Toulouse, Michel Bréard, ouvre une information judiciaire « contre Patrice Alègre et tous autres », pour « viols, viols en réunion, viols sous la menace d'une arme, viols en réunion sous la menace d'une arme, viols par personne abusant de l'autorité que lui confèrent ses fonctions, viols en réunion par personnes abusant de l'autorité que leur confèrent leurs fonctions, viols précédés, accompagnés ou suivis d'actes de torture et de barbarie, viols sur mineurs de quinze ans, viols en réunion sur mineurs de quinze ans, viols en réunion par personnes abusant de l'autorité que leur confèrent leurs fonctions et complicité des mêmes délits, proxénétisme en bande organisée ». C'est l'acte fondateur de ce qui va devenir « la seconde affaire Alègre ». En ouvrant cette information, le parquet montre qu'il n'est pas, lui non plus, resté indifférent aux récents témoignages apparus dans le cours de l'instruction. Pour traduire en langage courant : « Il demande à voir ». Mais nous ne sommes pas au poker et, en

choisissant cette voie, le Parquet signifie qu'il ne rejette pas a priori les témoignages qui étayent désormais le dossier d'instruction du juge Serge Lemoine. La démarche ne signifie pas non plus que le procureur y croit. L'ouverture de cette information est la manifestation d'un doute et de la volonté d'aller au bout des accusations des prostituées. Pour bien distinguer le parcours meurtrier du tueur en série de ses autres activités présumées, l'instruction de cette information n'est pas confiée au juge Serge Lemoine. Thierry Perriquet et Nicole Bergougnan sont désignés. Sitôt notifiée, cette disposition jette un peu plus de fébrilité dans le milieu encore confiné de ceux, avocats, juges, journalistes, qui ont eu connaissance de quelques bribes de cette affaire. Le 15 avril, c'est vrai, ces quelques « initiés » savent déjà que les révélations des filles dépassent la simple dénonciation d'une corruption policière. Depuis quelques jours, des noms commencent à émerger de ce qui n'est encore qu'un compost fait de confidences chuchotées et de procès-verbaux lus à l'arraché. Parmi ces noms, c'est un fait, celui de l'ancien maire de Toulouse, Dominique Baudis, président du Conseil Supérieur de l'Audiovisuel (CSA), celui de Marc Bourragué, ancien substitut du parquet de Toulouse en charge des affaires financières, en poste à Montauban comme procureur adjoint et, enfin, celui de Jean Volff, qui est alors procureur général de la cour d'appel. En soi, que leur nom soit murmuré n'atteste pas de la véracité des faits que leur prêtent ces témoignages. Faute de preuve, et vu l'impossibilité d'étayer la crédibilité de ces témoignages, personne ne livre publiquement ces noms en pâture dans quelque média que ce soit. Mais le secret n'existe plus.

Par cercles concentriques, ces noms chuchotés ne tardent pas à atteindre le bistrot qui sert de point de rencontre à tout ce que la ville compte de porteurs de robe noire ou de carte de presse, pour franchir ensuite le seuil des dîners en ville. Juges, greffiers, avocats, sont de moins en moins nombreux à ignorer la liste des mises en cause, plus ou moins extensible à quelques autres notabilités locales. Les journalistes sont dans le même cas et il ne s'agit plus seulement ici des observateurs locaux. Les rédactions parisiennes sont également au fait de la progression du dossier. En dépit de ce qu'ont cru – ou laissé croire – certains, aucun procès-verbal mentionnant des noms ne circule alors. Il faut attendre le week-end du 10 au 11 mai un nouveau coup d'accélérateur médiatique. Nous sommes à la veille d'un épisode fondamental de l'instruction. Le lundi 12 mai, Patrice Alègre doit être confronté aux deux anciennes prostituées, Patricia et Fanny, qui l'incriminent et le positionnent auprès de Lakhdar Messaoudène dans le paysage torve du quartier de la gare au début des années 90. Cette confrontation s'annonce capitale. Ou bien Patrice Alègre va flancher et crédibiliser les témoignages des filles, ou bien les anciennes prostituées vont s'effondrer et valider les dénégations sur lesquelles campe le suspect depuis ses derniers aveux, en 1998, et pour lesquels il a déjà été jugé. Annoncé de longue date, l'événement – car c'en est un – est attendu. Surtout, la plupart des journalistes mettent en perspective une « petite phrase », concédée par le tueur en série le 24 avril, pour clore une comparution devant le juge Lemoine : « Pour l'instant, je n'ai rien à dire. » Venant d'un homme enfermé dans son mutisme depuis près de six ans, ce petit bout de phrase n'a rien d'anodin. « Pour l'instant, ce n'est plus un non massif. Il y a dans son attitude une évolution qui n'est pas neutre», confient ses avocats au sortir du bureau du juge. La réflexion résonne à la fois comme une promesse et une menace, car Patrice Alègre fait ce début de confidence après avoir exigé «une protection» pour lui-même et ses proches. Dans le contexte, il paraît difficile de croire qu'il prépare un énième coup d'esbroufe. En fait, ses avocats sont en passe d'infléchir sa ligne de défense monolithique. Le tueur en série a-t-il compris qu'il avait *intérêt* à ne plus apparaître comme un psychopathe solitaire? A-t-il tout simplement eu envie de dire la vérité? Est-ce une manipulation, ourdie dans le secret de sa cellule par un Patrice Alègre en quête d'une relance de notoriété? On ne saurait non plus l'exclure. Toujours est-il que Mes Pierre Alfort et Laurent Boguet s'attachent à construire une nouvelle image de leur client: «Si ces témoins ont raison, Patrice Alègre n'est plus le psychopathe qu'on nous a présenté, mais un tueur dont le potentiel a été exploité par ceux qui étaient censés protéger la société. Ce soupçon suffit à lui seul à rendre la situation intolérable». Le propos est grave. *Le Monde* du week-end publie en prime une synthèse de l'affaire. L'article est assez incisif. Il fait état de témoins «qui apparaissent fort crédibles: ils sont nombreux, apportent des éléments concordants sans s'être concertés, et leurs révélations sont recoupées par des éléments de l'enquête». Et de poursuivre: «Selon de multiples témoignages ce pacte de corruption entre quelques policiers véreux et des proxénètes n'a jamais été dénoncé ou combattu. Pourquoi si l'hypothèse d'une conspiration se vérifie, Patrice Alègre a-t-il fait l'objet de tant de sollicitude? Muré dans son silence, il nie toute implication. "Pour le moment", a-t-il déclaré au juge». La petite phrase mise en suspension par Patrice Alègre n'a pas non plus échappé au Parisien qui, pour sa part, insiste sur le besoin de protection physique exprimé par le suspect pour lui-même et les siens: «des précautions qui s'expliquent par le scandale qui couve». Le journal rappelle à son tour qu'au lendemain de ce week-end, «une confrontation est prévue entre Alègre et ces jeunes femmes», et met l'événement en perspective: «Il entend assurer la réplique, prévient Me Laurent Boguet». C'est alors que paraît *Marianne*. Surtitré «Putes, cocaïne, notables et flics ripoux à Toulouse», titré «Une affaire trop belle pour être vraie?», un article de l'hebdo signé par Frédéric Ploquin s'engage sur le mode prudent. Il résume la substance du témoignage accusateur de Patricia, puis il entre dans le contenu en précisant que l'ancienne prostituée donne des noms. Le journaliste ne les rapporte pas mais indique qu'il s'agit de trois policiers et «de leur patron de l'époque, actuellement en poste à l'Inspection Générale des Services», d'un magistrat «à l'époque substitut à Toulouse», avant de préciser que «dans l'emballement le nom du maire de Toulouse est même cité». Veut-il parler du maire de l'époque, ou de celui du moment, Philippe Douste-Blazy? Rien n'est dit, mais «les personnes proches du dossier», comme il est convenu de dire, ont décodé. Il est vrai qu'il y a déjà de longs jours que l'hypocrisie tient lieu de rince-doigts dans les dîners en ville. Il y a belle lurette que les noms des personnes citées relèvent du secret de Polichinelle. Au dessert, bien souvent, la liste ressort plombée d'une rumeur supplémentaire. Et la petite cour des robes noires n'est jamais la dernière à supputer, tant il est vrai qu'en coulisses, on joue à savoir « qui prend qui ». En d'autres termes, et pour éviter toute mauvaise interprétation, le milieu des avocats s'émoustille à ce jeu qui consiste à savoir « qui va défendre qui ». Pour dresser la liste des challengers putatifs, un certain nombre de questions restent encore en suspens. Combien de prostituées ont accepté de témoigner ? Combien de flics sont cités ? Et qui défendra tel magistrat ? Tel autre ? Tout se joue, et pas seulement dans les médias, comme si le frisson qui parcourt Toulouse ne pouvait que finir sur un grand déballage. On reprochera plus tard à la presse de tenir pour acquises des accusations fragiles. Mais que penser de la façon dont certains avocats se sont calés dans les starting blocks avant même que les mis en cause ne soient cités ? Dans cette partie, le mistigri, c'est bien sûr de savoir qui « aura » Dominique Baudis, parce que pendant que les journalistes taisent son nom, d'autres se tiennent prêts. « Parce qu'on ne sait jamais », bien sûr.

La confrontation du tueur et des filles

Si l'on fait un plan fixe sur ce week-end charnière du 10-11 mai, qu'y a-t-il d'avéré dans l'affaire Alègre ? Juste l'existence de procès-verbaux consignant des témoignages d'anciennes prostituées. On sait que « les filles » qui ont parlé sont maintenant au nombre de quatre, une est clairement identifiée, la seconde à peu près, et les deux autres restent inconnues. Le contenu de leur témoignage n'a pas encore été vérifié. Les policiers qu'elles désignent comme étant corrompus, n'ont pas été entendus. Pas plus que les magistrats ou l'ancien maire de Toulouse, supposés leur avoir fait endurer des violences. C'est la parole de l'un contre pas de parole du tout. Cependant, qu'il s'agisse d'un tissu de mensonges ou d'une réalité, le contenu de ces documents dans une procédure n'a rien d'une anecdote. Dénonciation calomnieuse ou vérité, il y a de toute façon matière à se poser des questions graves. C'est Me Georges Catala, avocat de la famille de Line Galbardi, la prostituée assassinée, qui le premier affirme : « Si l'on ne peut exclure un coup monté, on ne peut pas nous empêcher de nous interroger. » Quand arrive ce fameux week-end, toutes les questions encore en suspens concernent d'une part le meurtre de Line Galbardi, commis onze ans plus tôt à l'hôtel de l'Europe, et d'autre part le cocktail de policiers aveugles et de « notables » qui peuplent le dossier. L'ombre de Patrice Alègre hante tous les recoins de ce tunnel de dix années de silence, dont il serait la clé de voûte. Confrontées aux fantômes du passé, toutes les interrogations se concentrent sur la réaction que le tueur est susceptible d'avoir le lendemain. De toute façon, qu'il accrédite la parole de ses accusatrices, ou qu'il persiste à nier, « la seconde affaire Alègre » aborde un tournant. Comme bien souvent avec Patrice Alègre, rien ne se passe vraiment comme on aurait pu le prévoir. Non seulement le suspect déboule sur un terrain où on ne l'attendait pas, mais en outre, les circonstances vont détourner la curiosité de la presse du résultat de cet épisode judiciaire, qui va se révéler à double détente. Le 12 mai, la confrontation débute à 14 h 44. Les deux anciennes prostituées réaffirment devant Patrice Alègre les accusations qu'elles portent contre lui, dans le meurtre de Line Galbardi. Placé en position d'accusé, le tueur en série nie fermement connaître la victime et les deux jeunes femmes qu'il a en face de lui. Alors que le débat est ouvert depuis plus d'une heure, il a cette phrase malheureuse à l'adresse de l'une d'entre elles : « Toi, je ne t'ai jamais essayée. » Le juge relève l'expression qui, dans sa formulation tout d'abord, et dans sa spontanéité ensuite, lui apparaît pour le moins curieuse. La pression des filles se fait de plus en plus insistante. À tel point que Fanny (qui n'est pas encore médiatiquement identifiée), l'apostrophe : « Ce que je n'arrive pas à digérer, c'est que Patrice serait capable de dire qu'il ne reconnaît pas son père, Marcus. » Marcus, c'est un surnom qui n'est pas encore apparu dans la presse, mais le sobriquet ne fait guère de mystère dans le cénacle des « initiés ». Marcus, c'est le surnom qu'ont donné les prostituées à Marc Bourragué, substitut du parquet de Toulouse, au moment des faits. Ce magistrat, aujourd'hui âgé de 51 ans, a été en poste à Toulouse entre 1989 et 2002 où il a occupé le poste de substitut en charge des affaires financières. Curieusement, Patrice Alègre réagit à cette interpellation relayée par le juge : « Vous me demandez si je connais Marc Bourragué, oui, je suis allé une fois boire l'apéritif chez lui, avec Gilles Bivi. » L'aveu aurait pu faire l'effet d'une bombe. Aurait pu. Le soir même, les télévisions reprennent, sans citer le nom du magistrat, cette information qui apparaît fondamentale : elle est de nature à crédibiliser une partie des accusations portées par les jeunes femmes. Le choc attendu entre Alègre et ses accusatrices est à double détente.

Avant même cette révélation dans le bureau du juge, Marc Bourragué a choisi de prendre les devants et de se défendre dans les colonnes de *L'Est Républicain*, le quotidien local de Nancy. Par l'entremise d'un journaliste, Laïd Samari, le magistrat a décidé de s'exprimer dans une interview à paraître le mardi 13 mai, soit au lendemain de la confrontation entre

Patrice Alègre et les deux ex-prostituées Patricia et Fanny. Dans cet entretien, Marc Bourragué explique en substance qu'il n'a jamais rencontré Patrice Alègre, hormis pour prononcer un mandat de dépôt contre lui en 2001 (alors qu'il est déjà incarcéré) pour le viol de Françoise D., et qu'il est victime d'une cabale de quelques journalistes qui lui en veulent... Marc Bourragué ne sait pas alors que Patrice Alègre va admettre devant le juge avoir pris l'apéro au domicile de l'ancien substitut du procureur de Toulouse. Du coup, la version de l'interview qui va paraître est sérieusement amendée. Laïd Samari doit remodeler son texte en intégrant une question sur les affirmations du tueur en série. Marc Bourragué doit concéder, dans la version finale, qu'il a bien pris l'apéritif avec le tueur qu'il ne connaissait pas et qui lui avait été amené « par un ami commun, en 1991 et 1992 ». L'article est si mal ficelé que le lecteur lorrain doit comprendre, en l'espace de quelques lignes, que Marc Bourragué n'a jamais vu Patrice Alègre avant 2001 tout en l'ayant invité à son domicile en 1992... Dans ses premières déclarations, Marc Bourragué explique fermement qu'il n'a jamais rencontré ni ses accusatrices, ni le tueur en série : « Tout est faux. Je n'ai jamais fréquenté Alègre, ni de près, ni de loin », dit-il d'emblée. Mais au cours de l'interview, il se souvient qu'il l'a vu une fois, en juin 2001, dans le cabinet du juge des libertés et de la détention, dans une information judiciaire pour viol où il a requis son incarcération. L'ancien substitut de Toulouse concède finalement l'épisode de l'apéritif, mais a une idée très claire de ce qui lui arrive : il est victime d'une cabale. « Certains journalistes locaux cherchent à me nuire », conclut-il. Cet exercice d'équilibriste est étonnant.

En s'exprimant dans les colonnes de *L'Est Républicain*, le magistrat dont le nom n'avait pas encore été publiquement divulgué, mais qui restait sous le feu des médias depuis plusieurs semaines, voulait sans doute contrer les effets attendus de la confrontation entre le tueur et les ex-prostituées que la presse allait évidemment largement relayer. Or, quand le mardi matin l'interview paraît, une grève des ouvriers du livre bloque la plupart des quotidiens nationaux et régionaux. *L'Est Républicain* est l'un des rares à être distribué, et Marc Bourragué se retrouve sur le devant de l'actualité de son propre chef avant que les autres médias n'aient parlé nommément de lui. Bien loin de Toulouse, le journal de Nancy, toujours sous la plume de Laïd Samari, va ensuite, de façon très singulière devenir tout au long de l'affaire l'organe quasi exclusif d'une partie des magistrats toulousains mis en cause. Est-ce sa familiarité avec le corps, via son épouse présidente de cour d'assises, qui explique son implication dans la couverture de l'affaire ? Ou d'autres motivations plus obscures ? Le journaliste a en tout cas le goût de l'intrigue. Informateur du *Nouvel Observateur* et du *Canard Enchaîné*, Laïd Samari ne se contente pas d'un rôle d'observateur, il s'implique, n'hésitant pas par exemple à téléphoner à l'avocat d'une des ex-prostituées, Patricia, pour lui dire qu'il est un peu jeune et qu'il n'a pas à faire les déclarations qu'il a faites sur le perron du palais de justice… Coïncidence, c'est dans *le Nouvel Observateur* que Marc Bourragué donnera ensuite l'une de ses rares interviews, formulant au passage quelques contrevérités jamais relevées par son interlocutrice.

Au lendemain de la confrontation, les journaux mettent en parallèle les déclarations convergentes du magistrat et de Patrice Alègre.

« Un pas important vient d'être franchi dans la manifestation de la vérité », estime Me Georges Catala, avocat de Fanny. Me Laurent de Caunes, défenseur de Marc Bourragué, voit en la déclaration de son client « la riposte d'un homme blessé par la vindicte, avant même que l'instruction ait abouti ». Mais la petite phrase d'Alègre et les explications de Marc Bourragué changent la donne. Ce ne sont plus les seuls récits des médias ou des témoins qui portent l'affaire. Le tueur en série commence à parler, une des personnes citées par les témoins s'incarne tout à coup : la convergence des deux événements dessine une réalité plus palpable. Désormais ce sera parole contre parole.

Pour conjurer les effets négatifs de ce climat délétère, les avocats de toutes les parties ainsi que les journalistes se demandent quand seront interrogés les policiers incriminés dans le présumé pacte de corruption qui liait les belles de nuit, leurs maquereaux et certains flics. Rien ne vient. Pourtant c'est là, dans les méandres réels ou supposés de ces liens, que repose le socle de la nouvelle affaire Alègre. Or, les interrogatoires des prostituées se multiplient et le dossier s'alourdit de nouvelles déclarations et mises en cause de nouveaux personnages. Le juge et les gendarmes n'ont pas le temps de vérifier tous les témoignages dont ils sont abreuvés. Manque de rigueur ou d'effectifs ? Les gendarmes sont sur deux fronts. D'une part, ils doivent répondre aux demandes formulées par le juge Serge Lemoine, qui poursuit son instruction sur le parcours meurtrier du tueur en série. D'autre part, ils sont aussi aux ordres des juges Nicole Bergougnan et Thierry Perriquet qui, eux, sont en charge de l'instruction de la seconde information ouverte pour « proxénétisme, viols, actes de torture ». La gendarmerie peut-elle faire face à la situation ? L'Institution, il est raisonnable de le penser, va sans doute mettre à la disposition de la cellule Homicide 31 de nouveaux effectifs pour garantir l'efficacité dont elle sait faire preuve. Ce ne sera pas le cas. Le 14 mai, le suspect est mis en examen pour « assassinat », c'est la sixième mise en examen prononcée à son encontre depuis son procès. En l'occurrence, il est reproché au tueur en série d'avoir égorgé Claude Martinez, le travesti âgé de 48 ans, qui se prostituait sous le nom de Claudia, retrouvé mort le 28 février 1992. Patrice Alègre nie. Ses avocats, Mes Pierre Alfort et Laurent Boguet, le soutiennent. Leur axe de défense s'est légèrement déporté. S'ils persistent à pondérer les décisions du juge en avançant qu'« il ne faut pas prêter à Patrice Alègre tous les crimes non élucidés », ils revendiquent la prise en compte du nouveau contexte qui se dessine : « Les récents développement de l'affaire laissent suspecter que Patrice Alègre n'était qu'un maillon d'une chaîne de responsabilités beaucoup plus vaste. Il serait temps que la justice s'applique à tirer au clair toutes les informations dont elle dispose », plaident-ils. La justice n'en aura pas le temps. Les révélations consenties par Marc Bourragué ont plongé l'affaire dans une fébrilité jamais atteinte. Même si personne ne se hasarde à dire qu'elle est porteuse de vérité, la parole des témoins y a gagné en crédibilité. Dès lors, le dossier ne peut plus avancer que dans le sens de l'authentification de tout ce qui est posé. Une chose est sûre, soit ce sont les témoins, soit c'est Marc Bourragué, mais quelqu'un triche. La semaine se conclut sur ces interrogations, sans plus de remous ni d'article férocement inquisiteur. Et pour cause : la balle est dans le camp de la justice qui va devoir apporter les réponses qui manquent au puzzle et, surtout, lever l'inconnue fondamentale : a-t-on affaire à des témoins mythomanes, ou est-on au contraire aux portes d'un énorme scandale ? Les avocats prennent acte et revendiquent la patience. Me Florence Hégoburu, l'avocate paloise de Patricia, évoque « une avancée significative du dossier », Me Georges Catala, défenseur de Fanny, plaide pour « ne pas entraver le rythme que le magistrat instructeur entend se donner pour vérifier, par des preuves, la sincérité des éléments amenés par ces femmes ». C'est dans ce climat d'attente que s'amorce un nouveau rebondissement. Dominique Baudis a décidé de prendre les devants. Il consulte et prépare son intervention télévisée du dimanche soir. Mais les nouvelles vont parfois plus vite que les ondes et, dès le début de l'après-midi du dimanche 18 mai, le « Tout-Toulouse » médiatico-judiciaire ne bruisse que de l'événement attendu pour le soir : l'intervention télévisée de Dominique Baudis, l'ancien maire de la ville.

3

LES DESSOUS D'UN SCANDALE

L'aveu

Le 18 mai au soir, personne ne le sait encore, pas même l'intéressé sans doute, mais « par un de ces effets de serre propres à la planète média », la France entre de plain-pied dans « l'affaire Baudis ». La personnalité, et surtout la position au sein du monde médiatique de l'ancien maire de Toulouse suffisent à bouleverser la donne. L'intervention télévisée à laquelle Dominique Baudis vient de se livrer est doublée d'une interview concédée au *Monde* qui paraît le lundi 19, prolongée le mercredi 21 mai par cinq pages dans *Paris-Match*. Pour « une rencontre programmée depuis une semaine », tient à préciser l'hebdomadaire, dont les journalistes étaient justement là le jour où Dominique Baudis s'apprêtait à rejoindre le plateau de TF1. Dans l'intervalle, hormis *Le Figaro* qui s'en est tenu à une brève reprise sur l'AFP, il n'est pas un journal en France qui n'ait accordé une place importante à l'événement. Le jeudi 22 mai, les anciennes prostituées sont convoquées chez les juges Nicole Bergougnan et Thierry Perriquet pour y être entendues pour la première fois sur les faits justifiant l'ouverture, le 15 avril, de la seconde information judiciaire pour « proxénétisme, viols, actes de torture et de barbarie ». «Toulouse retient son souffle », estime *Le Monde* pour annoncer cette comparution. Il est vrai que dans le contexte où elle a lieu, cette étape judiciaire prend un relief très particulier. Dominique Baudis est devenu l'épicentre du dossier et, même si elle n'est pas clairement écrite, toute la question est alors de savoir si les témoins persistent à le mettre en cause. Non loin de lui gravite Marc Bourragué, moins connu des téléspectateurs de TF1, mais seconde clé avouée de l'énigme : est-ce que des « gens de pouvoir » ont joué de leur position sociale pour abuser de jeunes femmes en situation de faiblesse ? Quant aux policiers présumés ripoux qui, ne l'oublions pas, constituent le substrat originel sur lequel a prospéré cette « affaire dans l'affaire », ils semblent maintenant servir de référents à ce qui se prépare : Les affirmations des jeunes femmes sont suffisamment précises pour que la justice s'en empare. Leurs témoignages sont concordants et ont déjà été confirmés sur plusieurs aspects par d'autres témoignages, d'autres prostituées et par les vérifications des enquêteurs. Les deux ex-prostituées ont permis de mettre en évidence des collusions entre des proxénètes et des policiers toulousains. Ce sont elles qui ont permis de faire la lumière sur les conditions supposées des assassinats de la prostituée Line Galbardi et du travesti Claude Martinez, alors que les « enquêtes » sur ces meurtres avaient conduit à des impasses. Ce sont elles qui ont donné nombre de détails troublants quant à l'existence de soirées avec tortures qui, aux yeux des enquêteurs, ne s'inventent pas : «Toulouse retient son souffle », mais *Le Monde* n'en manque pas pour nous expliquer combien cette confrontation s'annonce cuisante. Tout est dit dans le non-dit. Plus prosaïquement, *La Dépêche* voit dans ce rendez-vous judiciaire imposé aux témoins, l'occasion de re-poser les bases de ce qu'est vraiment ce dossier : « Il s'agit de donner à l'affaire Alègre sa vraie dimension, éclairer la part d'ombre qu'un dysfonctionnement majeur de la police et de la justice avait masquée ». « Des faits, des dates, des lieux, des personnages : il appartient à la justice d'organiser cette quadrature, et de dire si elle coïncide avec une vérité ou s'apparente à une calomnie », propose *Le Figaro*, qui note par ailleurs que « quand bien même il a toutes les apparences de la sincérité et de la crédibilité, même s'il sonne comme un acte d'accusation, un témoignage n'est pas une preuve ».

La diversion du trublion Djamel

Les comparutions se déroulent comme prévu. Accompagnée par Me Florence Hégoburu, l'ancienne prostituée Patricia se présente dans le bureau de la juge Nicole Bergougnan et Fanny, défendue par Georges Catala, chez Thierry Perriquet. Les auditions sont longues. Près de sept heures pour Patricia, quatre pour Fanny. À la sortie, chacun de son côté, les avocats respectifs des deux témoins font état d'un « moment douloureux », « une épreuve ». « Nos clientes maintiennent leurs accusations », résument les avocats à la sortie des cabinets d'instruction. En toute logique, c'est ce que va retenir la presse du lendemain. En cet instant, tout le monde ignore que TF1 vient d'enregistrer les déclarations d'un travesti qui s'autosurnomme Djamel. L'interview est diffusée le soir même au journal de 20 heures. Le témoin, retrouvé à Pau, est un client de Me Florence Hégoburu, l'avocate de Patricia, mais ce détail n'est pas mentionné dans le reportage qui s'attache à deux points forts mis en avant par cet inconnu, filmé de dos. Présenté comme un témoin clé, le jeune homme confirme tout : les soirées sadomasochistes, les violences subies, la drogue, l'implication des personnalités. Il profère les mêmes accusations que Fanny et Patricia. Son récit paraît alors déterminant, d'autant que la mise en scène de l'interview n'a rien d'anodin. Djamel désigne « le château d'Arbas », une propriété de la mairie de Toulouse, comme théâtre supposé de ces bacchanales. Pour preuve, il a entre les mains des photos de cette bâtisse et il pointe une fenêtre : « C'est dans cette chambre que je me suis retrouvé », explique-t-il en substance sous l'œil des caméras qui ne perdent rien du détail. C'est ainsi qu'il va être tenu pour acquis que « le château d'Arbas » est un des hauts lieux du sadomasochisme-cassoulet. Me Pierre Alfort, un des deux avocats de Patrice Alègre, est le premier sollicité. Il est dubitatif, et s'étonne de « ce témoin sorti du chapeau ». En cela, il est au diapason de la presse qui, tout en reconnaissant que ce nouveau venu a accepté de se rendre à la gendarmerie pour témoigner de façon officielle, n'accorde que quelques lignes sommaires à cet événement qui a fait les choux gras de TF1, mais n'est toutefois pas parvenu à éclipser dans l'actualité la comparution au cours de laquelle Patricia et Fanny ont réaffirmé leurs témoignages accusateurs. L'émotion, s'il y en a une, est ailleurs. Mes Florence Hégoburu et Georges Catala revendiquent « une protection » pour leurs clientes respectives. « Il faut d'urgence sécuriser la vie quotidienne de ma cliente... qui tiendra le coup si on ne la tue pas », s'alarme Florence Hégoburu, à qui Georges Catala fait écho : « Des choses commencent à être mises en place pour déstabiliser ce dossier », plaide l'avocat toulousain qui, précise-t-on, « émet des doutes sur le travail mené par la nouvelle équipe de la gendarmerie qui a été chargée de l'enquête sur ce nouveau versant de l'affaire Alègre ». Craintes fondées ou parano ? L'analyse attendra. Quand arrive le week-end des 24-25 mai, les informations se télescopent plus vite que les journaux ne peuvent les digérer. On est dans l'immédiat permanent, « le fast-news », comme on dirait « le fast-food » pour parler de la mal-bouffe. Et ce week-end là, justement, on va déguster. Dès le samedi soir. Revoilà Djamel, sur France 2 ce coup-ci, pour nous expliquer que tout ce qui a été dit jusqu'à cette date, les « personnalités », les putes, la came, c'est de la rigolade en comparaison de ce qui s'est passé. Ce qui s'est passé *en réalité*, n'est-ce pas, puisque nous sommes sur une émission publique qui, même si elle souffre d'être le Poulidor de l'audimat, a tout de même une audience digne de crédit à l'heure du journal du soir. Revoilà donc l'histrion qui abandonne son numéro de guide du château d'Arbas pour expliquer à la France qui mastique que « le gratin sadomaso » ne se contentait pas de ramasser des tapins. Il est maintenant question d'enfants enlevés et abusés. Le jeune homme explique même qu'il a croisé la petite Marion, une fillette âgée de 10 ans, disparue à Agen le 14 novembre 1996, et dont on est depuis sans nouvelles. Faut-il imaginer comme dans l'affaire Dutroux l'existence d'un réseau pédophile criminel ? Le scandale monte encore d'un cran. Les gendarmes, qui n'ont pas eu la primeur des révélations de Djamel, l'entendent immédiatement. C'est le feu d'artifice. Sur les indications du jeune homme, en l'espace de quelques heures, ils se transportent à La Rochelle où ils fouillent une maison, puis creusent le sous-sol de la prairie des Filtres, en bord de Garonne, un des espaces verts les plus fréquentés de Toulouse. À la recherche de quoi ? De cassettes vidéo et de documents photos dont Djamel croit connaître l'existence. Les gendarmes de la cellule Homicide 31 ont cherché pour rien. Ils n'apprécient pas, et d'autant moins qu'ils savaient déjà perdre leur temps avec quelqu'un qui se dit « le fils caché de Michael Jackson », qui prétend s'être fait violer par Nicolas Sarkozy (à qui il a même piqué la montre !). Mais les enquêteurs ne veulent pas courir le risque de se voir reprocher une négligence dans leurs vérifications.

À peine digéré « l'événement Djamel », qui n'a guère fait illusion plus loin que dans les couloirs de France 2, un nouveau spasme secoue l'enquête. Jean Volff, 65 ans, procureur général de la cour d'appel de Toulouse, le plus haut représentant du ministère de la Justice sur les quatre départements de son ressort, prend à son tour publiquement la parole pour indiquer qu'il est également « mis en cause dans la procédure concernant Patrice Alègre ».

Comme son subordonné Marc Bourragué, Jean Volff choisit aussi Laïd Samari, de *L'Est Républicain*, pour s'indigner. Il occupe un poste qui lui a permis de prendre note des accusations portées contre lui par Fanny : « Cette dame prétend que j'aurais participé à des soirées sadomasochistes », indique-t-il, en contestant « vigoureusement » les accusations dont il est l'objet. Jean Volff ne ramène pas la problématique à sa seule personne, pour lui « On cherche à déstabiliser l'institution judiciaire ». Et il livre une première information qui, jusqu'alors, relevait d'une crainte manifestée par les avocats partie à l'affaire : « J'ai proposé au Garde des sceaux de demander le dépaysement du dossier ». En d'autres termes, Jean Volff ne souhaite pas que cette affaire soit instruite à Toulouse. En matière judiciaire un « dépaysement » suppose que tous les juges d'instruction soient dessaisis au profit de leurs homologues d'une autre cour d'appel. Dans le cas de l'affaire Alègre, et de la seconde instruction pour « viols et actes de tortures sur mineurs », si une telle mesure est effectivement prise, personne n'ignore – pas même Jean Volff qui souhaite sans doute que son innocence éclate rapidement – que l'enquête encaissera un fort ralentissement, le temps que d'éventuels nouveaux magistrats prennent connaissance du dossier. Le « outing » du procureur général se fait dans *L'Est Républicain* sous la forme d'une interview. Entre autres réponses Jean Volff fournit celle-ci : « Je pense qu'il faudra sans doute que je quitte mon poste car du fait de ma mise en cause je me trouve dans une position intenable. Il m'est difficile de superviser cette enquête alors que je suis mis en cause nommément. Pour protéger l'institution judiciaire, il vaut mieux que je parte ».

Bref, on devine Jean Volff prêt à faire sa valise de sa propre initiative. Pourtant deux jours avant ses confessions publiques, Jean Volff avance d'autres explications contradictoires. Originaire d'Alsace, il a dû précipitamment renoncer à la présidence de l'église luthérienne d'Augsbourg qu'il briguait. La justification qu'il donne alors sur son retrait et que précise d'ailleurs un autre journal local, *Les Dernières Nouvelles d'Alsace*, est tout autre que celle fournie ensuite. Devant l'assemblée protestante, le magistrat ne parle pas de sa mise en cause mais invoque au contraire l'importance de l'affaire Alègre que le Garde des sceaux, Dominique Perben, lui a demandé de suivre de près et qui le retiendra trop à Toulouse pour lui permettre d'assurer ses responsabilités confessionnelles… Que s'est-il passé entre les deux versions ? Laïd Samari ne pose pas la question. Mais avant d'annoncer son départ spontané, Jean Volff entend laisser à Toulouse un peu de ses réflexions sur l'affaire. «Je ne peux pas avoir de certitudes», pondère-t-il avant de livrer son sentiment final : «Peut-être y a-t-il une parcelle de vérité, mais l'ensemble décrit par ces dames est certainement beaucoup exagéré». Tout est dans le «beaucoup». Car Jean Volff, qui ne dit pas avoir lu le dossier mais simplement «avoir été informé», a une idée de la situation «invraisemblable» qu'il évoque : «Il faudrait supposer la complicité de policiers, de commissaires, de médecins légistes, de plusieurs substituts du Parquet et de magistrats de la cour d'appel», concède-t-il.

Le grand emballement

En marge des confessions de Jean Volff, l'emballement se poursuit. Ce même 26 mai, pendant que le procureur général de Toulouse donne son interview à *L'Est Républicain*, le travesti Djamel est placé en garde à vue par des gendarmes un brin échaudés d'avoir perdu quarante-huit heures à organiser des fouilles spectaculaires, en vain pour l'enquête, mais copieusement filmées par les télévisions. Si elles avaient eu envie de rattraper les calamiteuses « révélations » de l'avant-veille, les chaînes nationales ne s'y seraient d'ailleurs pas prises autrement. Car les images insistantes des journaux télévisés sur le « chou blanc » des enquêteurs sont porteuses d'un message subliminal : « Regardez, les journalistes ne sont pas les seuls à s'être fait berner, les gendarmes aussi ont cru en ce témoignage ». Tout à coup, le fameux Djamel acquiert ses galons de « mythomane », un qualificatif qui ne le quittera plus. Le même jour on apprend que le ministère de la Justice est entré à son tour dans la mêlée. Une équipe de l'Inspection Générale des Services Judiciaires (IGSJ) est passée dans la Ville rose pour tâcher de comprendre ou, pour le moins, de faire un peu de lumière sur le « pataquès » qui empoisonne sérieusement la vie ordinaire du palais de justice de Toulouse. Ce déplacement n'avait rien d'une visite de courtoisie. Le directeur de l'IGSJ était là en personne, sur ordre express de Dominique Perben, Garde des sceaux. Selon *Le Monde*, la commission d'enquête est venue « pendant une dizaine d'heures ». Un temps qui lui a suffi pour rendre un rapport concluant à « une perte de confiance entre la hiérarchie judiciaire et les enquêteurs du fait de la mise en cause de magistrats ». Derrière cet avis se profile en filigrane la question du dépaysement du dossier. Jean Volff revendique avoir « proposé au Garde des sceaux » cette disposition sur laquelle Me Catala porte un tout autre regard : « Si des personnes mal intentionnées voulaient retarder l'enquête, elles ne s'y prendraient pas autrement », redoute-t-il. C'est dans ce climat que le mardi 27 mai Djamel est écroué à l'issue de sa garde à vue entamée le dimanche soir, après avoir été présenté à la juge

Nicole Bergougnan. Il écope d'une mise en examen pour « dénonciation de crime ou délit imaginaire ayant exposé les autorités judiciaires à d'inutiles recherches, témoignage mensonger ». À peine cette péripétie survient-elle, qu'on apprend quasi simultanément la démission de Jean Volff : « Je remets mon poste à la disposition du ministre de la Justice. Il m'apparaît logique qu'au regard de mes fonctions, je ne puisse désormais être à la fois superviseur et mis en cause », dit-il. En décodé, il n'est pas besoin d'avoir une boule de cristal pour deviner que ses valises sont prêtes. Quand il livre ses sentiments à quelques journalistes, Jean Volff dit « ne pas connaître » la décision de Dominique Perben, le ministre de la Justice. Mais dans les couloirs du palais, déjà un nom circule, « on » parle de Michel Barrau, procureur à Créteil. Le lendemain, mercredi 28 mai, l'annonce est officielle. Fait rarissime dans une affaire pénale, le Garde des sceaux en personne montre qu'il suit le dossier et prend en outre des dispositions pour la suite. Il accorde ce jour-là une interview au *Figaro* : « Il n'existe plus de relation de confiance entre le procureur et le procureur général. Le parquet général de Toulouse n'a pas informé le ministère de la Justice sur ce dossier de façon satisfaisante. Pour permettre à la juridiction de fonctionner dans de bonnes conditions, il fallait donc que le procureur général soit changé ». Et il confirme qu'il vient de nommer Michel Barrau « considéré par ses pairs comme un grand professionnel » qui a par ailleurs « l'expérience d'un très grand parquet ». Tout ceci bien évidemment, n'a rien à voir avec Jean Volff : « Il s'agit d'une décision prise dans l'intérêt du service, et non d'une sanction disciplinaire ». Dans cette même interview, Dominique Perben donne une autre information capitale : il n'entend pas dépayser le dossier. « Cette mesure a pour inconvénient d'occasionner une perte de temps », et porte également, ajoute-t-il, « une forme de suspicion à l'égard des magistrats et des services d'enquête ». Le ministre veut au contraire « restaurer la confiance et la sérénité dans cette affaire ». Il attend désormais du nouveau procureur qu'il ramène l'affaire dans le cadre « d'une justice sereine, efficace, qui ne cache rien, qui va au bout des choses, mais qui préserve aussi la présomption d'innocence ». Michel Barrau, précise le ministre, « va d'abord s'informer ». Au rythme où vont les choses, il n'a pas de temps à perdre. À peine l'interview parue, on apprend que Dominique Baudis vient de déposer une série de trois plaintes. La première d'entre elles, pour « diffamation publique envers un particulier », cible Patricia, la prostituée qui l'accuse de l'avoir violée. La deuxième vise Me Florence Hégoburu, l'avocate de Patricia, pour « complicité de diffamation ». La dernière concerne Djamel, qui revient sous les feux de la justice pour « dénonciation calomnieuse ». Elle lui est notifiée au lendemain d'une tentative de suicide qu'il vient de faire à la prison de Montauban. La prise de fonction du nouveau procureur général est immédiate. Jamais sans doute, ou si rarement, dans l'histoire de l'institution judiciaire, ce jeu de chaises musicales n'a été mené avec autant d'entrain. L'installation de Michel Barrau à Toulouse coïncide avec une préoccupation éthique et juridique beaucoup plus générale que Dominique Perben a fermement rappelée aux procureurs généraux qui, par une coïncidence de calendrier, étaient convoqués place Vendôme au lendemain de l'« outing » de Jean Volff. Les trente-trois procureurs généraux présents ce jour là ont été informés – entre autres – de la création d'une « commission d'éthique qui aura pour mission de réfléchir au renforcement de la déontologie du corps judiciaire », qui doit se soumettre au respect de certains principes. Le secret de l'instruction est de ceux-là, et le ministre place assez fermement son projet dans le contexte du dossier Alègre en demandant que soit ouverte une enquête « sur ce qui s'apparente » à des violations répétées de l'instruction. « Beaucoup de gens parlent dans cette affaire. C'est pour moi inacceptable », tranche Dominique Perben. En langage ministériel le propos sera qualifié de « ferme ». Traduction pour l'homme de la rue : gare à celui qui parlera aux journalistes.

S'il faut se persuader encore que l'affaire Alègre n'a rien d'une histoire criminelle ordinaire, on peut trouver l'argument définitif dans ce déploiement exceptionnel. Sans doute faut-il remonter loin dans les annales pour trouver trace d'un ministre qui fait publiquement part de sa mobilisation. Dans le corps feutré de la magistrature, il est rare que les querelles d'hermine soient évoquées sur la voie publique. Et la mésentente, pour ne pas dire le conflit qui oppose Jean Volff et Michel Bréard, le procureur de la République, a été portée au grand jour. « L'affaire », ou plutôt les « affaires Alègre » sont déjà sur le versant du « scandale républicain » que l'avocat Georges Catala avait prédit.

Les aveux de Patrice Alègre

C'est dans cette atmosphère joyeuse qu'arrive le caniculaire week-end de l'Ascension, son jeudi férié, son vendredi « ponté », son week-end de plage pour ceux qui sont partis, son « Vrai Journal » pour ceux qui resteront devant la télé branchée sur Canal+. Le vendredi 30, alors que la plupart des journalistes sont « remontés » à Paris, une fébrilité inhabituelle agite les parages immédiats du palais de justice. Cet émoi exceptionnel dans la ville désertée n'échappe pas à Jean-Louis Galamel, journaliste à *La Dépêche*. Ce jour-là, ce fait-diversier passe par hasard prendre un pot au café *Le Stadium*, dont la terrasse offre une vue imprenable sur les travaux du palais de justice, et constitue par ailleurs une excellente chambre d'échos. Pour les bruits de la ville, bien sûr. C'est ainsi que le confrère n'est pas sourd à la noria de deux-tons qui déferlent soudain sur le carrefour voisin, à grands renforts de motos vrombissantes, d'estafettes ouvertes avec GIGN armé à la portière et fourgon cellulaire. Tout ce tintouin aux couleurs de la gendarmerie fait immanquablement penser au déplacement d'un très gros gibier : Patrice Alègre. Une rencontre entre le tueur et le juge Lemoine n'est pourtant pas prévue. Mais l'homme qui arrive ainsi sous bonne escorte est bien Patrice Alègre. Du fond de sa cellule, le tueur a fait savoir à ses avocats, Me Pierre Alfort et Me Laurent Boguet, qu'il a « des choses à dire au juge ». La rencontre a donc lieu à sa demande. Le fait est exceptionnel. D'ordinaire, le tueur en série se laisse porter au gré de l'instruction. Jamais encore il n'a sollicité le juge qui, bien sûr, a tenu à l'entendre séance tenante. Depuis la « relance » de son dossier, et malgré la tourmente qui entoure l'affaire depuis maintenant deux mois, il est resté coi. Sauf, peut-être, sa petite phrase du 24 avril « Je ne dirai rien… pour l'instant ». Et si l'instant était arrivé ?

Bien évidemment, la nouvelle qui tombe ce samedi 31 mai prend tout le monde de court. À tel point que la plupart des médias repliés sur Paris dans l'espoir d'un week-end réparateur, effectuent un retour dare-dare sur la Ville rose. L'emballement est d'autant plus perceptible que Canal+ annonce au cours de ses émissions en clair que le «Vrai Journal» de Karl Zéro du dimanche 1er juin, diffusera «un document exceptionnel sur l'affaire Alègre».

La plupart des journaux écrits n'ont pas d'édition le dimanche, et une nouvelle fois, c'est *La Dépêche* qui rafle la mise. Non seulement ce quotidien a une édition dominicale, mais en outre ses journalistes n'ont pas manqué de chercher à savoir ce que Patrice Alègre et le juge se sont dit. Un titre en gras barre la Une: «Alègre passe aux aveux: il reconnaît deux meurtres et donne les noms des commanditaires». L'information, reprise par une dépêche de l'Agence France-Presse (AFP), fait l'effet d'une nouvelle bombe, qui déboule sur les journaux radiophoniques de la matinée, avant d'atteindre son point d'orgue à 12 h 30 sur Canal+. Patrice Alègre a en effet choisi Karl Zéro, l'animateur du «Vrai Journal», en qui il a confiance, dit-il, pour se confier médiatiquement. Il a écrit à l'animateur, qui brandit à l'antenne une longue lettre manuscrite de deux pages recto-verso sur des feuilles à petits carreaux arrachées d'un bloc. Et si Patrice Alègre disait tout?

Si *La Dépêche du Midi* n'indique pas le nom des commanditaires, la lettre à Karl Zéro, elle, est tout à fait précise, à quelques fautes d'orthographe près. Patrice Alègre y reconnaît les meurtres de Line Galbardi et du travesti Claude Martinez. Il confirme ce qu'ont déjà raconté Patricia et Fanny aux gendarmes. Il nomme aussi un policier comme étant le commanditaire du premier homicide, et cite

Marc Bourragué et Dominique Baudis comme les personnes qui lui auraient demandé de « faire taire » le travesti Claude Martinez. Après s'être entouré des conseils d'une cohorte d'avocats, Karl Zéro a décidé de lire à l'antenne des extraits de la lettre. Le document daté du jeudi 29 mai 2003 est bien signé de la main du tueur, qui a pris soin de noter son numéro d'écrou en haut à gauche de sa correspondance : 559 h 1-04 QI. En voici la copie intégrale[1] :

« Salut Karl ! Tout d'abord merci de me donner l'opportunité de m'exprimé par ton biais j'apprecie ton emission. de plus a qui d'autre aurais-je pu en faire part sinon a Toi... ! le PAF No CommentJe ne me suis pas exprimé jusqu'alors par crainte de pression ou de represailles sur les membres de ma famille, ma fille Anaïs ma mère, mon frère ou moi même !Alègre n'est plus mais je n'ai aucun doute sur le fait qu'actuellement d'autres gens sont en place et peuvent bouger afin de regler certains problemes delicats en catimini!que certaines personnes pourrait sucite par leurs actes.!. Aujourd'hui il est impératif que mes proches beneficie d'une protections! je ne te cacherai pas Karl que pour ma part si toutefois je devai partir ailleurs mon sommeil s'en trouverai perturbé!.pourquoi je parle aujourd'hui! Karl j'ai constaté que de nombreuses personnalites soit disant blanc bleu ce sont exprimé longuement pour clamer leurs innocences! donc moi aujourd'hui je revendique également une tribune médiatiqueJe ne suis pas d'accord avec les affirmations des uns et des autres, je ne peux imaginé que la vérité soit etouffé car tous les gens impliquais dans ces affaires sont des gens de pouvoir !! ca ne serai ni la premiere fois ni

1. Les fautes d'orthographes ont volontairement été conservées.

la derniere, tu es bien placé Karl pour le savoir n'est-ce pas!Patricia et Viky disent la verite lorsqu'elles affirment s'être rendues avec moi dans des soirées sado maso a ces soirees été present Mr Machin. Mr Bidule ainsi que d'autres gens de la bourgeoisie Toulousaine, lors de soirees tout le monde s'envoyé de la cocaïne a qui mieux mieux il arrivait que certaines soirees derapent Patricia ainsi que d'autres filles en ont fait les frais...! On me reproche d'avoir comis des assasinats pour le compte d'autre personne, tu sais Karl c'est une spirale infernale! Martinez Claude le travesti participe parfois a des soirees au court desquelles des films ont étés réalisé par lui en camera caché, c'étais sa lubie son fantasme! mais un soir il m'a propose de m'associe avec lui afin de faire chanté tout ce beau monde. Je lui répondu que ce n'étais pas une decision a prendre a la legere qu'il ne fallait pas se precipite que j'allais y reflechir! il m'a ecouté ne sachant trop comment s'y prendre. Peu de temps après une soirée a eu lieu dans une maison de Maitre non loin de Toulouse. Patricia, Mr Machin, Mr Bidule et moi même ainsi que deux couples s'y trouvaient, j'ai donc soumis le probleme a Mr Machin et Mr Bidule après concertation j'ai été chargé d'alle recuperer les cassettes en question et de faire taire Claude Martinez. Ce que j'ai fais. Après avoir visionne avec Lakdar toutes les cassettes et trouve celle que l'on cherchait, j'ai chargé Lakdar d'alle les remettre a Mr Bidule après avoir telephone a ce dernier en lui disant "j'ai enfin trouve les livres que tu cherchais chez un antiquaire". Le rendez vous pour la remise des cassettes s'est fait a St Sernin. Lakdar en ai revenu en me disant "c'est bon tout est rentré dans l'ordre". Voilà Karl pour cet episode. S'agissant du meurtre de Line Galbardi, Line a été tue parce qu'elle aurait assisté au meurtre d'une autre prostitue, elle a prit peur et c'est confier a Truc un soir de ramassage d'enveloppe en lui parlant egalement de mon trafic de cocaîne et d'armes avec Lakdar. Truc est venu m'en informé le lendemain que l'affaire été très chaude, qu'il fallait que je l'élimine et que l'affaire serait classée, il pensait qu'il ya avit trop de monde en jeu et qu'elle ne tiendrait pas le coup. Je l'ai fais a l'hotel de l'Europe en présence de patricia Viky ainsi que Lakdar. Tu sais Karl la police veille... ! Karl entre nous il se peut même que Viky nous ai fait un petit Bidule mais ca reste entre nous! Je sais que tu feras bon usage de ces revelations! »

Face aux caméras, Karl Zéro a pris soin de ne pas révéler le nom des personnalités ainsi mises en cause. Il a remplacé leurs identités par « M. Machin », et « M. Bidule ». Des précautions inutiles. Dans l'après-midi, comme il l'avait fait lors de sa prise de position dans le journal de TF1, Dominique Baudis réagit immédiatement. Sans que son nom ne soit cité publiquement, il a pris ces révélations comme de nouvelles attaques contre lui. Il dénonce, cette fois, une « machination politique ». Son avocat, Me Francis Szpiner, demande la mise en examen de l'ancien maire de Toulouse, « pour avoir accès au dossier d'instruction ». « C'est le seul moyen de lutter à armes égales contre ceux qui utilisent la calomnie », argumente l'avocat qui parle « d'accusation hallucinante ». Dans la foulée, écrasés par une masse de journalistes qui ont pris leur bureau d'assaut, Mes Pierre Alfort et Laurent Boguet donnent une conférence de presse dans laquelle ils confirment la nature des aveux que Patrice Alègre a concédés vendredi devant le juge Lemoine, et indiquent que le contenu de la lettre lue par Karl Zéro sur Canal+ est « en conformité » avec ses déclarations officielles, judiciaires, de l'avant-veille.

Les témoignages de Patricia et Fanny paraissent incontestablement crédibilisés. La tourmente devient cataclysme. « Nous sommes dans une situation effarante, remarque Me Georges Catala, l'avocat de la famille de Line Galbardi. Pendant longtemps, nous étions peu nombreux à expliquer une situation qui nous paraissait être d'une énormité telle qu'elle était insupportable. Ces filles ne pouvaient pas avoir tout inventé. » Pour les avocats de Patrice Alègre, il s'agit d'en finir avec les « faux prétextes ». « Il va falloir rapidement passer le cap des complots imaginaires et s'intéresser véritablement au fond du dossier », prévient Laurent Boguet. Mais c'est cette parole qui va maintenant être attaquée et fragilisée. De tous côtés. Passé l'impact provoqué par les aveux judiciaires et télévisuels, les contradictions du tueur en série dans sa confession sautent aux yeux des observateurs. En premier lieu, Alègre évoque la présence de Patricia lors de la discussion qui aurait scellé le sort du travesti Claude Martinez avec les supposés commanditaires. Or, c'est Fanny qui a témoigné sur ce point et rapporté une discussion à peu près identique, le 10 avril, devant le juge Lemoine. Alègre indique ensuite avoir confié les cassettes vidéo à Lakhdar Messaoudène. Impossible : celui-ci, arrêté le 24 janvier 1992 pour proxénétisme, était en prison quand le meurtre du travesti a été commis fin février 1992. Confusion de souvenirs ou mensonges éhontés ? Cependant, le tueur n'a pas pu inventer certains détails du fond de sa cellule en confirmant les déclarations de Fanny et de Patricia – des femmes qu'il n'a pas croisées depuis dix ans –, notamment sur les circonstances du meurtre de Line Galbardi. Sauf à penser qu'il a pu avoir une lecture du dossier, hypothèse improbable, la concordance des différents témoignages est troublante. Autre détail étonnant : dans sa lettre, Patrice Alègre désigne Fanny sous le sobriquet de «Vicky», connu jusqu'alors des seules personnes qui ont croisé la jeune femme dans sa vie antérieure. Preuve que tous deux se connaissaient. Ces questions n'ont pas le temps d'apparaître, que l'affaire connaît un nouveau prolongement : juste après la lecture de la lettre par Karl Zéro, se sachant nommé, Dominique Baudis choisit *Le Figaro* et l'AFP pour confirmer par la voix de son avocat qu'il souhaite être mis en examen. Me Francis Szpiner laisse alors tomber une phrase étrange : « À ma connaissance ils ne se connaissaient pas », avance-t-il prudemment. Dans le même temps, « Dominique Baudis qui voyait jusqu'à présent un lien entre sa mise en cause et la lutte qu'il avait engagée contre la pornographie à la télévision, pense finalement que cet acharnement serait dû aux "responsabilités politiques qu'il a occupées à Toulouse" ». Un autre combat commence.

La théorie du complot

Les doubles « aveux », judiciaires et télévisés d'Alègre ont dopé le rythme de l'affaire. L'enquête s'active à évaluer les contradictions relevées dans les accusations faites par le tueur. L'instruction s'applique à verrouiller les circonstances de l'arrivée de l'histrion Djamel. Dominique Baudis liste « sur un agenda » les articles publiés, les rumeurs qui lui parviennent, les propos qu'on lui rapporte. Marc Bourragué et Jean Volff se tiennent cois. Silence radio côté police. Les médias analysent à tour de bras et investiguent tous azimuts. La ville est la proie d'un étrange syndrome, elle vit dans et par l'affaire ; de la table familiale aux conversations de bistrots, sans parler bien sûr de l'incontournable « dîner en ville », Toulouse en pleine catharsis patauge dans un maelström nauséabond.

En l'espace de huit semaines, les événements se télescopent à une vitesse folle. Depuis la mi-avril, les investigations en cours et l'instruction ne suffisent plus à rythmer le temps judiciaire. Les médias sont entrés dans la valse, et le tempo s'en ressent.

« La face cachée de la Ville rose », « Toulouse étouffe », « La tragédie Baudis ». En quelques semaines, au gré des manchettes des journaux, l'affaire Alègre a pris dans la presse et les médias en général une dimension nationale, voire internationale puisque même des journalistes du célèbre et emblématique journal américain *New York Times* feront le voyage. C'est dire le retentissement de cette histoire au parfum de scandale sulfureux qui mêle tous les ingrédients d'un incroyable feuilleton dramatique : meurtres, vidéos, sexe, argent, drogue, notables.

La première accélération remonte au 9 avril quand Patricia a accepté de se confier à *Sud Ouest*, pour confirmer ses accusations et expliquer pourquoi elle parle enfin après tant d'années de silence. Dès le jour de la parution de l'article, tout se passe comme si chacun voulait son bout de scoop. Visage masqué, l'ex-prostituée s'exprime sous le contrôle de son avocate, qui reçoit chacun son tour dans son cabinet les journalistes qui patientent dans la salle d'attente. Les uns sont là « pour un son », les autres « pour l'image », d'autres encore pour y être. Tous pour en avoir un peu plus. Patricia enchaîne. Elle dit et redit sa peur toujours présente, insiste sur la persévérance des gendarmes et détaille les sévices dont elle a été victime dans le sillage de Patrice Alègre et de Lakhdar Messaoudène, le proxénète. Face aux journalistes, elle dessine les contours des milieux de la prostitution au début des années 1990, à Toulouse, et évoque ces soirées sadomasochistes où des filles « essayées et dressées » par le tueur en série auraient été malmenées, torturées, dans des endroits fréquentés par « des personnalités », au cours desquelles circule de la cocaïne. Mais Patricia ne dit rien publiquement sur les personnes qu'elle accuse. Elle laisse alors entendre leur qualité, policiers ou magistrats, notables, mais réserve les noms, dit-elle, pour le secret de la procédure. La course aux témoignages est engagée. Au gré des divulgations de certains éléments de l'enquête, les articles fleurissent. Notamment sur les lieux supposés des parties sadomasochistes dénoncées par les prostituées. Parce qu'il est écrit, quelque part dans la procédure, que les bacchanales avaient lieu « dans un château près de Salies-du-Salat », une partie de la presse tombe à bras raccourcis sur la commune d'Arbas, en Comminges, où est localisée une maison de maître appartenant au service social de la mairie de Toulouse. Les habitants voient débarquer des cohortes d'envoyés spéciaux. Ont-ils vu ou entendu des allées et venues suspectes, pensent-ils que « le château » pouvait abriter des séances spéciales ? La machine est lancée. Chacun veut son témoin, son détail de plus. C'est la chasse à l'info autant qu'à son cortège d'improvisations, puisque « le château d'Arbas » n'était qu'une ruine en 1992, date supposée de ces orgies décadentes. Mais tout va définitivement exploser avec la prestation télévisée de Dominique Baudis, au 20 heures de TF1. La nouvelle qui se répand dans l'après-midi amène France 2 à fourbir ses armes pour réagir dans l'instant. Le journal de la chaîne publique aura lui aussi son titre sur l'affaire Alègre. Mais sous l'angle de la prostituée qui accuse. On joue l'actualité chaude. Le président du CSA se justifie sur le plateau de la concurrence ? Il aura la réponse dans la minute sur « la 2 ». La direction de la rédaction décide de diffuser une interview de Patricia, réalisée quelques jours auparavant et destinée au départ à une exploitation ultérieure dans le cadre d'un « Envoyé spécial », supposé être diffusé avant les vacances d'été ou à la rentrée. Qu'importe l'engagement de départ, l'occasion est trop belle. D'autant que dans l'entretien, Patricia répond à une question directe de la journaliste, sur l'implication de Dominique Baudis. De dos, le visage toujours masqué par un foulard, l'ex-prostituée ne prononce toujours pas de nom, mais confirme celui qui lui est cité, et lâche un simple « oui ». De ce jour, l'instruction de l'affaire Alègre, qui a déjà largement quitté le secret des bureaux des différents juges d'instruction, va se faire en temps réel sur la place publique. Délicat, forcément. D'autant qu'entre les vraies fuites, les interprétations, les propos vraiment tenus, partiellement rapportés, largement enrichis, il faut sans cesse reconstituer un canevas dont on sait qu'il sera toujours partiel, contradictoire, et nécessairement contesté parce que contestable. Le bain de la pataugeoire est d'autant plus trouble que tous les protagonistes ne poursuivent pas les mêmes buts.

La quadrature institutions-avocats-journalistes-témoins tourne à plein régime. Le temps judiciaire est bousculé. Les enquêteurs sont sommés de se démultiplier, engageant une course contre la montre, au détriment parfois des priorités qu'ils s'étaient fixées. Selon qu'ils défendent une prostituée ou un mis en cause, les avocats ont des objectifs contradictoires. Les journalistes sont en situation de concurrence. Quant aux témoins, mieux vaut savoir distinguer ceux qui ont été entendus par les gendarmes, de ceux qui ne les ont pas encore rencontrés.

Délires journalistiques, enquête atomisée…

Le « rebondissement Djamel », devenu depuis « le travesti mythomane », est appelé à devenir un cas d'école. Le parasitage des médias va atteindre son paroxysme avec son arrivée dans le paysage de l'affaire. Son irruption audiovisuelle pèsera ensuite durablement sur l'enquête et l'instruction. Dans la course à l'info, Djamel est un bon client. Son corps porte encore les marques de brûlures de cigarettes et de coups, et il profère les mêmes accusations que les ex-prostituées, Fanny et Patricia. Voilà qui suffit à rendre son récit déterminant, comme la mise en scène de l'info peut le laisser croire. Quand la rédactrice en chef du service « société » de TF1 est interrogée par les gendarmes sur les conditions d'enregistrement de ce témoignage, elle explique qu'« un doute est né dans son esprit ». Depuis Paris, elle téléphone à Djamel : « J'avais le sentiment que quelque chose ne cadrait pas. Les vérifications effectuées sur ses déclarations n'étaient pas confirmées par des preuves matérielles. J'ai cherché à le confondre ». La journaliste tend un piège à Djamel en lui demandant un détail sur le fameux château d'Arbas qu'il ne pouvait pas avoir raté : « Il n'a pas pu me répondre. J'ai compris à qui j'avais affaire et j'ai coupé la communication. Je me suis alors demandé comment on pouvait en être arrivé là. Je me suis dit qu'on s'était fait avoir », raconte-t-elle. Il manque cependant un point dans l'audition : les gendarmes ne lui demandent pas quand elle a téléphoné à Djamel pour « se débarrasser des doutes ». Avant ou après le passage à l'antenne du reportage ? Si c'est avant, on peut s'interroger sur l'opportunité qu'il y a à maintenir la diffusion d'une interview dont on sait « qu'on s'est fait avoir » en la recueillant. Si c'est après, il est trop tard pour vérifier. France 2 est à la remorque. La journaliste de la chaîne est « branchée » alors que l'interview de TF1 est déjà dans la boîte. Par précaution, elle appelle l'avocate de Djamel « pour lui parler de ce contact » : « Elle m'a mis un peu en garde sur sa personnalité en me disant qu'il avait dit qu'il était le fils de Michael Jackson ». Tout est dans le « un peu » car personne n'entrera davantage dans le doute quand Djamel explique en « off » (heureusement) qu'il a croisé Jacques Chirac et Nicolas Sarkozy dans ces soirées. Le jeune travesti en rajoute. C'est au cours de l'une d'entre elles, supposée s'être déroulée dans une maison près de Toulouse (où les journalistes amènent Djamel, et non pas le contraire) que la petite Marion a d'abord été étranglée par Patrice Alègre, mais comme elle vivait encore, c'est lui qui a été chargé d'aller chercher le couteau qui servira à l'égorger. C'est du Tintin trash qui tourne au gore quand Djamel et Patricia – qui elle aussi est sur place – estiment à « environ 100 à 150 personnes, enfants, prostituées et autres » les victimes des soirées qui se sont déroulées dans cette fameuse maison. « Nous avons compris qu'ils déliraient », souligne la journaliste devant les enquêteurs. Dont acte. Mais c'est donc un témoin « délirant » dont on doute tout de même « un peu », que France 2 balancera à l'antenne le samedi soir. On fait l'impasse sur Chirac et Sarkozy, sur les « environ 100 à 150 morts », mais on fera bingo sur la petite Marion… La courbe de l'audimat n'a pas de conscience.

Les mensonges et les exagérations délirantes du jeune travesti vont atomiser l'enquête. Le retour de bâton est à la mesure de ses accusations énormes qui ne vont pas tarder à se dégonfler. Placé en audition simple le 22 mai, c'est-à-dire le matin qui précède la diffusion de son interview par TF1, Djamel sera réentendu en garde à vue le 26 mai, après la réédition de cet épisode pitoyable sur France 2. Mis à la question, le jeune travesti avoue avoir tout inventé. Après avoir réitéré ses aveux devant la juge Nicole Bergougnan, il est mis en examen et écroué le soir même. Au passage, il met en cause Patricia qui lui aurait soufflé son témoignage, en lui fournissant notamment une liste de noms à ne pas oublier, et certains détails à corroborer. La jeune femme s'en défend partiellement et se fait à son tour piéger. Quelques semaines plus tard, elle sera mise en examen pour « complicité » des faits reprochés à Djamel et écrouée à son tour. Les conséquences ne sont pas neutres. On ne saura sans doute jamais si elle a amené Djamel à parler pour conforter cyniquement son propre mensonge, ou au contraire pour tenter maladroitement de donner plus de crédit à sa vérité. Quoi qu'il en soit, la parole des ex-prostituées est mise en doute et, partant, toute l'affaire vacille. Sans caméra, le cas Djamel serait resté un épiphénomène. Mais la caution donnée par les télévisions, avant que les gendarmes eux-mêmes n'aient eu vent de ses pseudo-révélations, pose problème. Comment des journalistes ont-ils pu tendre un micro à un inconnu sans vérifier qui il était, mesurer sa crédibilité, et évaluer l'incidence de ses propos avant de les diffuser ? La question est d'autant plus pertinente que Djamel s'était déjà signalé quelques mois auparavant, auprès de la rédaction paloise du quotidien Sud Ouest, où il s'autoproclamait « fils caché de Michaël Jackson », ce que TF1 ignorait, certes, mais dont France 2 avait été « un peu » prévenue. Quant à connaître la nature et l'origine exactes de l'apparition de Djamel dans le paysage de l'affaire – ou inversement – la question est toujours en suspens. Djamel a tout d'abord assuré qu'il avait rencontré les médias sur les conseils de son avocate du moment, Me Florence Hégoburu. L'avocate paloise qui, à cette étape de l'enquête, assure encore la défense de Patricia. Il indique, en vrac, avoir choisi de se montrer « pour faire tomber » un membre de sa famille qu'il accuse de pédophilie, « pour se protéger » d'on ne sait quelle force occulte, mais aussi parce qu'on lui aurait promis de l'argent. Qui a mis en relation Patricia et Djamel, cette interrogation importante n'a pas été vraiment tranchée. Un point en tout cas paraît à peu près sûr : la rencontre se serait faite à Pau, au milieu du mois de mai. Djamel aurait croisé et reconnu Patricia, avant d'aller vers elle pour évoquer leurs expériences communes. Ce que confirme Patricia, en expliquant qu'elle était allée ce jour-là chez son avocate, qui était alors en rendez-vous et lui a demandé de repasser plus tard. Autre question non résolue : le travesti a-t-il pu être manipulé pour faire diversion ? Et par qui ? S'il s'agit d'un stratagème, il a parfaitement fonctionné. Mais l'histoire peut s'avérer beaucoup plus simple : il s'agit de la détresse d'un enfant perdu qui a eu la naïveté de croire qu'il pourrait enfin exister en touchant à son « quart d'heure de célébrité ». Un mirage d'autant plus accessible que les caméras, en retour, cherchaient « le bon client ». Pour rajouter au trouble, avant de mourir dans des conditions très particulières, Djamel est partiellement revenu sur ses accusations contre Patricia qui avait admis l'avoir incité à témoigner. « C'était le témoin idéal pour donner du crédit à ce que je ne pouvais pas prouver », a-t-elle lâché devant le juge. Coupable d'avoir voulu en faire trop, d'avoir voulu entrer dans ce qu'il croyait être un jeu. Tous deux ont été libérés après un mois et demi de détention, mais cette « affaire dans l'affaire » a fragilisé la fiabilité des témoignages des ex-prostituées, et les personnes incriminées de faire valoir leur statut de victime. Les médias peuvent servir de révélateur. Ils peuvent aussi tout compliquer. Reste qu'au gré des développements de l'affaire Alègre, tous les protagonistes, mis en cause ou victimes, les auront abondamment utilisés. Chacun à son rythme. Tous les lundis, des Airbus atterrissent à Toulouse-Blagnac pour déverser un flot de journalistes arrivant de la capitale, lesquels, le vendredi venu, repartent en sens inverse par la même navette. Que leur est-il demandé ? D'enquêter, bien sûr, avec obligation de résultat. En l'espèce, d'apporter « le petit plus » que le concurrent n'est pas parvenu à dégotter. Bilan de l'opération, l'affaire est ressassée et le petit rien devient l'événement. Certains dans la presse écrite, prennent du recul. « Faut-il croire à l'affaire Baudis ? », s'inquiète *Marianne* qui, dans sa livraison du 9 juin, débarrasse méthodiquement le dossier de toutes ses scories, et tente de remettre l'affaire sur son vrai terrain : les faits. « Machination ou scandale ? » L'enquête, pour l'instant, ne repose que sur les déclarations de deux prostituées et sur les affirmations d'un tueur en série. Plus de dix ans après, les preuves matérielles, elles, manquent à l'appel. Reste la rumeur. Pour rassembler les éléments matériels, le temps judiciaire a des exigences qui s'accommodent mal avec les impératifs du 20 heures, ou de l'édition du lendemain. Faute de concret, les journalistes travaillent aux marges. *Le Parisien* ouvre le feu sur l'énigmatique « maison du lac », supposée avoir été un des lieux où les notables locaux se baladaient la culotte à la main. Comme son appellation médiatique le laisse deviner, cette élégante villa située à une trentaine de kilomètres de Toulouse, est bordée par une pièce d'eau. C'est là, dans cet étang, qu'aurait été jeté, les pieds dans un seau de ciment, le corps d'une prostituée assassinée par Patrice Alègre et Lakhdar Messaoudène, sous les yeux de Line Galbardi et de Patricia. *Le Parisien* explique que « dans une tourelle des points de fixation d'un chevalet de torture ont été retrouvés, ainsi que des indices attestant que des soirées sadomasochistes avaient pu être organisées en ces lieux. Dans une petite chambre baptisée “la chapelle” des pitons de fixation, dont la disposition laisse à penser qu’on pouvait y attacher une victime, ont été retrouvés par les nouveaux propriétaires». Citant plusieurs témoins ayant connu l’ancien propriétaire (un ex-restaurateur homosexuel à la double vie, reconverti dans le monde de la nuit et décédé au mois de mai), Le Parisien assoit son sujet en laissant par ailleurs deviner que les gendarmes ont investi ce lieu: «Il s’est passé des choses dans cette maison», souligne un responsable de l’enquête». Du ferme et du définitif? Non: «des vérifications sont en cours, concède l’un des patrons de la Section de recherches des gendarmes». En réalité, cette information n’aura qu’un impact limité. En ce 4 juin, la presse est ailleurs: le bureau du juge Lemoine a été «visité» pendant le week-end de l’Ascension. C’est cet événement, révélé par *Le Figaro* et *La Dépêche*, qui préoccupe les commentateurs, d’autant que le procureur de la République publie un démenti le jour même: «C’est la femme de ménage», explique-t-on en substance. Mais le juge est plus dubitatif. On n’a d’ailleurs jamais interrogé ladite femme de ménage pour savoir comment elle était parvenue à déverrouiller le code de la photocopieuse du cabinet d’instruction. Ni pourquoi elle s’est amusée avec les tampons encreurs. L’ennui, sans doute. Pour autant, l’article du *Parisien* n’est pas resté lettre morte. C’est *Le Monde* qui se colle à la remorque de «la maison du lac». «Les gendarmes sont parvenus à reconstituer un maillon important de la chaîne qu’ils remontent pour retrouver des éléments matériels susceptibles de confirmer les affirmations des anciennes prostituées», attaque d'emblée le quotidien du soir. Balayés, *Le Parisien* et ses vérifications en cours. *Le Monde*, lui, est dans «le maillon important». Rien à voir avec la surenchère dévastatrice qui a opposé TF1 et France 2 autour du travesti, mais on reste dans une espèce de «syndrome Djamel», puisqu'il est précisé que «des fixations d'anneaux étaient situées bas, à hauteur d'enfant». Le journal nous explique que «la nouvelle propriétaire a déclaré aux gendarmes» avoir enlevé des moquettes aux tons gris «couvertes de taches brunâtres qu'elle a identifiées comme du sang séché». A-t-on sacrifié les enfants attachés aux anneaux? Là, *Le Monde* n'en est pas très sûr parce que les enquêteurs eux-mêmes hésitent un peu: «Les gendarmes sont convaincus qu'outre les soirées sadomasochistes, ce qu'ils appellent des "messes rouges" (sic), avec sacrifices d'animaux se tenaient dans la maison». Des canards gras? *Le Monde* a même retrouvé des gens ayant constaté que «la maison restait éclairée et illuminée avec des lampions certaines nuits jusqu'à très tard». Des habitants qui font état «de bruit, de musique baroque et de cris». Les propriétaires, nous fait encore savoir *Le Monde*, ont porté «à plusieurs reprises des draps ensanglantés», à la lingerie de l'hôtel du coin «pour y être lavés». La séduisante thèse de «Vampirella au lavomatic» va hélas subir un revers sur les ondes de Sud Radio. Le lendemain de la parution de l'article, un simple coup de sonnette a suffi à Jean-Wilfried Forquès. Le reporter de la station s'est tout simplement rendu chez les personnes qui ont occupé les lieux de 1988 à 1998. De la moquette tachée de sang? Pas vraiment, juste une fuite d'eau qui faisait une auréole. Des anneaux à hauteur d'enfant ? Jamais vus. Quant à savoir ce que les gendarmes appellent des « messes rouges », on restera sur sa faim, parce que les propriétaires ont certes vu les enquêteurs repartir avec de vieilles photos, mais certainement pas avec la conviction que des sabbats « baroques » se déroulaient dans les lieux. Aussitôt publié, aussitôt démenti : *Le Monde* encaisse un désaveu cuisant dès le lendemain. Michel Bréard, le procureur de la République de Toulouse, ne laisse pas passer « ces soi-disant informations (et) dément formellement les prétendues constatations contenues dans cet article ». L'affaire n'en restera pas là et produira quelques dégâts collatéraux. Sur plainte des anciens occupants des lieux, présumés avoir prêté leur maison pour qu'on y assassine des enfants, les auteurs de l'article seront mis en examen, ainsi que Jean-Marie Colombani, directeur général du quotidien « de référence ».

Baudis contre-attaque

Le terrain devient glissant. La course au scoop a déjà produit trop de dégats. Il y a de l'énervement dans l'air. Pour faire front, Dominique Baudis a rassemblé tous ses fidèles autour de lui. Il a aussi écarté tous ceux qui lui paraissent avoir commis une faute à son égard. Depuis qu'il a choisi lui-même d'entrer en scène dans l'affaire Alègre, il ressent le trouble qui gagne le cœur de l'hôtel de ville du Capitole, là où l'ancien maire a régné dix-huit ans. L'atmosphère y est devenue pesante, car Dominique Baudis, bien que n'ayant pas un mandat électif, a conservé ses réseaux et fait comprendre à tous qu'il fallait choisir son camp, la moindre hésitation étant considérée comme une marque de défiance. Le premier à en avoir fait les frais n'est autre que son successeur, Philippe Douste-Blazy. Certains n'hésitent pas à dénoncer publiquement la « mollesse » de son soutien à Baudis. Dans les réunions internes de l'UMP, le ton est plus vif, « On se parle en famille, et parfois les propos ont vraiment dérapé », précise un des participants. Un collaborateur UMP du groupe municipal, Xavier Eychenne, dont la langue était trop bien pendue est licencié. Cet agent hospitalier s'est laissé aller, autour d'une machine à café, à des propos jugés scandaleux, et de nature à entretenir la rumeur. Philippe Douste-Blazy fait partir un communiqué glacial : « Un collaborateur de la majorité municipale a été licencié pour rupture de confiance et exclu de l'UMP pour avoir activement tenu des propos calomnieux à l'égard de Dominique Baudis et de son épouse ». Philippe Douste-Blazy est d'autant plus empressé à « sceller le sort de cette victime expiatoire », qu'il a lui-même été mis sur la sellette par Dominique Baudis « coupable à ses yeux d'avoir omis de l'informer quand son nom était cité dans les procès-verbaux des auditions des prostituées ». Le message qu'entend alors faire passer Dominique Baudis est à peine codé : « On est avec moi, ou contre moi ». À la mairie de Toulouse, l'ambiance devient exécrable, de vieilles haines cuites et recuites, remontent.

Au Capitole existe en effet une fissure qui partage en deux les élus et même le personnel municipal : les durs, les mous. Dominique Baudis s'est entouré de plusieurs « faucons », dont Serge Didier, actuel n° 3 de l'équipe municipale, qui fait la police dans son camp et désigne nommément ses collègues jugés trop timides. C'est ce groupe qui a ainsi imaginé la thèse du fameux « complot » de *La Dépêche.* Au Capitole, malheur à ceux qui sont surpris en train de lire des journaux qui déplaisent. « Nous ne parlons pas à la presse, on nous en a donné l'ordre formel », affirme une conseillère pour couper court. Cette consigne d'omerta a été décidée en petit comité, seuls cinq adjoints s'y étaient opposés. Un de leur collègues, loin des murs du Capitole, en sourit : « On ne pourra pas fermer les portes et les fenêtres trop longtemps ». En bon soldat Douste réaffirme à plusieurs reprises sa « confiance » envers Dominique Baudis et multiplie les gages de fidélité, que ce soit devant les militants UMP ou devant l'association baudisienne «Toulouse pour tous ». L'éviction de Michel Valdiguié, maire adjoint UDF depuis trente ans, de l'Office du tourisme de Toulouse qui, après changement de statut, est passé aux mains de Florence Baudis, est interprétée comme un nouveau gage de bonne volonté. Rien à voir bien sûr avec « l'affaire », mais en tout cas cette péripétie et les mots très durs échangés à cette occasion, révèlent un climat général particulièrement tendu. Ambiance...

La machination du lobby pornographique a vécu, les forces obscures ont pris un nouveau visage. Mais pour Dominique Baudis l'image est encore un peu floue : l'horreur vient peut-être des syndicalistes FO contre lesquels il est entré en guerre en 1998 après avoir constaté, au terme de plusieurs mois de « rumeurs » colportées par la presse locale, que certains avaient abusé des finances du service social des employés municipaux. On en restera là, car très vite une autre éventualité se fait jour : peut-être s'agit-il d'un complot médiatico-politique orchestré par *La Dépêche du Midi*, dont le PDG est Jean-Michel Baylet, président du

Parti Radical de Gauche (PRG) et du conseil général de Tarn-et-Garonne. En d'autres termes, Dominique Baudis, « centriste de droite » soupçonne un « ennemi politique » d'être à l'origine de « la saloperie ». « Ridicule monsieur Baudis », plaide le patron de *La Dépêche* dans un éditorial, « s'il ne s'agissait d'une affaire aussi grave, nous pourrions rire d'un tel acharnement à vouloir débusquer des complots partout. Je peux comprendre vos difficultés et même vos souffrances. Est-ce pour autant une raison de diffamer ? ». La compassion de l'homme de presse ne suffira pas à tempérer la conviction de Dominique Baudis qui, jusqu'à ce jour tout au moins, n'a pas décoléré à son encontre. Cette thèse du complot politique conduit par Jean-Michel Baylet est d'autant plus séduisante, qu'elle vient en appui direct d'une accusation proférée par l'ancien substitut Marc Bourragué qui, lui aussi, accuse le patron de *La Dépêche* de vouloir prendre une revanche. Elle sera relayée par certains journaux parisiens, *Le Monde* en tête, invoquant au passage une pseudo-rivalité politique entre Dominique Baudis et Jean-Michel Baylet qui n'a jamais existé. Pour cause, les deux hommes n'ont jamais chassé sur les mêmes terres d'élection. Mais le président du CSA a trouvé sa cible et son angle d'attaque. Personne pourtant dans son entourage, pas même son avocat, n'expliquera comment cette machination de *La Dépêche*, relayée et appuyée par Karl Zéro n'a été déjouée par les gendarmes enquêteurs tout d'abord, par les juges d'instruction ensuite, par le parquet et le parquet général pour finir. Complices ou incapables ? À l'époque la thèse de la manipulation ne soulève pas toutes ces questions. Les médias l'évoquent, certes, mais « zappent » et considèrent, comme Philippe Douste-Blazy le résume, que « Dominique Baudis est un homme blessé, qui souffre et cherche une explication ». Mais les faits sont ailleurs. Le 17 juin, on apprend que Patrice Alègre va être prochainement mis en examen pour le meurtre, en novembre 1987, de Hadja Darolles, la jeune femme de 26 ans retrouvée suicidée avec un lacet autour du cou, un couteau dans la carotide et une couche-culotte dans la bouche. Le 18 juin, sous le titre explicite « Lacunes, erreurs et escamotages ponctuent la procédure », *Le Figaro* démontre qu'il n'est pas besoin d'invoquer les fils invisibles de la rumeur, manipulés par un marionnettiste tapi dans l'ombre, pour donner corps au malaise ambiant. « En épluchant les dossiers des homicides commis par Alègre, apparaît une succession de fautes professionnelles des policiers, d'erreurs flagrantes des magistrats et de disparitions de pièces cruciales pour l'enquête », indique le quotidien. Dans leur ensemble, les journaux ont compris qu'il fallait revenir au contenu de l'enquête. C'est en puisant dans cette matière que *Libération* présente une des ombres du dossier : Fanny, l'inconnue omniprésente, concède une interview. Cette jeune femme, âgée de 30 ans à peine, était déjà sur le trottoir au début des années 90. C'est elle qui, alors qu'elle était encore mineure, dit avoir été victime des turpitudes présumées de Marc Bourragué. Plutôt que de s'enfoncer dans les sables mouvants du bien-fondé des accusations qu'elle profère, l'article gomme tout commentaire. La journaliste porte la parole de Fanny et livre un autoportrait douloureux, beaucoup plus parlant que ne l'aurait été une dissertation appliquée et prudente sur les termes de son témoignage. Porté sur un autre registre, grisé par le scoop dont il a bénéficié en étant destinataire de la lettre d'Alègre, l'animateur Karl Zéro se pique de jouer les journalistes et se lance un défi. L'homme au « bidule » s'essaie à un « grand chelem » dont il est d'ailleurs le seul challenger : avoir tour à tour sur son plateau, et en exclusivité, bien sûr, les quatre prostituées qui ont témoigné. Régulièrement convoquées au palais, Fanny et Patricia, très exposées par l'enquête en cours, sont déjà connues du public. Mais « Laurence » et « Nadia », plus discrètes et néanmoins immergées à des degrés divers dans le dossier, entrent également dans la cible du «Vrai Journal». Suivra une épopée qui relève de la course à l'échalote et du people gore pour s'achever sur un fiasco. Ces filles ne sont pas des bêtes de foire. Dans le même temps, Lakhdar Messaoudène fait son retour d'exil à grands coups de tambours médiatiques. Lakhdar Messaoudène est le proxénète désigné par Patricia et Fanny comme l'ordonnateur présumé du meurtre de Line Galbardi. « Nadia », une autre de ses anciennes « protégées », fait état, elle aussi, de sa présence à Toulouse le soir du crime. Messaoudène, condamné pour proxénétisme en 1992 et expulsé de France en 1995, « revient pour clamer son innocence », explique son avocat qui concède la couverture exclusive de ce come-back à LCI pour les images qui bougent et qui parlent, et à *Paris-Match* pour les photos et l'interview écrite. Arrêté à Nice, dès sa descente de l'avion, il lâche cette phrase énigmatique : « Le gendarme L. m'a auditionné et m'a demandé de me taire. J'ai été manipulé par une société pourrie ». Pour l'heure nul ne sait de quoi il parle. D'un gendarme, certes, mais que vient faire la gendarmerie dans cette galère ? Pas le temps de s'interroger. « L'affaire Djamel », dans laquelle est impliquée Patricia pour « complicité », revient à la surface. L'information ouverte pour « dénonciation de crime ou de délit imaginaire et témoignage mensonger », a donné lieu à trois plaintes avec constitution de partie civile, respectivement déposées par l'ancien substitut Marc Bourragué, l'ancien procureur général Jean Volff et Dominique Baudis. L'instruction de ce dossier a été confiée à la juge Nicole Bergougnan qui demande et obtient aussitôt son dessaisissement. «Attendu que M. Bourragué a exercé précédemment des fonctions au parquet de Toulouse et qu'au cours de cette période il a assuré le suivi du cabinet de Mme Nicole Bergougnan, l'impartialité de ce magistrat instructeur est susceptible d'être contestée », argumente le Parquet pour demander effectivement la désignation d'un autre juge d'instruction, le juge Thierry Perriquet. Mais *Le Figaro*, relatant cette étape, relève très finement un autre problème : « La juge ne peut à la fois enquêter sur une affaire dans laquelle Patricia est partie civile et sur une autre affaire où cette même ancienne prostituée est mise en cause ». Tout en constatant avec ironie une contradiction : le juge Thierry Perriquet instruit lui aussi l'affaire de viols, dans laquelle Patricia est effectivement partie civile. Le nouveau magistrat instructeur va donc se retrouver dans le même cas de figure. Mais, visiblement, au palais de justice de Toulouse, cela n'effraie personne. Pas même le juge Thierry Perriquet qui, puisqu'il n'a jamais travaillé sous le contrôle de Marc Bourragué, ne s'estime pas dans le besoin de faire valoir une « impartialité susceptible d'être contestée ». Me Raphaël Darribère, le nouvel avocat de Patricia, ne tardera pas à soulever cette ambiguïté. Un cas d'école ? La justice n'y verra jamais rien à redire. Le procès des médias est plus facile à instruire. Plus facile aussi de faire de l'affaire Alègre une construction intellectuelle, conçue par la presse autour des trois articles «fondateurs» publiés le 1er avril 2003 par *Le Figaro, La Dépêche* et *Sud Ouest*. «Les médias ont-ils dérapé ?», s'interroge *Le Figaro* qui constate : «Ils se sentent investis d'une mission : traquer les puissants pour que la vérité explose. Dans les milieux proches de l'enquête, on entend d'ailleurs les utiliser. Pour le meilleur : afin qu'il ne soit pas possible d'étouffer l'affaire ; ou pour le pire : afin de tester de nouvelles pistes et réactions, accréditer les dires d'un témoin, servir ou desservir les intérêts d'un protagoniste, d'un suspect, d'un ennemi». C'est en choisissant «leurs» journalistes que les mis en cause vont tour à tour et chacun à leur rythme, approcher les médias pour faire valoir leur point de vue. Le 18 mai sur TF1, tout en remerciant Claire Chazal de l'avoir accueilli sur son plateau, Dominique Baudis, le président du CSA, conclut en assurant qu'il ne fera pas d'autre déclaration. Il tiendra parole. À une exception près, cependant, *Paris-Match*, auquel il accorde une rencontre officialisée dans un article paru le 26 juin. Par un hasard de calendrier, le jour de publication de cet article coïncide avec ses premières – et uniques – déclarations publiques, consenties au sortir de la première confrontation organisée par la justice entre le président du CSA et l'une de ses accusatrices, en l'occurrence Patricia. Pour autant, si aucune interview au sens strict du terme n'est effectivement jamais diffusée ou publiée, Dominique Baudis recevra en «off» les représentants de plusieurs supports. Est-il en colère contre «la presse» ou en veut-il à certains journalistes ?

La réponse est délicate. La seule source à ce sujet est le même *Paris-Match* qui écrit : « Tous ceux qui ont voulu salir son honneur, il les fera payer au prix le plus fort, et il les tuera moralement et professionnellement ». Quant à la cible visée par le maire honoraire, on croit la deviner un peu plus loin : « Il lit tout, écoute tout, voit tout. Les bons et les méchants sont recensés dans un petit carnet bleu. Il y note des noms de politiques, mais son carnet est surtout rempli de noms de journalistes. Dans la cohorte de ceux qui suivent l'affaire, seuls cinq d'entre eux trouvent grâce à ses yeux ». L'article, on le voit, ne délivre aucun message subliminal. Qui oserait comprendre qu'il reste encore de la place dans ce carnet tenu « d'une petite écriture précise » ? Jusqu'à la date de cette publication, la défense médiatique de Dominique Baudis passe par le canal de son avocat, Me Francis Szpiner. L'ancien député-maire de Toulouse bénéficie du soutien spontané d'un de ses anciens collaborateurs, Claude Llabres, qui prend la tête d'un « Comité pour la vérité, contre la calomnie et pour l'honneur de M. Baudis », créé le 16 juin. Assis à la terrasse d'un café de la place du Capitole, il reçoit les nombreux reporters qui se succèdent à Toulouse. De là, il démonte « le ramassis de mensonges », n'hésitant pas à citer les noms de journalistes locaux, responsables à ses yeux d'être « à l'origine » de toute l'affaire. L'ancien procureur général Jean Volff, pour sa part, nommé à la cour de cassation le 20 juin 2003, accepte de s'entretenir avec *Le Figaro* pour « contre-attaquer ». Concernant les origines du drame qu'il est en train de vivre, il émet trois hypothèses. Il se demande d'abord s'il ne s'agit pas « de policiers compromis (qui) voudraient allumer un contre-feu». Il évoque ensuite «Alègre lui-même (qui) aurait gardé une influence sur les ex-prostituées». Pour finir, lui aussi s'interroge sur l'hypothèse d'une «vengeance d'une certaine presse pétrie d'arrière-pensées politiques, qui n'est pas la piste la moins crédible». Il ne faut pas en déduire que Jean Volff se sent victime de ses engagements dans un quelconque parti mais, précise l'auteur de l'article, «c'est l'une des hypothèses avancées par Dominique Baudis». On ne sait trop à quel titre Jean Volff la reprend alors à son compte. Il acceptera de se livrer une nouvelle fois quelques mois plus tard, dans un entretien accordé au *Monde* où il attaque les enquêteurs et le procureur Michel Bréard: « La cellule Homicide 31 a perdu son sang-froid et manqué d'esprit critique; pour l'information judiciaire ouverte en avril le procureur de la République a pris ses responsabilités mais c'était une erreur sur le plan judiciaire», quant à son départ de Toulouse «Dominique Perben l'a lâché». Jean Volff estime en outre ne pas avoir été épargné «par des avocats, dont certains ont eu un comportement pas très déontologique». L'ancien procureur général a enfin l'occasion d'expliquer pourquoi «une certaine presse» lui en veut et évoque lui aussi *La Dépêche du Midi* «qui avait des comptes à régler avec la justice». Mais il émaille aussi et surtout cet entretien de petites phrases énigmatiques: «Il n'est pas exclu qu'il puisse y avoir des policiers ripoux, ou un substitut ripou». Et de poursuivre: «À Toulouse il y a eu dysfonctionnement de la justice et de la police. Quelques-uns ont pu se sentir menacés». Pour sa part, pendant de longues semaines Marc Bourragué laisse à son avocat le soin de dire qu'il n'a rien à dire.

Il cultive le silence jusqu'au 10 juillet, date à laquelle il concède une interview au *Nouvel Observateur.* Dans l'intervalle, il épluche tous les journaux et choisit de riposter judiciairement quand il juge que les passages le concernant sont diffamatoires ou de nature à porter atteinte à son honneur. Le jour où il consent à parler, il évoque in fine « une manipulation » après avoir assuré qu'il ne connaît ni de près ni de loin aucune de ses accusatrices. Comme son collègue Jean Volff, il donne une interview au *Monde* du 23 octobre, dans laquelle il dépose à son tour un caillou dans le jardin du procureur : « On n'ouvre pas d'information judiciaire sous la pression médiatique ». Il maintient ses suspicions quant à l'hypothèse d'un mauvais tour ayant des origines locales : « J'ai traité des dossiers touchant à un groupe de presse et un microcosme auxquels j'ai pu faire mal. Je m'étais également attaqué aux intérêts franc-maçonniques », expose-t-il en affirmant qu'il est victime d'un « montage ». Complot, manipulation, montage, règlement de compte : pour Dominique Baudis, Marc Bourragué etJean Volff, l'apparition de leurs noms respectifs dans le dossier résulte d'une gigantesque conspiration complaisamment relayée par un ou des médias. Mais si leurs avocats dénoncent « l'absence de matérialité des faits » qui salissent l'honneur de leurs clients, la « matérialité » du complot brandi comme explication tarde aussi à se faire jour. Par ailleurs, l'affaire Alègre est bien réelle dans les faits : des meurtres non élucidés par la police, des autopsies bâclées, des suicides qui se révèlent être des meurtres, des viols sans auteur, et un tueur en série qui vole des voitures, trafique de la came, porte des armes, castagne sa concubine sans jamais être inquiété. Autant de questions qui n'ont toujours pas de réponse.

L'ombre du milieu

L'affaire Djamel, la lettre à Karl Zéro, ont avivé des tensions qui ne demandent qu'à éclater. Mais la nouvelle sensation d'un dossier qui n'en est pas avare vient de la maison d'arrêt de Seysses où Patrice Alègre fait une brutale et spectaculaire volte-face. Dans une lettre datée du 17 juin, le détenu demande à Me Gilbert Collard, le très médiatique avocat marseillais, d'assurer désormais sa défense. Exit Pierre Alfort et Laurent Boguet qui accompagnaient le tueur en série depuis plus de six ans, et qui l'avaient défendu devant la cour d'assises de la Haute-Garonne en février 2002.

La lettre de désignation signée par Patrice Alègre n'a pas été envoyée par Patrice Alègre. Elle est sortie de la prison de Seysses via le courrier d'un de ses co-détenus du quartier d'isolement, Raymond Mihière. Ce dernier, selon Gilbert Collard, « a été très satisfait de (mes) services ». Il faut donc en déduire que ce client comblé s'est senti redevable au point de « recommander » le talentueux avocat à son compagnon de détention. Cette technique de désignation, qui consiste à envoyer « une lettre dans la lettre », et qui montre par ailleurs qu'à Seysses le quartier d'isolement n'est pas aussi hermétique que son appellation peut le laisser croire, n'émeut guère Me Gilbert Collard. Pourtant, le même, quelques jours plus tard, cherchera à savoir sur le ton de l'indignation, comment la lettre adressée à Karl Zéro est sortie de la prison. Décidément, depuis l'affaire de Carpentras, Me Collard cumule les tracas avec les enveloppes, même quand il est saisi à l'insu de son plein gré. Parallèlement, Patrice Alègre a écrit au nouveau procureur général de la cour d'appel de Toulouse,

Michel Barrau, arrivé en lieu et place de Jean Volff, « démissionné » un mois plus tôt par son ministre et « repêché » de belle façon par son administration qui le nomme, le 20 juin, avocat général à la cour de cassation : « Ce n'est ni une sanction ni une promotion », assure-t-on dans la hiérarchie judiciaire. Dans ce courrier, le tueur revient sur ses aveux en accusant en vrac, ses anciens avocats, le juge d'instruction Serge Lemoine et les gendarmes d'avoir fait pression sur lui pour qu'il endosse les meurtres de Line Galbardi et Claude Martinez. En l'espace de deux semaines, Patrice Alègre a « réfléchi ». Il fait non seulement machine arrière sur sa « vérité » mais se coupe de sa défense originelle en rompant radicalement avec son comportement depuis son arrestation. Ce changement de stratégie est-il le fruit de sa seule et unique volonté ? Que s'est-il passé au fond de sa cellule de Seysses, dans laquelle il vit théoriquement à l'isolement ? Le détenu Alègre est alors très préoccupé par son état de santé et la crainte d'une tumeur aux testicules. Il réclame à cor et à cris un examen médical, qui tarde effectivement à venir. Le réconfort lui vient plus sûrement d'un voisin de cellule qui, visiblement, lui témoigne une grande compassion. Alègre a confiance en lui, à tel point que dans ce quartier hautement surveillé, le tueur en série parvient à faire passer son dossier d'instruction à ce nouvel « ami ». Un homme plein de prévenance à n'en pas douter puisqu'il lui renvoie ses pièces de procédure annotées au stylo rouge : « Tes avocats ne font pas leur travail », s'indigne-t-il. Ce voisin providentiel qui se porte soudain au secours de Patrice Alègre, n'est pas n'importe qui. C'est Raymond Mihière, dit « le Chinois de Marseille » ou, plus prosaïquement, « le Chinois ». Ce « beau mec » est un des héritiers de l'empire de Francis Vanderberghe dit « Francis le Belge » tué par balles à Paris, le 27 septembre 2000. Raymond Mihière a eu pour devoir de faire prospérer les activités du « Belge » liées au jeu. Un secteur que le Chinois connaît bien puisqu'en 1983 il avait déjà des affaires sur le créneau : « Après le durcissement de la loi sur les jeux, il a filé en Afrique, a pris des parts à Douala, dans un piano-bar et a monté une entreprise de machines à sous, appelée la Société camerounaise d'automatique, avec des fils de ministres et de personnalités locales ». Pour sa part, sollicité par *Le Point*, Me Collard indique ne pas savoir qui est ce « client » qui vient de l'aider à obtenir un si beau dossier. « C'est un homme que j'ai défendu il y a quinze ans, croit-il se souvenir. Son nom ? L'avocat jure ne pas se le rappeler. Peut-on oublier avoir défendu Raymond Mihière ? », s'interroge l'hebdo. « Me Collard n'a jamais été l'avocat de mon client », tranche Me Frédéric Monneret, qui se présente comme « le vrai » défenseur du Chinois. Ce ténor du barreau marseillais, qui n'a pas pour habitude de courir après les médias, estime alors que cette histoire est une fantaisie. D'ailleurs, pour lui « Raymond Mihière est incarcéré à Villeneuve-lès-Maguelone, près de Montpellier. Il n'est pas à Seysses ». Erreur. Raymond Mihière a bel et bien débarqué à la mi-avril dans la prison de la banlieue toulousaine. Le Chinois ne restera que deux mois à Seysses où il avait été transféré pour des problèmes de discipline. Coïncidence, il y est arrivé juste au lendemain de l'ouverture de l'information judiciaire « contre Alègre et tous autres » concernant le volet proxénétisme et viols de l'affaire. Il en repartira fin juin, juste après le « retournement » de Patrice Alègre. Toujours pour une question de discipline. Il a menacé de mort le directeur de la prison de Seysses et son adjoint. Une sanction s'imposait : il l'aura. Il est alors transféré à Avignon, c'est-à-dire chez lui, justement dans l'établissement que ses avocats réclamaient pour pouvoir le rapprocher des siens. Méchante punition. Toutes ces coïncidences obligent à en relever une autre : dans le courrier de rétractation envoyé au procureur général Michel Barrau, Patrice Alègre, dont le niveau scolaire ne dépasse pas le cm2, cite dans le texte un passage de *L'Homme révolté*, d'Albert Camus. Une des lectures préférées de Raymond Mihière. Spectaculaire transformation pour Alègre qui ne lisait que des bandes dessinées de gare. Dans l'intervalle, Me Collard s'est rappelé que « ce n'est pas Raymond Mihière, mais une de ses amies » qui a été « ma » cliente. Fin du Vaudeville carcéral. Une question reste cependant en suspens : comment se fait-il que Me Monneret, l'avocat historique de Raymond Mihière, n'ait pas été tenu informé du transfert de son client ?

Les clients de Me Collard

Pourquoi une grosse pointure comme le Chinois, lettré, amateur d'art, a-t-il soudain volé au secours d'un étrangleur de province ? Ce drôle d'attelage a-t-il fonctionné sur la base d'un bénévolat désintéressé ? Peut-être. Mais cette expression de la solidarité carcérale ne manque pas d'attirer l'attention des gendarmes. Ces derniers, qui ont une connaissance assez étroite des « familles » du milieu, relèvent que le Chinois est un vieux copain de Franck Perletto, un autre héritier du Belge. D'ailleurs, Mihière est en détention provisoire parce que, précisément, il vient de tomber pour un trafic de drogue présumé. Et la justice soupçonne Perletto, lui-même en détention provisoire, d'avoir été associé dans cette affaire. C'est cette parenté, plus ou moins directe, qui intrigue tout à coup les enquêteurs. Ils notent que, le 12 mai, lors d'une confrontation avec le tueur en série, Patricia a eu ce cri du cœur en répondant à la question de savoir pourquoi Patrice Alègre assure ne pas la connaître : « Pour moi, la seule raison c'est parce qu'on lui a promis quelque chose. Regardez "Franck", il s'est évadé de Luynes, il vient d'être repris, c'est par lui que j'avais eu la place à Saint-Laurent-du-Var dans un club où on travaille en apparence comme serveuse, en réalité pour les passes et ce n'est que du très beau monde ». Il suffisait aux gendarmes de faire un bref come-back dans l'actualité récente pour savoir que le « Franck évadé de Luynes » (le 14 avril 2003) n'est autre que Franck Perletto. La coïncidence ne s'arrête pas là. Le 22 août, le directeur de la maison d'arrêt de Seysses écrit au Garde des sceaux pour s'inquiéter de « la situation du détenu Alègre ». « Ce détenu qui habituellement sort quasi quotidiennement n'est sorti que sept fois et a connu une grande période d'interruption entre le 25 juillet et le 17 août ». L'administration pénitentiaire s'inquiète auprès d'Alègre : « Il a affirmé ne pas faire l'objet de pressions ou de menaces ». Sur ce dernier point, *Le Figaro*, qui révèle l'existence de cette lettre, apporte un bémol. L'article souligne que le directeur de la maison d'arrêt de Seysses a constaté que Patrice Alègre a brutalement cessé ses sorties le jour même de l'arrivée de Pascal Payet. « Agé de 40 ans, Pascal Payet est considéré comme une figure du milieu marseillais. Il est le cerveau présumé de l'évasion de Luynes», précise en substance le journal. Faut-il tout simplement comprendre que le monde est petit, ou en conclure que le milieu marseillais s'intéresse à l'imbroglio criminel toulousain? La confession d'un ancien codétenu, Constantin Davidof, publiée par *Midi Libre*, pointe également les relations d'Alègre avec le milieu et notamment le milieu sètois. Constantin Davidof a pu converser, entre février et octobre 2001, avec le tueur en série par le biais d'un trou dans le mur qui séparait leurs cellules respectives. Au cours de ces conversations qui se sont déroulées à la vieille maison d'arrêt Saint-Michel, à Toulouse, Patrice Alègre aurait évoqué ses voyages dans l'Hérault. Au Cap d'Agde, tout d'abord, où il fréquentait les milieux naturistes et échangistes. À Sète surtout où il allait, entre autres, comme l'ont indiqué certains témoins, faire le plein de cocaïne. Ces «révélations» sont-elles le fruit d'un nouveau mythomane? C'est ce qu'a peut-être interprété le juge Thierry Perriquet, qui a refusé d'entendre Constantin Davidof à la demande de l'avocat de Fanny. La chambre de l'instruction, en revanche, a démenti le rejet du juge en ordonnant l'audition de ce détenu dont le témoignage n'a finalement jamais été retenu. Bien sûr, on peut opposer que Constantin Davidof a construit une partie de ses déclarations en lisant la presse française. Cependant, il livre des détails qui n'étaient pas encore apparus au moment de la publication de cet entretien. Les liens plausibles d'Alègre avec le milieu font partie de ces questions fondamentales qui, si on en exploitait les indices, pourraient peut-être porter un nouvel éclairage. Et jeter d'autres ombres. Il est opportun de se rappeler ici que Patrice Alègre était un bon dealer.

Non seulement il fourguait en quantité, mais en qualité. Pas du genre à faire le pied de grue, à attendre le client avec ses petits sachets. « Le truc que je sais, c'est qu'il procurait de la bonne cocaïne pour du beau monde. Il jouait l'intermédiaire pour ces gens-là. Vous savez, le mec qui a une bonne coke, c'est lui qui fixe ses rendez-vous », confie à *Midi Libre* Constantin Davidof. Sur les trottoirs, la bonne dope n'existe pas. En outre, quid du témoignage d'une des anciennes prostituées : « Patrice me laissait un paquet, je savais que dedans il y avait de la poudre, un gros paquet. Je le déposais en lieu sûr et, quand le client arrivait, il me donnait un mot de passe, je lui réclamais le pognon et j'allais lui chercher la came. Il ne me restait plus qu'à avertir Patrice pour qu'il vienne récupérer son fric ». Peut-être s'agit-il d'une affabulation. Comme ces histoires de milieu d'ailleurs. Mais l'enquête n'a jamais exploré cet aspect de l'affaire, qui deviendra encore plus ambigu avec l'arrivée dans le dossier de Me Jean-Claude Giudicelli. Cet avocat toulonnais surgit au détour de la canicule estivale pour voler au secours de Fanny. L'ancienne prostituée, terrée au fin fond de la campagne toulousaine, a eu vent de l'existence de l'avocat varois, via un journaliste de l'agence Capa, qui a travaillé pour Karl Zéro. Toulonnais d'origine, ce journaliste a joué les ambassadeurs. Une histoire d'amis, en somme, comme il en arrive parfois dans ce genre d'affaires. Mais Fanny sait-elle que Jean-Claude Giudicelli est aussi le défenseur de Pascal Payet et Franck Perletto ? Encore une coïncidence. « Je ne tire aucune conclusion de cette brusque arrivée de brillants avocats du Sud de la France, mais je m'interroge quant au drôle parfum de pègre qui émane d'un seul coup de l'affaire Alègre. Est-ce une piste ? », s'interrogera plus tard l'adjudant Michel Roussel dans un livre témoignage écrit après sa démission. Et de poursuivre : « Cela fait partie des hypothèses de travail sur lesquelles nous n'avons pas eu assez de temps et de moyens pour enquêter ». Ses successeurs ne s'y intéresseront pas. Le show est commencé. Dès son arrivée à Toulouse, Me Collard pose les questions et apporte les réponses. Déboulant à la prison de Seysses le 25 juin, en compagnie de Me Edouard Martial, du barreau d'Agen, associé avec lui dans ce dossier, il s'enferme une heure trente environ avec son nouveau client et ressort en s'inquiétant d'abord du président du CSA : « Dominique Baudis est innocent, il n'a pas commis d'infraction à caractère pénal », assure-t-il, en ajoutant : « Le dossier doit être dépaysé ». Des certitudes affichées et une détermination : « savoir comment la lettre lue au « Vrai Journal » est parvenue à Karl Zéro ». Il reste en revanche discret sur le fond du dossier et les accusations pesant sur son client. Le premier souhait des deux avocats, donc, est le dépaysement de l'affaire dans une autre juridiction. La demande sera officiellement déposée le 28 août auprès du procureur général. « Diverses personnalités locales sont impliquées dans lesdites affaires », justifient Gilbert Collard et Edouard Martial, en citant Dominique Baudis, Jean Volff et Marc Bourragué, lesquels « ont nécessairement conservé à Toulouse et en Haute-Garonne des attaches, des amitiés et des inimitiés qui pèsent lourdement sur le cours de la justice comme le prouve la motion de soutien votée par les magistrats de la cour d'appel en faveur de leur collègue, M. Volff ». Mais les deux ténors se font retoquer : dix jours plus tard, Michel Barrau, le procureur général, rejette cette demande de dépaysement et le pourvoi en cassation de Gilbert Collard n'y changera rien. Logiquement, selon Me Georges Catala, le conseil de la famille Galbardi : « Comment un assassin pourrait-il choisir la juridiction par laquelle il veut être jugé ? C'est aux victimes si elles considèrent que la justice ne fait pas son travail de demander une délocalisation, or nous sommes satisfaits jusqu'à présent du travail fait par le juge Lemoine et les gendarmes. Alègre qui n'a plus rien à perdre, ni à gagner, n'a objectivement aucune raison de demander un dépaysement, à moins de le faire pour d'autres raisons ». Le cœur de l'affaire, Gilbert Collard ne s'y intéresse pas. Il choisit de croiser le fer sur la fameuse lettre des aveux, envoyée à Karl Zéro. Patrice Alègre évoque une transaction de 15 000 euros passée entre l'animateur et son ancien conseil Laurent Boguet pour prix de ses révélations. Ce que Karl Zéro et Laurent Boguet ont formellement et énergiquement démenti. Reste que la justice, sur les pas de l'avocat marseillais, a ouvert une enquête, aujourd'hui conclue par un non-lieu, pour déterminer les conditions dans lesquelles la lettre des aveux est arrivée jusqu'à Canal+. Gilbert Collard, lui, affirme que le juge Lemoine lui a dit avoir été témoin du passage de la missive dans les mains d'un tiers. Entendus au début de l'été, Laurent Boguet et Karl Zéro rejettent à nouveau l'existence de toute transaction financière. De son côté, Me Francis Szpiner prévient : si l'affaire est classée sans suite, il déposera au nom de Dominique Baudis une plainte avec constitution de partie civile. Ce qu'il a d'ailleurs fait en décembre 2003, le parquet de Paris ayant ouvert une information pour « sortie illégale de correspondance ». Le trajet de la fameuse lettre est au moins aussi troublant que son contenu. Le tueur en série qui est revenu sur ses aveux ne simplifie pas les choses : « Quand je dis la vérité, on ne me croit pas, quand je mens, on me croit », lâche-t-il à un codétenu. Sacré casse-tête.

Arrive enfin le temps des confrontations. Le 26 juin 2003, Dominique Baudis est entendu comme partie civile et se retrouve face à Patricia, son accusatrice, dans le cadre du dossier pour « faux témoignage » du travesti Djamel. L'instruction de cette plainte est menée avec une certaine célérité, puisque cette confrontation intervient sept jours après la plainte déposée par l'ancien maire. Ce jour-là, Dominique Baudis a emporté avec lui ses agendas personnel et professionnel, qu'il a retrouvés sur une décennie, pour prouver qu'il était à Paris le soir où aurait eu lieu un des viols dont l'accuse Patricia, qui dit notamment avoir été abusée « le soir de ses vingt ans, dans la nuit du 20 au 21 novembre 1990 ».

Le président du CSA, qui nie violemment cette suspicion, ne faillit pas : « J'ai vu la calomnie arriver et repartir entre deux gendarmes », tranche-t-il en substance au sortir de cette rencontre judiciaire. Son avocat, Me Szpiner, se réjouit d'avoir pu affronter une accusatrice « très ambiguë » : « Elle a totalement abandonné l'existence de soirées sadomasochistes auxquelles elle aurait participé ». « Je souhaite indiquer que ma cliente a maintenu ses déclarations », soutient dans le même temps Raphaël Darribère, le nouvel avocat de l'ancienne prostituée. Deux mois et demi plus tard, le 11 septembre, Dominique Baudis est entendu comme témoin assisté dans le cadre de l'enquête pour « viols ». Il confie au juge des comptes rendus de débats parlementaires, qui attestent que le député qu'il était alors se trouvait à l'Assemblée nationale les 20 et 21 novembre 1990. Produisant à son tour ses agendas de l'époque, l'épouse de Dominique Baudis a garanti dans le courant de l'été que le couple était bien à Paris ce soir-là. Entre-temps, Fanny qui a tout d'abord indiqué (le 10 avril 2003), avoir surpris une conversation au cours de laquelle le maire de Toulouse aurait « ordonné le meurtre » du travesti Claude Martinez, s'est également « rappelé » assez tardivement (le 29 juillet) avoir été violée par l'homme politique. Avant de lui présenter ses excuses le 17 septembre : « Je n'ai jamais rencontré Dominique Baudis ». Dans le même temps, les accusations portées contre Marc Bourragué, alias « Marcus », le substitut mis en cause par Fanny, qui l'accuse de viols et autres turpitudes, sont démontées. Fanny croyait pouvoir reconnaître « Marcus » grâce à un tatouage : le magistrat produit une attestation qui garantit qu'il n'a jamais été tatoué. Elle se rappelait qu'il lui avait offert « une Ford Escort rouge » : la trace de la fameuse voiture est retrouvée, mais ce n'est pas « Marcus » qui l'a payée. Elle aurait même eu un enfant, fruit de ces amours tarifées : la carte génétique est sans ambiguïté et dédouane Marc Bourragué de cette paternité putative. Dans son récit, elle fera état d'un séjour à l'hôpital et de bijoux placés sous séquestre au Crédit municipal : toutes les investigations seront vaines. La totalité des indices vérifiables donnés par Fanny, se révèle erronée. Cependant, malgré ces éléments qui anéantissent sa crédibilité, la jeune femme persiste : « Il y a assez d'éléments qui prouvent que je connais ce type-là », réaffirme l'ancienne prostituée au sortir de la confrontation où ses « révélations » sont contredites par les différentes preuves exposées par Me Laurent de Caunes, l'avocat du magistrat. Mais l'instruction se poursuit et elle amorce « un revirement dans le revirement », en indiquant que ce qu'elle a dit concernant Dominique Baudis est vrai, mais qu'elle ne peut (juridiquement) le maintenir « faute de preuves ».

Les accusations s'effondrent

Ces volte-face dynamitent le dossier. L'imbroglio est total. De quoi accréditer l'hypothèse de « la manipulation ». Le mot fait flores dans les journaux en même temps que Patricia et Fanny deviennent « les ex-prostituées mythomanes » et leur témoignage des « allégations ». Le premier, Le *Nouvel Observateur* est sans ambiguïté. En promettant « le dossier complet de l'affaire », l'hebdo jure de raconter l'histoire de cette « manipulation ». À l'issue des huit pages consacrées à ce dossier, on ne sait toujours pas qui manipule qui, mais il est établi – et ce sera la seule vraie démonstration – que le témoignage des filles est fragile. En fait de « dossier complet », l'article se construit autour de « l'affaire Djamel », de la course à l'audimat engagée par Karl Zéro, et d'une série de témoignages et écoutes téléphoniques extraits du volet « viols, actes de torture » tendant à prouver « qu'il faut faire le tri dans ce que dit Patricia » et que Fanny est une « serial menteuse ». Mais le fond du « dossier » n'occupe que quelques lignes sur huit pages : « La seconde affaire Alègre a démarré autour d'une vraie question : le tueur a-t-il bénéficié de protections ? Des policiers ou des magistrats ont-ils bâclé, voire délibérément saboté les enquêtes qui auraient pu permettre d'arrêter le coupable dès le début des années 90 ? » reconnaît le journal.

Bonnes interrogations. En admettant qu'il y ait eu volonté de complot, Fanny et Patricia n'en seraient que les lampistes. Qui serait le mystérieux ordonnateur ?

Pour faire bonne mesure, *L'Express* promet de révéler « les dessous de l'affaire Baudis ». En restant bien en deçà de l'effet d'annonce. « Dominique Baudis reste persuadé qu'un deus ex machina aurait tiré toutes les ficelles, soufflant les noms de notables aux prostituées ». L'ancien maire de Toulouse concède d'ailleurs à L'*Express* son premier entretien officiel de rentrée, rapporté par l'hebdo sur le mode indirect : « Dominique Baudis pense toujours que ces jeunes femmes n'ont pas inventé seules cette histoire. Il demeure persuadé qu'elles ont été poussées ou contraintes à livrer certains noms ». Conclusion ? « L'affaire Baudis est peut-être le résultat d'un engrenage infernal, écrit *L'Express*, un mélange de témoignages sujets à caution, d'un manque de rigueur dans l'enquête, de magistrats et avocats qui veulent à tout prix éviter un étouffement, d'un emballement et de dérapages médiatiques, de personnalités locales qui soufflent sur les braises. Mais aussi et surtout, en premier lieu, d'un meurtrier qui passe longtemps entre les mailles du filet policier ». *Le Monde* n'est pas en reste et livre à son tour une « contre-enquête sur l'affaire Alègre ». Deux pages pleines d'une écriture serrée qui fait surtout le point sur la situation de Dominique Baudis, Jean Volff et Marc Bourragué (plus de la moitié du dossier), un quart de page sur « la méthode d'enquête à risque de l'adjudant Roussel », un bas de page sur la brouille Douste-Baudis, et un autre sur *La Dépêche du Midi* qui « se défend » d'être allée trop loin. Deux demi-colonnes rappellent tout de même qu'en marge du dossier « notables » si longuement évoqué, il reste un peu de place pour traiter l'affaire Alègre : « Des policiers sont toujours accusés d'avoir touché des enveloppes ». Il est bon de le souligner. *Le Monde* a interrogé « de nombreuses personnes », est-il expliqué en préambule. Mais le grand journal du soir cache ses sources car on ne relève trace d'aucun témoin nouveau. Dans l'article de tête les mots « complot », « manipulation », « machination », et « manœuvre », reviennent douze fois (neuf fois pour manipulé, ou manipulation) sur 250 lignes environ. Au final ? Un petit dessin vaut mieux qu'un long discours. À la Une, Plantu montre un juge, un journaliste, une prostituée, un édile, un flic, telles des marionnettes. Ils sont mus par des ficelles que tire une main dont on ne sait à qui elle appartient puisqu'elle vient du ciel. Seul, dans le coin, planant au-dessus d'un cadavre, un couteau ensanglanté échappe à cette valse risible et rappelle que « l'affaire Alègre » concerne malgré tout un certain nombre de femmes dont on ne sait encore qui a « manipulé » l'arme qui les a assassinées. Ces victimes oubliées, disparues, « suicidées » ou exécutées, renvoient à une histoire de la ville. Dans la torpeur de l'été, un autre témoignage des années noires surgit. Celui de Magali. Cette jeune femme aujourd'hui âgée de 33 ans déboule dans le dossier via Bordeaux où réside son avocat, Me Daniel Lalanne, qui vient soumettre à la sagacité des juges une bien curieuse histoire. En 1991, Magali est encore mineure. Occasionnellement, elle se prostitue, mais elle se fait interpeller par la gendarmerie. Entendue le 28 novembre 1991, la jeune fille s'explique mais, surtout, elle indique avoir été violée deux fois. La première scène évoquée par Magali fait état « d'un individu » :

« Il m'a contrainte pendant une heure et demie. Il m'a déchiré la jupe et m'a bloquée sur la banquette arrière. Je n'avais pas de possibilité de bouger. Je lui ai dit stop, il me répondait merde. Il m'a pincée très très fort. Le lendemain, j'avais un bleu énorme ». Au cours de la même audition, la jeune femme évoque un second viol mais, cette fois, elle désigne son tortionnaire. Un nom omniprésent dans le dossier Alègre : Lakhdar Messaoudène, le proxénète : « Il m'a enlevé le body de force. Il m'a pénétrée. J'ai eu très mal car je ne voulais pas, d'autant que c'était la deuxième fois qu'on me forçait dans la nuit. J'ai commencé à crier ». Ce soir-là, personne n'entendra les cris de Magali. Le jour de sa déposition, les gendarmes ne semblent pas non plus entendre son témoignage.

Ces deux viols n'ont rien d'anodin. L'adolescente sera hospitalisée douze jours. La description des crimes sexuels occupe près de deux pages sur neuf dans le procès-verbal, mais les gendarmes ne sortent pas de la simple information judiciaire pour « proxénétisme aggravé » dont ils sont saisis. Ni le juge, ni le Parquet, ni même l'avocate de la jeune femme ne demandent une requalification criminelle pour viols du dossier qu'ils ont sous les yeux. L'autre détail curieux vient d'un procès-verbal de filature où il est précisé que Lakhdar a été vu par les enquêteurs en train de « frapper violemment » un automobiliste avec « une arme d'épaule qui nous a semblé être une carabine surmontée d'une lunette ».

Lakhdar Messaoudène a échappé, dans le meilleur des cas, à une mise en examen supplétive pour « menaces avec arme », ou aux assises pour « viol sur mineure » dans la pire des hypothèses. Un constat s'impose : il n'y a pas eu la moindre investigation concernant ces violences sexuelles. Lakhdar a-t-il eu de la chance ? Treize ans plus tard, il ne se souvient plus. Sauf d'une anecdote qu'il crie le 18 juin en descendant de l'avion qui le ramène d'Algérie où il a été arrêté : « Le gendarme L. m'a auditionné et demandé de me taire. J'ai été manipulé par une société pourrie. Je pense qu'il m'a enfoncé pour obtenir mon expulsion, pour me mettre au vert ». L'apostrophe de Messaoudène est d'autant plus curieuse qu'elle intervient alors qu'il doit être entendu dans le cadre de ses relations supposées avec Patrice Alègre et être ultérieurement confronté à Nadia, Fanny et Patricia. Ces anciennes prostituées renvoient à des affaires traitées par la police. Pourquoi Lakhdar fait-il allusion à un dossier de gendarmerie qui, le 18 juin, jour de l'interview, est ignoré de tous ? Pourquoi parle-t-il implicitement du dossier Magali dont tout le monde ignore alors l'existence ? Pour un quasi amnésique, le fait de se rappeler le nom du gendarme relève soit du miracle scientifique, soit d'une stratégie beaucoup plus perverse. Le fameux « gendarme L. » dirigeait la SR de gendarmerie de Toulouse quand les viols de Magali ont été commis. Interrogé par *Le Point*, le colonel aujourd'hui retraité se défend d'avoir rencontré le proxénète. Il reste maintenant à comprendre pourquoi Lakhdar, qui a séjourné pendant huit ans en Algérie, clame son nom dès sa première déclaration, au moment de poser le pied sur le sol français. Le revenant conclut sa diatribe sur une menace : « Je pourrais me souvenir de beaucoup de choses ». Il n'a toujours pas dit ce qu'il voulait signifier. Quand Magali se rappelle au bon souvenir de la justice, elle ne se souvient pas des mêmes choses. Elle répond aux questions de la juge Nicole Bergougnan le 10 juillet. La jeune femme qu'elle est aujourd'hui n'a rien oublié et se fait plus précise. Elle évoque un certain nombre de détails qui ne cadrent pas nécessairement avec ses déclarations de l'époque. Certes, elle maintient les griefs qu'elle oppose à Lakhdar Messaoudène. Elle parle de Patrice Alègre et soutient qu'il a abusé d'elle dans l'appartement de Lakhdar « en compagnie d'un troisième homme, dont je connais le nom, mais que je ne nommerai pas », lâche-t-elle en substance. En outre, elle ne se contente pas d'évoquer « un bleu énorme », mais indique qu'au cours de cette séance, « on » lui a brûlé les seins à quatre reprises avec une cigarette. Elle donne les noms des restaurants et cafés fréquentés par Alègre et Lakhdar, situe à la perfection les rôle et place de Patricia sur le trottoir. Quant au mystérieux « troisième personnage », elle assure l'avoir revu en 1995 à Paris, alors qu'elle se prostituait rue de Tilsit. « Ce client aimait bien me bâillonner, m'attacher, me faire couler de la cire fondue sur le ventre », précisera-t-elle. La juge d'instruction cherche à savoir qui est ce « troisième homme », le fameux « monsieur X ». L'identité de cet inconnu, déjà cité dans le dossier, deviendra vite un secret de polichinelle. Cet homme a déjà fait l'objet de signalements à la BRP (la Brigade de Répression du Proxénétisme) de la capitale, parce que ses besoins sexuels l'amenaient parfois à se tourner de façon tapageuse vers des prostituées. Le fait de s'offrir une prostituée ne constitue pas un délit, et ne fait pas non plus de ce client présumé l'homme qui a irrémédiablement marqué le corps de Magali alors qu'elle était encore mineure. Mais curieusement, le témoignage de Magali, pourtant pondéré, n'a jamais été pris en compte. Comme si, exemptée du statut de « mythomane », elle devenait tout à coup quantité négligeable ou gênante dans la « déconstruction » judiciaire des accusations des prostituées. Pourtant, devant la juge Nicole Bergougnan Magali a signalé que « Lakhdar ne se cachait pas de bénéficier de protections. Un soir j'ai été contrôlée et j'ai dit à Lakhdar que les flics m'avaient arrêtée. Il m'a dit attends, il est parti téléphoner. Il est revenu en me disant : c'est pas possible. Je lui ai dit que j'avais bien été contrôlée. Il ne me croyait pas. Tout ceci me fait dire qu'il n'avait pas peur de la police ». Magali a bel et bien été contrôlée, mais par la gendarmerie, qu'elle appelle « les flics ». Un indice de plus de la collusion de certains policiers avec des acteurs plus ou moins louches du milieu de la nuit au début des années 90, l'époque pendant laquelle Patrice Alègre a prospéré. Comment et pourquoi dix à treize ans plus tard, le nom de Dominique Baudis apparaît dans ce paysage ? « Ce qui nous intéresse, c'est comment nous sommes arrivés à cette situation », dit Me Francis Szpiner au sortir de la confrontation du 17 septembre au terme de laquelle Fanny s'est rétractée. Après avoir vilipendé des « avocats encagoulés » (sic), il s'interroge sur « les raisons pour lesquelles ces jeunes femmes ont été amenées à dénoncer des hommes politiques et des magistrats ». Un embryon de réponse lui est apporté par Me Jean-Claude Giudicelli : « Je pense que ma cliente a été conduite à de tels dérapages par une manipulation intellectuelle et procédurale, construite par un gendarme qui souhaitait entendre certaines choses ». C'est à cet instant que commence publiquement la descente en flammes de l'enquêteur Michel Roussel. Mais on reste encore sur sa faim : qui a manipulé l'adjudant Roussel ? Le porno, le syndicat FO, les prostituées, les journalistes, les avocats, les éditeurs et maintenant les gendarmes. Les comploteurs présumés sont décidément nombreux dans le dossier. Au bout du compte, il n'y a en a qu'un qui ne manipule rien : celui par qui le scandale est arrivé. Patrice Alègre, qui confie à son compagnon de cellule qu'il peut faire tomber « du beau monde ». Indique ne pas vouloir parler « pour l'instant », mais concède quelques jours plus tard avoir rencontré Marc Bourragué. Dit ne pas connaître Fanny, mais lui lâche au détour d'une confrontation, « toi, je ne t'ai pas essayée ». Un Patrice Alègre qui ne connaît pas non plus Patricia, mais qui ne répond pas quand elle lui rappelle son amitié avec Franck, « le cousin de Marseille ». Alègre qui demande à écrire à Karl Zéro, qui envoie une lettre portant de graves accusations, change d'avocats, se rétracte, réclame 15 000 euros en accusant ses anciens défenseurs ; qui s'entiche d'Albert Camus, l'auteur préféré de son voisin de cellule. Alègre, enfin, qui profite de la canicule pour rester enfermé dans sa cellule alors qu'il voisine justement avec un copain marseillais de Franck Perletto. En somme, Alègre est un agent neutre dans cette affaire. Certains ont fini par carrément l'oublier pour débrouiller, avec plus de clarté sans doute, « la manipulation ». Quel joli mot, porteur d'un si agréable parfum d'ombre. Un peu court cependant. Pour résoudre une énigme, le moindre policier stagiaire connaît la question rituelle : À qui profite le crime ? À Patricia, qui a perdu son boulot et se ruine en billets de trains, qui a fait plusieurs semaines de prison et un séjour en hôpital ? À Fanny qui a mis son ménage en péril ? À Nadia qui a développé une vilaine maladie ? À Laurence, qui se terre ? À Magali, qui déménage pour refaire sa vie ? Aux journalistes qui ont besoin de scandales pour remplir leurs journaux ? Aux journaux qui vendent du papier ? Aux avocats qui ont récupéré 4 500 euros d'aide judiciaire pour sept ans de travail ? À certains ne veulent pas que l'on sache ce qui s'est réellement passé au début des années 90 à Toulouse ?

4

LES IMPASSES DE LA JUSTICE TOULOUSAINE

La face noire de la Ville rose

« Dominique Baudis a-t-il été l'arbre utilisé pour cacher la forêt ? Destiné d'abord à entraîner les enquêteurs, la justice puis la presse, et donc l'opinion publique, loin d'une réalité beaucoup plus gênante ? ». Cette question, c'est l'ancien adjudant chef Roussel qui la pose dans le livre qu'il consacre à l'affaire après sa démission, en référence à l'ambiance qui imprègne Toulouse au début des années 90. Le gendarme Roussel a longtemps pris des notes. Après son départ fracassant de la gendarmerie, fin 2003, quelques mois seulement après le déclenchement de la tourmente médiatique, il écrit. Et il parle. L'émission de télévision « Sept à huit » sur TF1, consacre à l'ancien directeur de la cellule Homicide 31 un reportage : « Face à face avec un tueur », réalisé par Nicolas Poincaré. Le gendarme qui a enquêté six ans sur l'affaire Alègre a été « au cœur du plus grand scandale médiatico-politique de ces dernières années », expliquent Laurence Ferrari et Thomas Hugues, animateurs de l'émission. « La mémoire vivante de ce dossier Alègre s'est-il laissé débordé ? », questionnent-ils d'emblée. Michel Roussel, interrogé chez lui, près de Toulouse, réfute cette interprétation dans son livre très critique pour sa hiérarchie militaire. D'ailleurs, ajoute-t-il, « je n'ai pas démissionné de la gendarmerie, j'ai fait valoir mes droits à la retraite. Mon dernier acte positif, cela a été d'en partir ». L'amertume pointe. Il revient sur les conditions d'enquête : « Entraves, interventions, manque de moyens. On m'a dit très clairement : il faut arrêter. » Qui on ? « On… ». Le journaliste enchaîne sur la douleur et la colère des familles après le dessaisissement de l'adjudant : « C'est M. Propre, confie un proche des victimes, avec l'aide de Michel Roussel, on espérait que la vérité éclate. Quinze ans que ces affaires durent ». « C'est l'effondrement, ajoute une femme, c'était notre seul espoir, on s'est dit qu'on ne saura jamais… ». Le reportage s'arrête aussi sur les relations entre le gendarme et le tueur : « J'ai pris le risque, confie-t-il en substance. S'il y avait un match entre lui et moi, il ne m'a pas mangé ». Le gendarme espère que le tueur va craquer. Mais au moment d'écrire ses aveux, Alègre pose ses conditions : « Ma réponse est non. Tout ou rien, mais pas de conditions ». C'est ensuite le retour sur « les enquêtes de police incroyablement bâclées » mises en lumière lors du procès (perpétuité avec 22 ans de sûreté pour le tueur) et toujours la terrible douleur et l'incompréhension des familles : « Dès le premier meurtre, il y avait tout pour l'arrêter ». Jusqu'aux témoignages des deux prostituées Fanny et Patricia, qui mettent en cause policiers, magistrats, notables dans des soirées sadomasochistes. «J'ai compris alors que les choses allaient devenir très compliquées, dit le gendarme, comme quand on voit les nuages monter au-dessus des Pyrénées». Regrette-t-il ces PV après les rétractations? «Je n'ai pas de sentiment quand j'acte», dit le gendarme. Il ajoute un peu plus tard: «J'ai fait mon travail.» Alors qui est blanc, qui est noir? «Dans la rue, à Toulouse, lâche le gendarme Roussel, tout le monde a sa certitude, tout le monde a ses convictions. Moi non...» Toulouse? Une ville en souliers vernis, mais aux mains calleuses. La cité est gouvernée depuis des siècles par une bourgeoisie de professions libérales et universitaires issue, pour l'essentiel, des secteurs juridique ou médical. Pour s'en convaincre, il suffit de regarder la composition des conseils municipaux successifs. Cette bourgeoisie dominante, élitiste, gouverne une piétaille venue des campagnes qui génère quelques petits-bourgeois s'épanouissant dans le négoce. Avec le XXe siècle, l'arrivée des avions modifie quelques paramètres: L'argent change peu à peu de camp et Toulouse doit compter avec des nouveaux venus qui font dans la mécanique. La situation se confirme avec les programmes «Caravelle», au début des années 60. De petits industriels grandissent à l'ombre de Sud-Aviation. Ils prospèrent d'autant plus que l'industrie aéronautique découvre les vertus de la sous-traitance. La situation se conforte à la fin des années 70, avec l'arrivée des programmes Airbus. Les pouvoirs se répartissent. La politique donc la mairie, reste aux mains de la bourgeoisie traditionnelle, alors que le pouvoir économique, la CCI, est aux mainsdes «entrepreneurs». Forcément, les genres finissent par se mélanger, car la ville grandit, s'équipe, et des bâtisseurs s'engraissent. Autour des cérémonies convenues qui comme partout ailleurs réunissent les écharpes tricolores et les « cher président », tout un monde de collusion apparaît. Une étude entêtée des entreprises qui ont réalisé ou géré les grands équipements publics et concessions dans la cité renvoie à quelques personnages dont le nom revient comme un refrain. La province, en somme. Ses traiteurs privilégiés, ses organisateurs de salons, ses concessionnaires de parkings, ses bétonneurs. Ses supermarchés. Quand la machine grippe, « on s'arrange », on a des avocats pour ça, et au besoin des gros avcats. En 1995, une des personnalités les plus truculentes de la ville (main dans le dos, cigare au bec) est mise en examen pour avoir un peu obligé les exposants d'un salon, sur lequel il a la haute main, à équiper leurs stands chez son épouse. Rien ne se négocie sur l'aéroport sans son avis éclairé. L'enquête – ouverte à la demande du parquet financier de l'époque – lui attribue des indulgences suspectes à l'égard de certaines entreprises. Il échappe à la détention provisoire moyennant une caution de 500 000 francs. Instruction enlisée, jamais jugé. Il est tellement sympa. Mais c'est le premier gros accroc. Quelque chose a changé. Il est vrai qu'à force de manger les mêmes petits-fours chez le même copain habitué à remporter les appels d'offres, et de garer sa voiture dans des parkings si complaisamment attribués, on ne s'aperçoit pas que la ville bouge. Même déconvenue, en 1997, pour un ancien président de la Chambre de commerce, et le maire d'une grande commune périphérique. Soupçonnés d'avoir gentiment racketté un patron de supermarché à hauteur de 4 MF avec obligation de passer par tel bureau d'études pour la définition du projet et tel bétonneur pour la construction. La procédure, basée sur le « repentir » d'un des protagonistes, permet une enquête aussi facile qu'implacable : l'élu consulaire et l'élu municipal finiront devant le tribunal. Condamnés en première instance, ils sont lavés de toute infamie en appel à l'issue d'un curieux arrêt qui explique que le constructeur de la grande surface a bien versé l'argent de la corruption, mais qu'il n'y a pas de corrompu. Bilan : quatre ans de prison pour l'épicier, relaxe pour les autres. Mais qu'on se rassure, on est à Toulouse, et l'histoire finit toujours bien : le condamné n'a jamais purgé sa peine. Il faudrait une longue page pour écrire la fable du commissaire aux comptes mis en examen pour « non-dénonciation d'éléments comptables ayant entraîné la présentation de faux bilan », qui continue à garder son titre et à exercer sa profession. Dossier enlisé, jamais jugé. Un bon paragraphe aussi pour raconter comment le barreau de Toulouse a mis trois longues années à s'intéresser au cas d'un avocat qui avait organisé la confusion de ses comptes personnels et ceux de son cabinet, qui gérait une société commerciale de droit privé dans un paradis fiscal, et qui a été mis en examen et incarcéré pour ses fautes présumées. De quelles complicités a-t-il aussi bénéficié pour aider ce transporteur tarnais, frappé en 1995 d'un redressement fiscal d'une grosse dizaine de millions de francs ? Malgré une interdiction de gérer, et une entreprise radiée du registre du commerce, le transporteur est tranquillement venu se faire inscrire à Toulouse, le temps d'organiser un dépôt de bilan et d'échapper ainsi à une faillite personnelle. Près de dix ans plus tard, l'affaire a enfin été jugée. Emballée avec un peu de sursis. Un chapitre supplémentaire serait nécessaire pour conter comment, partant des turpitudes présumées de cet avocat, le tribunal de commerce a été éclaboussé au point de conduire son président, lui-même mis en examen dans le sillage de l'homme de robe, à démissionner sans petits-fours ni couronnes au cœur de l'été 1997. Son successeur n'aura guère plus de chance, il sera lui aussi mis en examen et contraint à la démission dans le cadre d'une affaire liée à ce système où se mêlent trafics d'influence et arrangements comptables, lesquels ont entraîné la mise en examen de douze patrons locaux suspectés d'avoir été trop libres avec le compte de leur entreprise et trop généreux pour l'avocat. Six ans plus tard, ces affaires ont finalement débouché sur un non-lieu. À Toulouse, les politiques ne sont jamais trop loin des mêlées judiciaires qui n'ont jamais lieu. En 1996, la presse se rend compte que les élus régionaux « épargnent » depuis 1991. 14 MF d'argent public quittent les caisses du conseil régional pour alimenter « un fonds collectif » qui devient « compte épargne individuel » quand on décide de le solder un peu avant les élections qui se profilent : certains élus repartent avec une obole de plus de 400 000 francs offerts par le contribuable. Tout cela est parfaitement légal, objecte-t-on en brandissant les statuts d'une « amicale » des conseillers régionaux. Tout Toulouse rit sous cape, même au parquet où certains objectent tout de même que le « détournement de l'objet d'une association » reste un délit. Mais tout ceci est fait dans un esprit si bon enfant, qu'il n'y aura pas de raison d'y voir malice.

Il faut aussi parler de cet élu municipal qui obtient des subventions pour une association qui n'a ni statut déposé en préfecture ni compte en banque déclaré, mais qu'il préside en étant tout à la fois l'ordonnateur et le bénéficiaire des versements. Il organisera même un salon, allant jusqu'à guigner et obtenir de l'argent public (conseils régional et général) et rendra ses comptes sur une feuille de papier arrachée à un cahier de compte... qui laisse tout de même entrevoir que plus des deux tiers de l'argent s'est évaporé. Qu'importe, c'est un copain. Toulouse est un village, certes, mais surtout une capitale, celle du cassoulet et d'un sport très consensuel : le rugby. Ainsi, ce trésorier d'un célèbre club de ballon ovale, pris la main dans la caisse d'une école d'agriculture privée pour alimenter celles du club. Mais nous étions encore au milieu des années 90, une époque d'avant la créatine où les petits bobos, fussent-ils judiciaires, se traitaient à « l'éponge magique » : le lycée a retiré sa plainte et le contribuable a remboursé l'ardoise, via une « subvention exceptionnelle » accordée par le conseil régional et complétée par l'Etat, par le biais du ministère de la Jeunesse et des Sports.

Rappelons qu'au rugby, le ballon est ovale et s'accorde quelques rebonds intempestifs qui font le charme de ce jeu. À tel point que tous ces mis en examen et autres « people cassoulet » finissent forcément dans la tribune d'honneur du Stade Toulousain. On les voit d'ailleurs régulièrement aux côtés d'un très assidu directeur de la police, parfois du procureur de la République et surtout, la main dans le dos des politiques. Mélange des genres ? Vous n'y êtes pas : amour du rugby.

Le XV, bien sûr, mais on ne saurait oublier le XIII qui a aussi ses adeptes. Dans ce creuset d'initiés, les libertés prises avec le code de commerce ou le code pénal finissent par faire des vagues au palais de justice de la place du Salin et au tribunal de commerce, place de la Bourse.

La guerre des juges

Le tribunal de commerce, c'est là justement que l'on retrouve Marc Bourragué. En 1999, une enquête de l'inspection des services tente déjà de décrypter les relations houleuses opposant le représentant du parquet financier dans l'institution consulaire à Laurent Nion, le juge d'instruction chargé des affaires financières. Le conflit prend ses racines dans l'instruction du dossier Escoulan, engagée en 1991. En 1996, quand il prend ses fonctions de juge financier et récupère ce dossier, le juge Nion se sent « espionné ». Paranoïaque ? Il trouve en tous cas étrange que le parquet financier soit informé en temps réel du contenu de certaines auditions et procédures, ainsi que des coups de fil qu'il passe avec les protagonistes de diverses affaires. La réponse est très prosaïque et fait les choux gras des discussions de machine à café : « J'ai progressivement découvert, ce qui semblait connu de vos services et de plusieurs magistrats, que ma greffière entretient depuis plusieurs années des relations avec le substitut chargé des affaires de mon cabinet », écrira le juge Nion dans une note circulaire du 17 mars 1998. Qu'a-t-il voulu dire ? Le juge Nion ne le dit pas, car l'essentiel est incontestablement ailleurs. Le magistrat se plaint que plusieurs affaires ont ainsi pu échapper à sa vigilance : actes oubliés, courriers non expédiés. Le juge constate que les dossiers qui font l'objet de ses inadvertances répétées sont tous des dossiers importants et sensibles. Cette note alarmiste est écrite un an avant l'arrivée du futur procureur, Michel Bréard, qui demandera la fameuse inspection de la chancellerie. Les résultats dépassent sans nul doute ses attentes. Un rapport de 300 pages tombe au printemps 2000. Les limiers de la chancellerie trouvent à Toulouse une justice « au bord de l'enlisement » (sic). Héritage d'une longue tradition, car au détour d'une phrase les contrôleurs font référence à une visite de 1994 : « Déjà, nous avions suggéré une réorganisation, cette préconisation est restée lettre morte ». Entre autres curiosités, la chancellerie découvre que certains aspects de la gestion financière du tribunal sont « incompatibles avec les règles de la comptabilité publique ». Rien moins. Magistrats abusant de vacances, dossiers traités par des secrétaires en lieu et place de certains juges, affaires oubliées jusqu'à la prescription... L'état de la justice toulousaine est édifiant. Les communications entre le Parquet et les juges sont surtout pointées du doigt. « En l'absence d'instructions écrites, la politique pénale peut ne pas paraître cohérente », estiment les enquêteurs. Doux euphémisme. L'imprévoyance et l'incurie gestionnaire sont encore palpables aujourd'hui avec la rénovation d'un palais de justice qui accumule les années de retard et dont on sait qu'il sera trop petit à sa livraison. À Toulouse, la justice se rend encore au milieu des travaux, des gravats et dans des baraquements de fortune. Tout un symbole...

La fin des années 90 est une époque trouble pendant laquelle les mises en examen se succèdent dans les milieux consulaires de la ville, milieux bien introduits par la franc-maçonnerie. La justice commerciale ne s'émeut guère alors du « dépeçage » de certaines sociétés historiques toulousaines. Un système que Jean-Marcel Lavergne, l'un des plus gros administrateurs judiciaires de Toulouse, a dévoilé devant les juges, contraint et forcé, quand il est « tombé » en novembre 2000 dans le cadre du redressement de la société Sensemat dans le Gers. Il y a d'abord l'affaire Escoulan, cette grosse société de distribution régionale coulée dans des conditions douteuses. Ainsi, en 1998, cette histoire vieille de sept ans vient rattraper par les bretelles Jean-Yves Haberer, le président du Crédit Lyonnais. En octobre 1991, l'entreprise familiale de distribution « Paul Escoulan et fils », connaît des difficultés. 1 350 salariés, 2 200 clients, 2,7 milliards de francs de chiffre d'affaires, mais 200 MF de dettes. Les banques, dont le Lyonnais, coupent le robinet. Et ce sont deux filiales gigognes du Lyonnais, la financière Marland épaulée par Altus Finance, qui se portent candidat au rachat. Les négociations traînent, financière Marland retire son offre et, faute de repreneur, « Escoulan et fils » est mise en liquidation en décembre 1991. La société moribonde est toujours sur le marché, mais elle vaut maintenant bien moins cher. En janvier 1992, au premier rang des candidats à la reprise, on retrouve Philippe Marland qui emporte le morceau. Classique. En 1994, la justice toulousaine se penche sur ce miracle : « faillite frauduleuse », conclura le juge Henri Cabrol, inculpations et mise en détention à l'appui. Le commissaire aux comptes sera pour sa part soupçonné d'avoir un peu bidouillé les chiffres et sera lui aussi emporté dans la tourmente. Le juge Laurent Nion en reprenant le dossier, remontera donc jusqu'à Jean-Yves Haberer, lequel viendra chercher sa mise en examen pour « complicité de faillite frauduleuse » en mars 1998 avec des cadres d'Altus Finance. Dès le lendemain, le dossier est dépaysé à Paris et un non-lieu est prononcé quelques mois plus tard. Pourtant, un élément nouveau aurait pu tout relancer : une lettre figurant dans l'instruction de l'affaire Lavergne qui dénonce un pacte de corruption conclu lors de la liquidation et de la reprise de la société Escoulan. Vraies ou fausses, la justice ne s'est jamais donné les moyens de vérifier ces accusations pourtant précises. Dans son courrier, arrivé le 17 janvier au bureau du juge d'instruction Laurent Nion, le dénonciateur, resté anonyme pour des raisons professionnelles, a donné des pistes de travail aux enquêteurs... Selon lui, il s'agissait d'écarter les concurrents de l'opération et d'obtenir l'affaire en cession pour 10 millions, alors que les actifs de l'entreprise représentaient 200 millions de francs... Le tout contre un confortable pot-de-vin de 3 millions de francs déposé sur un compte en Suisse. « Pour ne pas être suspecté, Jean-Marcel Lavergne devait s'absenter pendant la période d'attribution », précise la lettre qui évoque le soutien reçu par les repreneurs de la part du Crédit Lyonnais avec la bénédiction du ministre de l'Économie et des Finances de l'époque. La main anonyme se penche aussi sur les preuves de la corruption : « les traces des trajets des repreneurs, les témoignages des salariés de Jean-Marcel Lavergne, enfin le virement en Suisse... » En conclusion, le correspondant alerte le juge : « C'est énorme et les gens impliqués trop importants et intouchables, protégés en haut lieu, notre cité a besoin d'être nettoyée ». Face à ces accusations, qu'a fait le parquet de Toulouse ? Dans une réquisition, datée du 13 février 2001, Michel Bréard, le procureur de la République, a demandé la restitution de la lettre qui, selon lui, dénonçait des faits prescrits. Un bras de fer a alors commencé avec le juge Nion qui considérait, lui, que cette pièce avait toute sa place dans le dossier d'instruction. En appel, la chambre de l'instruction a finalement donné raison au juge d'instruction contre le Parquet... Mais la lettre versée au dossier n'a jamais intéressé personne. Qu'est-il arrivé au final ? Le juge Nion a été muté aux affaires matrimoniales. Douze ans après on ne sait toujours pas ce qui s'est produit autour de la reprise d'Escoulan qui a eu pourtant des conséquences imprévisibles de l'autre côté de l'Atlantique avec l'affaire Executive Life. Pour justifier la dénonciation de François Pinault, le patron du groupe Printemps-Redoute (PPR) à la justice américaine, Philippe Marland, l'homme par qui ce scandale international est arrivé, a expliqué en substance dans *Paris-Match*, qu'il avait voulu se venger de ce qui lui avait été fait à Toulouse par le tribunal de commerce. Vous avez dit bizarre ? Ce mystère en vaut d'autres, comme celui de la société Job-Parilux, fleuron de l'industrie papetière toulousaine de renommée internationale, aujourd'hui fermée, dont l'agonie a été programmée par des financiers et des reprises successives, dont celle de Vincent Bolloré, ou encore celui de l'entreprise de foie gras Majesté, dans le Tarn. Minoration des actifs des entreprises, cessions à des repreneurs contre des pots-de-vin représentant des millions... Les dérives dénoncées, il y a longtemps, par l'ancien inspecteur de police Antoine Gaudino, ne sont pas des fictions. De cette série d'instructions menées initialement par le juge Nion, aucune n'est véritablement arrivée à son terme. Ou alors, il faut attendre longtemps. Ainsi, il a fallu sept ans pour que l'administrateur judicaire Jean-Marcel Lavergne soit enfin jugé. Il vient d'être condamné à quatre ans de prison ferme au mois de mai dernier, notamment pour son rôle dans la faillite de Job qui a laissé des centaines de salariés sur le carreau. Comment peut-on expliquer l'apathie de la justice toulousaine pendant toutes ces années sinon par la connivence de différents acteurs ? Les affaires de délinquance en cols blancs enlisées dans les méandres des procédures seront-elles un jour jugées ? L'inspection des services de la chancellerie n'a pas répondu à ces questions lors de sa venue.

Alors, justice sous influence ? C'est toute cette omerta, ce monde de connivences et d'arrangements, qui remontent aujourd'hui à la surface avec l'affaire Alègre et son cortège de dysfonctionnements. Peut-on attendre de cette justice-là qu'elle aille jusqu'au bout dans l'exhumation d'un passé aussi encombrant ?

Petits arrangements entre amis

Les coulisses nauséabondes de la Ville rose ne se circonscrivent pas au seul domaine commercial ou financier. Au petit jeu du service rendu, beaucoup de monde se trouve redevable d'un système de prébendes et de protections largement répandu. Ainsi, en mai 1993, ce restaurateur, proche des milieux du football et président d'un club de supporters qui découvre l'ingratitude de ses protecteurs. Il est interpellé pour employer deux clandestins roumains. Avec un marché en main : il balance trois hauts responsables de la police qui ont pris l'habitude de venir cantiner chez lui, tous trois accusés d'avoir table ouverte, contre la garantie de fermer les yeux sur ses petits trafics. Anecdote : ce pizzaiolo est interrogé par un policier dont la femme est partie avec un des responsables mis en cause. Cet épisode est d'autant plus intrigant, qu'il apparaît assez rapidement qu'un membre du Parquet est au courant du montage. Pour les trois policiers et le magistrat, la tentative de déstabilisation se terminera dans le bureau du procureur de la République de l'époque, Francis Fréchède, appelé à la rescousse pour aplanir le malaise, et sommé de remettre un peu d'ordre dans ses troupes. Tout aurait pu en rester là, sauf que le restaurateur, à qui « on » avait promis la liberté, se retrouve incarcéré. Il écrit une lettre au juge pour lui détailler la manipulation. La lettre a aujourd'hui disparu de son dossier pénal. Précautionneux ou appliqué, l'homme en avait recopié un exemplaire dans sa cellule.

Nouvelle coïncidence : l'ex-prostituée Patricia a travaillé deux mois en 1990 comme serveuse dans ce restaurant avant d'être « protégée » par Lakhdar Messaoudène, qui fréquentait également cet établissement. Comme un certain Patrice Alègre. L'épisode, qui trahit encore une fois un mélange de genres, rajoute au malaise. Quel est le véritable secret de ce microcosme ? Pourquoi, partant d'une banale affaire financière pour « emploi clandestin », les plus hauts flics de Toulouse se trouvent tout à coup entraînés dans un invraisemblable chantier? En tout état de cause, qu'elle soit personnelle ou institutionnelle, il y a sans doute une raison suffisamment forte pour qu'« on » décide de faire trébucher de hauts fonctionnaires d'une manière aussi triviale. Il est difficile de trouver le point précis d'achoppement. Une chose est sûre, s'il y a eu règlement de comptes, c'est qu'il y avait des comptes à régler. La justice n'a pourtant pas été féroce avec la police toulousaine. Notamment en 1987 quand est arrêté « le Baron ». Le Baron, c'est Christian Sentenac, un gardien de la paix qui arrive au commissariat en Porsche, Jaguar et autres modèles dernier cri. C'est la prostitution qui lui permet de cultiver son goût pour les belles bagnoles. Il se fait arrêter alors qu'il conduit une jeune prostituée à Puigcerdá, un village frontalier de la catalogne espagnole dont les bordels à routiers sont une des plus florissantes industries. Ses deux acolytes tombent également pour les mêmes raisons. L'un d'eux fait aussi dans la voiture volée et la machine à sous. « La justice ne va pas faire de ce dérapage policier un exemple : il sera remis en liberté au bout de quatre mois et attendra plus de trois ans son procès. Le Parquet requiert quatre ans ferme contre lui. Il sera condamné à quatre mois ferme ». Le Parquet ne fera pas appel. C'est une vieille affaire, sans doute, mais on constate simplement que Line Galbardi a travaillé à Puigcerdá après être passée à Toulouse. Comment se fait-il que cette mémoire encore intacte aujourd'hui n'ait pas été mise en perspective en 1992 au moment du crime ? Peut-on raisonnablement affirmer que tous les témoignages possibles ont été exploités ? Il ne s'agit pas de dire que « l'affaire du Baron » a un lien avec la mort de la jeune femme, mais il est certain qu'il y avait forcément un lien entre les bordels catalans et Line Galbardi. Dans la chambre de l'hôtel de l'Europe, on a retrouvé des vêtements achetés en Catalogne. Mieux vaut penser que la mémoire policière est plus défaillante que sélective. Car comment croire que ce passé – qui était alors récent – ait échappé aux limiers en-têtés qui disent aujourd'hui encore que « tout a été fait ». La police a été défaillante comme elle l'a été autour de la mort d'une antique figure du milieu local, Henri Salvat, dit « le Vieux », abattu le 25 août 1997 alors qu'il sortait du bar *Les deux palmiers*. L'auteur du contrat, identifié mais caché en Espagne, n'a jamais été arrêté. Quant au mobile, on l'ignore encore : Henri jouait beaucoup et obtenait son cash avec l'héroïne. Il était en dette, suppose-t-on. Son ciel astral était si mauvais que quelques jours avant l'exécution, déguisés en agents EDF, des policiers du SRPJ ont placé des caméras sur les poteaux d'éclairage public qui entourent le parking des *Deux palmiers*. Manque de chance, vraisemblablement oubliées, les caméras sont tombées en panne de batteries aux alentours du dimanche soir. Le Stéphanois a été exécuté le lundi.

La guerre des polices

Dommage pour l'enquête. Mais les affaires d'Henri Salvat n'ont pas été perdues pour tout le monde. La partie de Monopoly qui s'est ensuite engagée autour de son bar montant ne semble pas avoir intéressé grand monde au sein de la police urbaine, pourtant en charge du suivi de ce genre d'établissements. Elle a récemment pris fin avec l'arrestation de la dernière tenancière en titre : la concubine du sportif, qu'Alègre fréquentait. Mais à l'époque, le monde interlope des bars « américains » n'est pas du ressort de la PJ. Il ne s'agit pas tellement d'une frontière statutaire, mais plutôt d'un usage qui va être transgressé, justement par le SRPJ, où un « groupe prostitution » se met en place fin 1996. À l'origine, la création de ce pool d'enquêteurs, assez informel, a pour but de mettre un frein au développement de la prostitution venue de l'Est. Grosse affaire, gros succès : en avril 1997, l'équipe fait tomber les frères Slatcho et Ivan Igov, à la tête du plus gros réseau jamais démantelé en France. Opiniâtre, la PJ, qui a maintenant un pied dans la nuit, continue le boulot en élargissant ses cibles. Or, ces initiatives tous azimuts ne font pas que des heureux. Les « collègues » de la police urbaine demandent une intervention de leur patron pour que cesse le travail du SRPJ, vécu comme une intrusion. Incompréhension à la PJ… qui ne va pas tarder à avoir un bout de réponse. Deux bars, le *Baby Doll* et l'*Aiglon*, et *l'Excelsior*, un hôtel de passe, tombent en quelques mois. « Il y en avait une douzaine au début de la décennie. Comment ont-ils réussi à éviter la fermeture ? », s'interroge *Le Point*, qui poursuit : « Le 17 septembre 1999, deux jours après avoir expliqué à la PJ et au juge qu'elle faisait son métier en bonne entente avec les policiers de la sûreté, la tenancière de l'hôtel Antoine meurt dans une explosion. Le gaz. Un "suicide" ». Ces événements vont donner lieu à de curieux développements. D'abord, on constate qu'avant de mourir, la patronne de l'hôtel Antoine a donné au juge le nom des flics qui toléraient son petit commerce. Le patron du *Baby Doll* et de l'*Aiglon*, lui, explique que pour avoir la paix, « il sponsorisait un policier amateur de courses de lévriers ». Ces dépositions suscitaient tant de questions que l'IGPN est venue y voir de plus près. Mais la cerise sur le gâteau arrive avec l'arrestation d'Eric C., en 2000. Officiellement « serveur », le bonhomme mène grand train dans sa villa de la vallée de la Lèze : il fait bosser des filles de l'Est qu'il troque contre des BMW : une voiture pour trois filles. Son arrestation donne lieu à une curieuse manifestation. D'abord, de la part d'un policier, que nous surnommerons « Obélix », qui file sur les trottoirs pour demander aux prostituées de modifier leur témoignage qui implique ce pauvre Eric. Mais les lourdeurs d'Obélix sont remarquées et il fait assez rapidement l'objet d'un « signalement ». Bilan de l'opération : un tollé. Contre Obélix ? Non, contre les collègues qui ont fait la note de service. Peu après, le groupe « proxénétisme » de la PJ a été dissous. Tout allait si bien avant que le SRPJ s'en mêle. Les bars américains étaient si généreux avec ces équipes de rugbymen qui venaient fêter sans malice leur « troisième mi-temps ». Et puis c'était gratuit. Le fait que certains flics aient une relative autorité sur les milieux du ballon ovale n'a sans doute rien à voir avec ce bénévolat désintéressé. Les gendarmes ont retrouvé deux témoins issus du milieu échangiste (l'un a déposé sur PV, l'autre a refusé) qui ont expliqué qu'un autre système d'enveloppes régulait cette sérénité, au tarif de 5 000 francs (750 euros) par mois. Des « libertins mythomanes », sans doute. Il ne faut pas se leurrer, à Toulouse comme partout ailleurs, il existe un milieu sexuel « officiel ». Saunas « coquins », boîtes échangistes, donjons sadomasochistes ne se cachent pas. Pas tous. Pour la plupart, ce sont des établissements patentés.

Les photos à Dédé

Créé en 1987, le sauna en vogue est le Club 39, le premier du genre coquin. Il fonctionnera plusieurs années sous la forme d'une association loi 1901, ce qui le dispense de licence et autres formalités administratives, jusqu'en 1991 tout au moins. Ce statut associatif permettra à son « président » de faire les premiers pas vers la fortune. Le bonhomme a deux identités. Il doit cette duplicité à une erreur d'état civil qu'il se gardera bien de faire rectifier. En soi, l'anecdote pourrait prêter à sourire, sauf que tout le monde le sait, même les flics de la Sûreté « qui venaient aussi en clients et en amis », dira un témoin aux gendarmes. Retrouvé par les journalistes du *Point*, « Dédé M. » ou « Dédé N. », c'est selon, se montre tout d'abord prudent : « Ce que font les clients en dehors de l'établissement appartient à leur vie privée ». En d'autres termes, cela ne le regarde pas. Ce qui ne signifie pas qu'il l'ignore.

Quant à savoir si Patrice Alègre a été vu au *Club 39*, il aura cette phrase sibylline : « Il n'est pas impossible qu'il soit venu discrètement », lâche-t-il en se rattrapant pour préciser que c'est parce qu'il aurait « échappé à ma surveillance ». Pourquoi, en 1987, « surveiller » Patrice Alègre ? Il n'était rien. Pourquoi cet excès de précision seize ans plus tard ? Après Dédé, *Le Point* retrouve un témoin, qui utilise le pseudo de « Swing », lui aussi businessman actif de la planète échangiste et libertine : « Dans ces établissements la nuit est très correcte. Mais quand les grilles sont tirées, des soirées plus particulières sont réservées à des amateurs de spécialités diverses ». Et Swing poursuit :

« Plus les penchants sont particuliers, plus ils sont secrets. Une minorité d'adeptes exige toujours plus de sensations extrêmes : plus de violence, plus de douleur, plus de coke ». En « off », il concède avoir vu « des bols entiers de poudre, des fortunes ! ».Les journalistes de l'hebdomadaire sont parvenus à identifier le lieu et le propriétaire d'une des destinations très « tendance » au milieu des années 90 pour les amateurs de soirées sadomasochistes : le donjon dit « du Port Saint-Sauveur », appelé aussi *Chez Gérard,* où l'on pratiquait un sadomasochisme de haut niveau, pour initiés.

Or, il se trouve que Gérard, aujourd'hui décédé d'une maladie, était un grand copain de Dédé : « C'est moi qui l'ai aidé à faire une partie de la maçonnerie du donjon », confiera-t-il aux enquêteurs autour d'un apéro. Or, s'il était fâché avec le ciment, Gérard avait une passion : la vidéo cachée et la photo façon paparazzi. Des images qu'il prenait au moyen d'appareils cachés dans les murs, selon Swing, et dont il stockait les images dans « un coffre peint en bleu ». Aux personnes qui s'étonnaient de l'incongruité de cette couleur pétaradante, Gérard répondait toujours par cette aimable métaphore : « Ce n'est pas un coffre, c'est mon assurance vie ». Un plaisantin, Gérard ? Il meurt en 1992 et le journal retrouve deux témoins qui attestent avoir transporté ce fameux coffre « du donjon jusqu'à l'appartement de Marie-Ange, l'épouse de Gérard ». Le 17 septembre 1997, soit douze jours après l'arrestation d'Alègre, la jeune femme, 40 ans, meurt dans un accident de voiture… Elle roulait vite, mais l'accident a lieu environ une demi-heure après qu'elle ait quitté Swing, qui habite à cinq minutes de là. Son corps gît nu sur la route, alors qu'elle était partie habillée.

Pas de témoin. Sauf un chauffeur de taxi qui a cru voir filer « une Volvo noire », mais rien n'a pu être confirmé. Toujours est-il que cette jeune femme avait prévenu ses proches : « S'il m'arrive quelque chose, prenez mon trousseau de clés, vous trouverez celles du coffre ». « Curieux testament pour une femme de 40 ans », note *Le Point* qui obtient de Dédé la confirmation que c'est bien lui qui, arrivé sur l'accident, récupère les clés et le contenu du coffre : « huit ou dix mille photos, ainsi que cinq cassettes. J'en ai brûlé une partie ». Au cours de l'interview, il aura d'ailleurs cette formule délicate : « Je n'ai regardé aucune photo avant de mettre le feu aux cartons mais je n'ai jamais vu de mineur, ni les personnes citées aujourd'hui dans les médias ». On vous laisse le soin de trouver la faille. Mais Dédé « M. N. » est un prudent : il indique avoir gardé une partie des images. « Elles sont dans un coffre. En Andorre ». Dédé « M. N. » sera convoqué chez les gendarmes. Il va même jusqu'à leur montrer un échantillon de sa collection : « Il ne nous a livré que des clichés concernant des individus qui ne sont pas cités dans la procédure. A-t-il voulu faire passer un message à d'autres personnages. Il assure que oui, mais lui seul le sait et rien ne permet d'en juger », dit l'ex-gendarme Michel Roussel dans son livre.

Dédé « M. N. » a été sans ambiguïté avec *Le Point* : « Ces photos, je les garde. Pour mes affaires, elles peuvent servir de garantie, on ne sait jamais ». Et si ce personnage truculent qui cultive un air naïf cache ces images, c'est parce qu'il a cru y reconnaître « certaines personnes qui ont pris du poids dans la ville ». La gendarmerie a entendu « Dédé », certains de ses anciens employés, et même Swing. Tous connaissaient « le donjon de Gérard » et l'existence de photos sur lesquelles figurent « des personnes qui ont pris du poids dans la ville ». En clair : des personnalités qui jouent aujourd'hui un rôle. Mais la justice n'est pas curieuse. Ou elle ne lit pas *Le Point*.

Le parcours d'Alègre est contemporain de cette période. Le tueur en série a évolué pendant une décennie dans les parages de tous ces dérapages, de ce laisser-faire. Faut-il y voir le terreau de son impunité ? Peu après son arrestation, le tueur en série jouait les flambeurs affranchis, se disant « intouchable » et argumentant ses certitudes en jurant « connaître du beau monde ». Il a tenu le même discours dans le secret de sa détention à son voisin de cellule qui s'en est ouvert : « Il connaissait beaucoup de monde. Un jour il m'a dit, "si je parle beaucoup de grosses têtes vont tomber" ». Venant de Patrice Alègre, on ne saurait exclure une fanfaronnade. Mais on sait qu'il a trafiqué de la coke, volé des voitures, cambriolé. Et qu'il ne travaillait pas pour son propre compte. On sait qu'il dealait pour le milieu, mais personne ne dit l'avoir vu revendre une voiture, et les fourgues chez qui il portait le fruit de ses cambriolages ont concédé des recels si minimes qu'on en vient à se demander où passait le reste de la marchandise. Ses débordements criminels ont-ils perturbé un système beaucoup plus vaste, aux marges duquel il travaillait ? Comme l'institution policière, la magistrature toulousaine a pris en tout cas de plein fouet le retour sur le passé du serial killer en découvrant ses propres fantômes. De quoi peut-être expliquer sa frilosité dans le traitement de la nouvelle affaire Alègre.

Les contradictions de l'instruction

«Je crois, hélas, que la justice de cette ville a peur de sa propre vérité», tonne l'avocat bordelais Daniel Lalanne. Cette attaque teintée de dérision sonne comme une marque de défiance. Mais dans ce dossier, le défenseur de Magali est loin d'être le seul à crier sa colère face à l'institution toulousaine. Georges Catala, premier défenseur de Fanny et de la famille Galbardi, estime lui avoir affaire à «une justice tétanisée». Le vieux lion du barreau local a un discours matois: «Je constate que la justice d'ordinaire si frondeuse et si soucieuse de son indépendance, s'est tournée vers l'IGPN pour se sauver», glisse-t-il pour rappeler que la justice toulousaine n'a jamais entendu les policiers sur le fond du dossier lié au meurtre de Line Galbardi à l'hôtel de l'Europe. Outre cette dérobade, il en pointe une autre: «Il appartient au juge et au Parquet de donner une impulsion. D'assainir une situation en donnant à chacune des personnes mises en cause le statut juridique qu'elles doivent avoir». Une façon élégante de faire valoir que le cas de certaines personnes aurait peut-être justifié une mise en examen, «pour qu'elles se défendent». L'approche est madrée, néanmoins percutante. Mais elle restera lettre morte. Me Jean-Claude Giudicelli, qui lui succède auprès de Fanny, y va aussi de sa protestation, plus direct et aussi ferme que son confrère: «La vérité, je crois, c'est qu'on a artificiellement monté l'affaire Baudis pour oublier l'essentiel: les dysfonctionnements judiciaires. Cette affaire a permis de détourner les projecteurs de l'Institution. Dans le Var, cet été, il y a eu des pyromanes. À Toulouse, il y a eu des pyromanes judiciaires». Plus tard, Me Giudicelli écrira au juge Thierry Perriquet pour contester les conditions dans lesquelles se déroulent les interrogatoires de sa cliente. Non qu'il les juge nécessairement tendancieux, mais pour le moins dépourvus de courtoisie ; ce que Fanny, dans son langage imagé traduira de façon assez leste, mais non sans éloquence : « Moi, je suis une ancienne prostituée, mais pour lui, je ne serai jamais qu'une pute ». L'exaspération n'est pas moindre pour Me Raphaël Darribère, l'avocat de Patricia. Non seulement poursuivie pour « faux témoignage », cette dernière fait aussi l'objet d'une plainte pour « diffamation », intentée par Dominique Baudis. Ce dossier est instruit à Paris, ce qui oblige cette mère de famille désargentée à des déplacements onéreux pour répondre à des convocations de pure forme, qui ne durent parfois qu'une heure. Mais ce n'est pas sur le terrain économique – dont certains, même mieux assis socialement, se sont plaints – que se place Me Darribère pour argumenter les raisons de son malaise. Ce jeune avocat toulousain s'émeut surtout de la curieuse instruction à « effet miroir », confiée au juge Thierry Perriquet, chargé d'entendre tout à la fois Dominique Baudis en tant qu'accusateur de Patricia, et accusé de viols, et Patricia en tant qu'accusatrice et accusée de faux témoignage. Mais l'avocat n'a pas fini d'avaler des couleuvres. C'est l'affaire Djamel qui a d'abord mobilisé le juge d'instruction et qui a permis à Dominique Baudis, Marc Bourragué et Jean Volff de saisir l'occasion pour être admis comme parties civiles dans cette partie périphérique du dossier. S'agissait-il pour le magistrat de faire le tri entre les vérités et les exagérations supposées des ex-prostituées pour mieux cadrer les investigations ? Toujours est-il que ce sont les ex-prostituées qui ont été mises à la question avant même ceux qu'elles mettaient en cause, dont certains, notamment des policiers, n'ont jamais été entendus. Un étonnant retournement de situation. Inimaginable dans des procédures plus communes. Du coup, l'instruction portant sur les viols et le proxénétisme n'a guère avancé. Avec des témoins sous pression. « La machine judiciaire a donné l'impression de vouloir broyer celles qui l'ont mis en branle », suggère Me Raphaël Darribère, l'avocat de Patricia, « la première, dit-il, à avoir osé rompre la loi du silence ». Le 26 juin, la confrontation entre Patricia et Dominique Baudis est organisée dans le cadre de la plainte pour « faux témoignage ». Raphaël Darribère s'étonne de ne pas avoir été prévenu, ce jour-là, de la présence de Dominique Baudis dans le bureau du juge, sinon au dernier moment, mis devant le fait accompli. L'avocat s'interroge aussi sur la nature de l'audition, biaisée selon lui, qui a porté sur les accusations de viol de Patricia et non sur le faux témoignage. «Tout s'est passé comme si le juge Perriquet, dans sa précipitation, avait confondu les deux instructions dont il a la charge », fait valoir M. Darribère avec un brin d'amertume. Car précipitation il y a bien eu, comme en atteste le procès-verbal d'audition dans lequel Dominique Baudis a bien volontiers renoncé à faire valoir ses droits sur les conditions de sa convocation, le délai de cinq jours n'ayant pas été respecté. Le juge a-t-il craint de ne pas pouvoir partir en vacances ? Où était-il opportun à ce moment-là d'aider le président du CSA à apparaître au plus vite, devant les médias réunis, en position de force ? La question de l'impartialité du magistrat instructeur est clairement soulevée par le conseil de Patricia. «Thierry Perriquet semble avoir une logique et j'ai le sentiment qu'il veut faire plier l'instruction à cette logique, qu'il tient pour identique dans les deux dossiers», s'énerve l'avocat qui poursuit: «Le juge n'a pas tardé pour organiser une confrontation dans l'affaire où Baudis est victime d'une calomnie présumée, mais il a fallu attendre le 9 octobre pour que Patricia soit enfin entendue en tant que victime dans le viol dont elle dit avoir été l'objet».

Il serait peut-être excessif de dire que la contestation vise le juge en tant que personne. En fait, les multiples charges qui ont été dirigées sur son nom visent plus largement la façon dont a été construite et répartie l'instruction. «Il devient urgent de rappeler que, dans l'affaire Alègre, la justice est fortement soupçonnée d'avoir marché sur la tête. Peut-être que pour s'en persuader il faudrait une nouvelle affaire Alègre», note perfidement le trimestriel *Satiricon*. Quoi qu'il en soit Thierry Perriquet sera à nouveau bousculé par Me Darribère, qui rappelle en termes assez crus, que des demandes d'actes déposées depuis plusieurs mois au nom de Patricia n'ont toujours pas été suivies d'effet. Notamment sur les agendas de l'ancien maire de Toulouse, brandis sur les marches du palais de justice, mais jamais saisis. Le juge a juste photocopié les pages concernant le 20 novembre 1990, jour présumé du viol de Patricia. Mais n'a jamais procédé aux analyses graphologiques demandées par le Parquet pour savoir si les deux écritures figurant sur les carnets à cette date et mentionnant un rendez-vous à l'Assemblée avec une délégation maronite, ne masquaient pas un rajout plus récent. Dommage. Quelques jours plus tard, Jean-Armand Fabre, l'ancien directeur de cabinet de Dominique Baudis, et son épouse Ysabel, apportent leurs témoignages pour assurer que l'ancien maire de Toulouse se trouvait bien à Paris ces jours-là. Son épouse a même affirmé avoir passé la soirée et la nuit du 20 novembre 1990 avec son mari à leur domicile parisien. L'emploi du temps de Dominique Baudis à l'Assemblée nationale autour du 20 novembre 1990, date du vingtième anniversaire de Patricia et de la scène, terrible, racontée par la jeune femme, est donc confirmé. Ces investigations menées discrètement par un officier et deux sous-officiers fin août à Paris ont permis de préciser les affirmations de l'ancien président du Conseil Supérieur de l'Audiovisuel. Des comptes rendus officiels, des feuilles de présence et des documents vidéo démontrent que Dominique Baudis se trouvait bien à l'Assemblée, dans le cadre de ses activités de député, les mardi 20, mercredi 21 et jeudi 22 novembre 1990. Mais dans la course à la vérification dans laquelle se sont lancés les gendarmes à la demande des magistrats, une autre précision reste pour l'instant sans réponse : les billets d'avion. Retrouver des traces chez l'agent de voyage ou auprès de la compagnie s'est avéré impossible.

Une instruction contestée

À ce moment, Raphaël Darribère envisage sérieusement de demander la récusation du juge dans au moins un des deux dossiers qu'il instruit conjointement. La juge Nicole Bergougnan, qui a demandé un dessaisissement partiel, a évité l'écueil de l'ubiquité reprochée au juge Perriquet, effectivement gênante. Il est sans doute excessif de dire que les deux magistrats ne s'entendent pas, mais il est évident qu'ils ne travaillent pas ensemble ou, pour le moins, qu'ils n'ont pas la même stratégie. Ce sentiment n'est pas exclusif à Me Raphaël Darribère, qu'on pourrait soupçonner de chercher un artifice pour la défense d'une cliente difficile. Le tandem Bergougnan-Perriquet nourrit aussi les doutes de Me Daniel Lalanne qui, pour la défense de Magali, s'étonne que le proxénète Lakhdar Messaoudène n'ait pas fait l'objet d'une mise en examen pour les sévices dont la jeune fille l'accuse. Pourtant, il avait sollicité une intervention en ce sens de la part du juge Bergougnan qui, soutient-il, « n'a pas fait la démarche auprès de son collègue » : « cet attelage à hue et à dia des deux juges ne fonctionne pas », tranchera-t-il, exaspéré après avoir constaté que le dossier médical qui pourrait authentifier les dires de sa cliente reste incomplet. Au-delà de la grogne qui fait partie des usages, les avocats posent un problème de fond : pourquoi l'instruction s'en tient-elle aux marges de l'affaire ? En d'autres termes, pourquoi l'instruction pour les accusations de faux témoignage, portées contre les anciennes prostituées, avance-t-elle plus vite que le dossier viol, dans lequel elles sont victimes ? Ce coup de gueule va trouver un écho inattendu, via une note de dix pages rédigée le 13 janvier 2004 par le substitut François Heinisch, à l'adresse du parquet de Toulouse. La semaine suivante, la sortie du livre du gendarme Roussel apportera une nouvelle résonance aux propos très protocolaires du magistrat.

En droit français, le substitut porte la voix du corps social, il a le devoir de « suivre » les affaires mais, pour autant, il n'a aucune prise sur le travail du juge d'instruction, qui reste souverain dans sa stratégie. Ceci n'empêche pas quelques étonnements. « Il semble aujourd'hui que l'instruction s'oriente (...) vers une tentative de démonstration que les deux principales protagonistes auraient, de fait, opéré une manipulation», écrit le substitut. Cette formulation très protocolaire a du mal à cacher les inquiétudes de François Heinisch. Et le représentant du Parquet de relever, comme les avocats, que «le cadre procédural (du dossier faux témoignage) ne devrait pas permettre d'instruire sur les faits concernant l'autre dossier». En décodé: la «double casquette» du magistrat instructeur est embarrassante d'autant, ajoute-t-il, «que ces multiples auditions n'ont rien apporté de plus à ce que nous savions déjà». Le travail du juge Perriquet aurait-il pour seule conséquence de provoquer un effet poudre aux yeux? Le langage compassé de l'administration judiciaire ne se résume pas à des expressions aussi triviales, mais le ton peut être parfois direct: «Il reste nombre de points sur lesquels l'instruction ne s'est pas encore penchée». Le substitut rappelle notamment que, le 2 juillet 2003, il avait délivré un réquisitoire aux juges Perriquet et Bergougnan, dans lequel il demandait de procéder à un certain nombre d'actes et vérifications. «Les magistrats instructeurs y ont répondu, pour une part, favorablement», glisse le substitut Heinisch. Tout est dans le «pour une part». Il faut encore une fois traduire: «l'autre part» est restée lettre morte. Bref, pour lui, les juges n'en ont fait qu'à leur tête, se plaint-il: «Je regrette, concernant certains actes refusés que nous n'ayons pas été au bout de la logique de notre démarche, qui aurait été de faire appel de l'ordonnance de refus d'informer». «S'il est vrai que les dires des ex-prostituées ont vu leur crédibilité entachée par des revirements successifs, des approximations, des inventions ou des exagérations, il n'en reste pas moins qu'elles ont affirmé et continuent d'affirmer avoir subi un certain nombre d'actes qualifiables pénalement, et qu'il est du devoir de l'institution judiciaire de vérifier leurs dires», rappelle le substitut François Heinisch. Quelques jours plus tard, de façon explicite, le procureur de la République, Michel Bréard, confortera son approche: «Certaines déclarations des ex-prostituées n'étaient pas la vérité. Attendons que la procédure soit terminée pour apprécier leur responsabilité éventuelle. Ce n'est pas parce que, sur certains points, leurs déclarations sont inexactes, que tout est nécessairement faux». Et François Heinisch de pointer vingt-neuf questions ou actes de procédure qui selon lui s'imposent pour faire un peu de lumière dans ce dossier: «Se mettre en position d'attente présente à mes yeux des inconvénients quant au devenir de cette affaire». En d'autres termes, le substitut reproche à la justice de traîner des pieds. Il en tire les conclusions qui s'imposent: «Dans ces conditions, il ne m'apparaît plus possible, en conscience, de continuer à suivre ce dossier. Aussi ai-je l'honneur de solliciter d'être déchargé...». En langage de la rue, on appelle ça un claquage de porte. Le substitut est muté à Nantes. Mais sa note «fuite», vraisemblablement depuis Paris. Le premier, *France Soir* révèle l'existence de cette lettre et insiste sur les demandes qui montrent que François Heinisch attend des précisions quant à l'alibi de Dominique Baudis, le soir du viol présumé de Patricia. Les préoccupations mises en avant par le journal ne concernent que cinq des vingt-neuf questions posées par le magistrat, les vingt-quatre autres ont trait à des pans entiers du dossier laissés vacants, malgré les demandes du Parquet. Ainsi, le substitut s'étonne que certains policiers n'aient toujours pas été entendus ou que les agendas de Baudis n'aient pas été saisis. La lettre est datée du 13 janvier 2004, les juges Perriquet et Bergougnan sont saisis depuis le 16 avril 2003.Difficile pourtant de faire endosser à François Heinisch le rôle de « substitut mythomane ». La métaphore psycho-médiatique n'aura pas le temps de se hisser jusqu'au qualificatif de « substitut paranoïaque » : le livre de l'adjudant Michel Roussel, ancien patron frais démissionné de la cellule Homicide 31, est arrivé dans les librairies. Et dit à peu près les mêmes choses que le substitut. Lui aussi a eu le sentiment que toute la rigueur voulue n'était pas apportée à l'enquête. Les effectifs de la cellule s'étiolent au point d'être réduits à peau de chagrin à la fin de l'été, car il n'a bien évidemment jamais été question de la dissoudre : « J'ai réalisé que le but de certains de mes supérieurs, à ce moment-là, était de me conserver comme caution pour les familles des victimes et les médias ». Le gendarme démissionnaire fait état de pressions très directes et sans ambiguïté de la part de sa hiérarchie. Le voilà chaperonné : on lui colle au train un officier chargé de suivre ses faits et gestes et d'écouter ses conversations. Puis, on le contraint de faire un rapport quotidien de ses activités, ce qui l'oblige à quitter son bureau bien plus tôt que prévu, et donc, d'enquêter bien moins tard qu'à l'ordinaire : « Toutes ces mésaventures ont eu un effet sur les dossiers suivis par le juge Lemoine, qui s'est retrouvé quasiment privé de ses enquêteurs ». Il est curieux de constater que les premiers ennuis de Michel Roussel avec sa hiérarchie surviennent très précisément le 18 avril 2003, où il apprend qu'un second groupe d'enquêteurs va être créé, qui viendra en « doublure » de l'équipe

Homicide 31, en quelque sorte, dont la direction est confiée à un adjudant-chef qui s'est montré « dès le départ réfractaire à la création de la cellule ». Le 18 avril 2003, nous sommes le surlendemain de l'ouverture du dossier « viols par des notables ». Simple coïncidence, probablement. Le 19 mai, Michel Roussel est convoqué à une réunion dont le seul but, estime-t-il, était destiné à le « freiner ». « On m'a fait comprendre que mon intérêt personnel et professionnel était de renoncer le plus tôt possible à chercher plus avant », dit-il. Le 19 mai, c'est le lendemain de l'intervention télévisée de Dominique Baudis. Une autre coïncidence, sans nul doute. Mais c'est le 28 mai 2003 qu'il reçoit l'estocade. Convoqué par le colonel, il s'entend dire : « On ne nous laissera pas aller jusqu'au bout ». Adjudant mythomane ? L'ex-gendarme, dont la probité professionnelle commence à être mise en cause, mesure la violence de la campagne de désinformation. Désinformer ? : « Technique qui consiste à diffuser des informations fausses, contradictoires ou excessives de façon à masquer la véritable information ». Il sait que les rumeurs ont prospéré sur la décomposition d'une réalité, opaque certes, mais tangible. Pour s'en persuader, l'association des familles de victimes, créée en novembre 2003, vient rappeler qu'il reste quelques explications concrètes à fournir. En quelques semaines autour de Gabriel Loubradou, père d'Hélène, disparue corps et biens, plus de cinquante familles se sont rassemblées pour dire « Stop à l'oubli » et revendiquer la prise en compte des enquêtes bâclées et des meurtres oubliés. Elles veulent un peu plus d'énergie dans les investigations, un peu moins de sous-entendus, des explications sur la démission de l'adjudant Roussel et sur les doutes judiciaires formulés dans sa lettre incendiaire par le substitut Heinisch. Cent quatre-vingt-onze morts non élucidées sur un département. Un serial dealer, serial voleur, serial cambrioleur, serial tueur, jamais arrêté, six meurtres non élucidés entre décembre 1990 et février 1992, des autopsies qui se révèlent approximatives : l'affaire Alègre ne saurait se résumer à une conspiration de malades qui devrait être traitée par des psychiatres plutôt que par des enquêteurs et des juges. Si cette affaire se résumait à une série de ragots l'enquête et l'instruction auraient vite fait la part des choses. Comme le signalent, chacun à sa façon, le substitut François Heinisch et l'adjudant Michel Roussel, les faits sont têtus et il reste des questions simples à poser pour lever tous les doutes, restituer dans leur dignité les institutions bafouées et éventuellement se prononcer sur le cas de ceux qui ont failli. La démarche judiciaire peut être finalement très simple. Voici des pistes possibles : confronter les deux policiers dont la mémoire fait des nœuds pour savoir quel substitut du procureur était ou non présent sur les lieux de la découverte du corps de Line Galbardi. Retrouver le technicien de l'identité judiciaire qui a travaillé sur l'étrange suicide d'Hadja Darolles-Benyoucef, et lui demander si, par hasard, il ne se souvient pas qui lui a donné l'ordre d'arrêter l'expertise des traces de pas qui fuyaient dans l'escalier. Interroger les inspecteurs en charge d'enquêter sur le crime de Claude Martinez, pour savoir lequel d'entre eux devait porter aux scellés l'agenda du travesti… Le travail est immense. Nul doute que tous ces fonctionnaires attendent avec impatience ces instants de réhabilitation triomphante. Comme les médecins légistes d'ailleurs, qui doivent piaffer d'être entendus pour exposer toute la difficulté qu'il y a à fournir un diagnostic logique face à un corps sans vie, ligoté, bâillonné, étranglé, ou face à cet autre cadavre égorgé, une couche-culotte enfoncée dans la bouche, ou encore cette victime « intoxiquée » qui gît la culotte sous les genoux et une bombe lacrymogène plantée dans son intimité. Pour les enquêteurs, la tâche ne devrait pas être insurmontable. Pour découvrir le mystérieux substitut de l'hôtel de l'Europe, ils peuvent encore récupérer les « films » des pompiers et du Samu qui se sont rendus sur les lieux du crime de Line Galbardi, ré-interroger tous les policiers en intervention ce jour-là et demander également aux six enquêteurs qui ont planché sur les investigations, pourquoi aucun n'a eu la présence d'esprit de chercher à savoir si la jeune prostituée avait un « julot », ou un petit copain. Pourquoi aucun d'eux n'a songé à fouiller sa vie de toxicomane pour retrouver la trace d'un dealer. Sera-t-il difficile de retrouver l'inspecteur qui a supprimé de la liste des scellés l'agenda de Claude Martinez ? Pourquoi à l'époque n'a-t-on pas interrogé sa femme ? Où est passé le casier judiciaire de Charles Gardieu ? Y a-t-il eu un flic chevauchant une Harley Davidson blanche ? Où sont les auditions de Jacqueline Aymart, l'ancienne tenancière de l'hôtel Antoine, « suicidée » au gaz en septembre 1999 ? Va-t-on ressortir le dossier de Claude Sentenac qui jouait les « taxi » pour les tapineuses toulousaines expédiées en Espagne ? Peut-on mettre la main sur les photos de l'accident qui a coûté la vie à Marie-Ange B. l'épouse de Gérard, le propriétaire du donjon, grand collectionneur de photographies ? Pourquoi, puisqu'il n'y a « rien qui vaille », n'oblige-t-on pas Dédé « M. N. » à produire la collection de photos qu'il garde dans un coffre ? On voit qu'aux vingt-neuf questions du procureur Heinisch, on pourrait en ajouter beaucoup d'autres concernant les enquêtes policières, et la liste n'est pas close. Certains détails supplémentaires pourraient aussi se révéler éclairants. À commencer par savoir s'il est possible de retrouver trace de l'interpellation d'Alègre, en possession d'une arme volée au printemps 1989 ? Qui est cette mystérieuse « femme de journaliste », cocaïnomane, qui surgit au détour d'une procédure mettant en scène une callgirl ? Il apparaît qu'elle connaissait certains des protagonistes d'une affaire de « coke chic » qui a défrayé la chronique people à Toulouse en 1989, mettant en scène, du barreau au monde de la nuit, de grands noms de la vie locale. Beaucoup d'arrestations, peu de comparutions et, surtout, pas de dealer. On constate également que la gendarmerie pourrait avoir à fouiller dans ses archives, pour comprendre comment quatre gendarmes avisés, sous l'autorité d'un colonel, ne prennent pas en compte – pas même sur le plan des vérifications – les deux viols dont Magali dit avoir été victime. Qui a laissé tomber l'enquête sur la disparition d'Hélène Loubradou, au point de négliger d'entendre le garçon de café qui décrit « un jeune homme athlétique » avec qui elle a été vue la dernière fois ? Comment autour de la mort d'Édith Schleichardt le rapport de synthèse de la gendarmerie mentionne des événements qui se sont passés postérieurement à sa rédaction ? Peut-on dans ces conditions réellement faire croire aux parents et proches de victimes que « tout a été fait » ?

Pour mémoire, le 23 octobre 2003 dans les colonnes du journal *Le Monde* on pouvait lire cette saillie :

« Il n'est pas exclu qu'il puisse y avoir des policiers ripoux, ou un substitut ripou. Mais prétendre l'existence d'un réseau, c'est incohérent. Ces filles n'ont pas inventé tout cela de leur propre initiative. Quelqu'un a voulu allumer un contre-feu. À Toulouse, certains dossiers judiciaires ont été réglés trop rapidement. Il y a eu dysfonctionnement de la justice et de la police. Quelques-uns ont pu se sentir menacés par l'enquête menée par le juge Lemoine ».

De qui est-elle signée ? Ce n'est ni un média emballé, ni le gendarme Roussel, ni l'avocat d'une ancienne prostituée, mais Jean Volff, l'ancien procureur général qui livre son sentiment. La justice n'aurait-elle pas dû l'inviter à développer son point de vue ?

L'encombrant rapport Bréard

Un document peut sans doute l'y aider. Il s'agit d'un rapport de l'ancien procureur de la République de Toulouse, Michel Bréard, remis le 6 janvier 2005, avant sa mutation à Bordeaux, au procureur général Michel Barrau, et dans lequel sont consignées diverses auditions très intéressantes. Michel Bréard s'est livré à une véritable contre-henquête auprès de personnes qui ont déposé sur procès-verbaux à sa demande. Le document numéroté 8PG05 et annexes (93 pièces) que nous avons pu consulter et étudier très précisément, met en cause le comportement et les relations de Marc Bourragué en compilant des anomalies relevées dans des procédures commerciales, et recoupant des présomptions d'abus de biens sociaux, de fausses attestations et des pactes de corruption. Parmi ces dépositions figurent, entre autres, celle d'un ancien directeur départemental de la sécurité publique, l'un de ses adjoints, ainsi que celle d'un chef des services d'enquête de la sûreté urbaine, mais aussi les dépositions d'anciens ou d'actuels responsables du tribunal de commerce de Toulouse. Le rapport, qui pointe des faits prescrits et d'autres qui ne le sont pas, estime au passage que Marc Bourragué a omis de signaler sa présence sur les lieux du meurtre de Line Galbardi, et que le magistrat a rencontré plusieurs fois Patrice Alègre de 1990 à 1997 ; trois témoignages convergents évoquent clairement les fréquentations du magistrat. Autant dire une bombe. Qui n'explosera pas. Michel Barrau, le procureur général aujourd'hui parti de Toulouse, a fait savoir que le rapport Bréard « ne contenait aucun fait de nature à entraîner des poursuites », en le qualifiant de simple document administratif. Une argumentation difficilement soutenable à la lecture dudit rapport. Mais la chambre de l'instruction s'est finalement rangée à l'avis du procureur général. Le fameux document est donc soigneusement oublié à la chancellerie. Au grand courroux des avocats des prostituées et des familles de victimes. Pourtant Michel Bréard est tenace. « Ce rapport est le résultat d'investigations menées à la suite d'un certain nombre de dénonciations ou témoignages mettant en cause le comportement de M. Marc Bourragué, à l'époque substitut financier du procureur de la République de Toulouse », écrit-il en préambule de son document où il recense toutes les anomalies qui méritent à son avis d'être fouillées.

Voici pour la première fois divulguée la synthèse de ses observations et les questions qu'il engendre :

1. Affaire Galbardi

Première observation : des procès-verbaux font état de la présence d'un magistrat sur les lieux du crime, le 3 janvier 1992, avant même l'arrivée des policiers. Comment l'expliquer ? Dans son audition par l'IGPN, le 12 février 2004, un policier a confirmé de façon précise la présence de Marc Bourragué sur les lieux. Deux autres auditions de policiers, le 2 décembre 2004, témoignent de la présence de Marc Bourragué en citant aussi un commissaire du nom de M. qui a « identifié » Bourragué ce jour-là. Marc Bourragué, dans une lettre au juge Lemoine, le 23 juillet 2003, a démenti avoir été sur place tout en expliquant qu'il n'était pas de permanence. Pour Michel Bréard : « il est d'autant plus troublant de nier cette présence » – qui aurait pu éventuellementse justifier –, « que des pièces réalisées lors de l'enquête ont disparu du dossier ». Pour Michel Bréard le courrier de Bourragué constitue « un délit d'attestation faisant état de faits matériellement inexacts ». (*NdÉ : qu'en est-il réellement ?*)

2. Relations avec Alègre

Après avoir affirmé qu'il ne connaissait pas Patrice Alègre, Marc Bourragué s'est trouvé dans l'obligation, au regard des preuves fournies, de dire qu'il l'avait bien rencontré. Mais selon plusieurs témoignages, il ne l'a pas rencontré qu'une seule fois comme il l'a affirmé, en 1991, lors d'un apéritif à son domicile.

– Sur procès-verbal recueilli en juin 2003 (annexe XII), un gérant d'un bar à Fonbeauzard confirme que Bourragué fréquentait son établissement pour jouer au billard. Un ami de Marc Bourragué, Gilles Bivi, y venait avec Patrice Alègre. « Bourragué ne venait pas régulièrement, selon lui, mais venait boire un verre de façon épisodique ou fortuite ».

– Sur procès-verbal recueilli le 10 août 2004, le nouveau gérant qui a racheté le bar dit qu'il ne fait « aucun doute pour lui qu'ils se connaissaient ». Il évoque notamment une fête du beaujolais où Patrice Alègre, Marc Bourragué et Gilles Bivi étaient tous les trois à table.

– Sur procès-verbal du 19 août 2004 (annexe XIV), un client du bar affirme que Bourragué lui a été présenté au bar dont Alègre était un client. « Je me souviens avoir vu Bourragué au comptoir avec Patrice, mais il y en a eu d'autres... Je n'avais aucune raison de faire attention... En tout cas ce sont des gens qui donnaient l'impression de bien se connaître ».

– Sur procès-verbal du 4 novembre 2004, un ancien restaurateur qui a surveillé pendant plusieurs semaines le domicile de Marc Bourragué dont il voulait se venger après une détention en mai 2003, affirme avoir surpris des visites d'Alègre au domicile du magistrat, « longues parfois de trois-quarts d'heure ».

Un autre habitué du bar affirme lui aussi avoir vu Alègre au domicile de Bourragué, un fait qu'il situe en 1998, ce qui est impossible puisque Alègre est emprisonné depuis 1997. Réinterrogé ce témoin a néanmoins maintenu ses propos.

– Sur procès-verbal du 3 décembre 2004, Cécile Chambert, l'ancienne compagne de Patrice Alègre et mère de sa fille Anaïs, déclare qu'elle a vu Bourragué une seule fois (lors d'un repas à Souillac, dans la maison de campagne de Bourragué). « Je sais par Patrice qu'il connaissait un membre du Parquet, mais je ne connaissais pas la nature exacte de leur relation. Bivi m'a dit que le magistrat n'aimait pas trop Patrice », dit-elle.

3. Mise en doute des dénégations de Marc Bourragué sur ses rapports avec Fanny (Florence Khelifi).

Florence Khelifi, dont les enfants étaient placés au sein de l'association « Sauvegarde 31 » dont Bourragué a été un membre fondateur, a travaillé comme serveuse au restaurant de Kouka, *Le Venise*, rue de la Colombette. Une fiche de la sûreté urbaine en fait foi. Sur procès-verbal du 4 octobre 2003, Kouka affirme qu'il a vu Fanny en compagnie de Bourragué au tribunal de commerce. Il dit même avoir demandé à Fanny d'intervenir auprès de Bourragué pour arranger ses affaires, mais Fanny n'a pas voulu. Kouka réitère ses propos sur PV le 28 mai 2004.

4. La procédure contre Kouka pour travail clandestin (où il est question d'une manipulation contre trois policiers).

Le 13 mai 2004, Ryad Kouka envoie au procureur copie d'une lettre datée du 25 mai 1993 qu'il avait transmise à l'époque à son avocat, Me Lévy, pour dénoncer les « manœuvres » de Marc Bourragué dans une affaire judiciaire le concernant. En mai 1993, Kouka est mis en examen pour faux, usages de faux et travail clandestin pour avoir falsifié les papiers d'un couple de Roumains, dont un joueur de foot qu'il fait jouer dans son équipe les « Ultras-violets ». Il sera condamné en 1995 pour cette affaire à deux ans de prison dont seize mois avec sursis et dix ans de faillite personnelle. Au moment de sa détention provisoire, en mai 1993, Kouka explique qu'il a reçu en prison la visite de Bourragué qui lui propose un marché : contre sa mansuétude, le magistrat demande à Kouka d'accuser trois hiérarques de la police d'avoir table ouverte dans son restaurant et qu'ils ferment les yeux sur le travail au noir. Dans un premier temps, Kouka accepte, puis se rétracte. Marc Bourragué lui conseille alors de changer d'avocat en délaissant Me Lévy pour Me Debuisson. La visite de Bourragué à Kouka n'a pu être vérifiée. Michel Bréard a constaté la destruction des registres pénitentiaires. Kouka indique aussi que Bourragué est revenu le voir un jour, dans la geôle où il attendait de comparaître devant le juge d'instruction pour une audition. Il est libéré le 10 juin 1993. Son avocat est Me Debuisson… Michel Bréard constate ensuite que le dossier de la fameuse lettre a disparu. « Un sort funeste semble frapper cette procédure », s'inquiète Michel Bréard qui constate que « le parquet général avait pourtant demandé à deux reprises le dossier administratif relatif à cette affaire pour en reconstituer l'exemplaire… »

– Sur procès-verbal du 30 juin 2004, le directeur départemental de la sécurité publique confirme avoir été au courant de la lettre de

Kouka. Un policier lui a en effet indiqué qu'il a surpris une conversation entre un officier de la PJ et Marc Bourragué disant qu'ils allaient « se payer trois commissaires ». Toujours dans cette déposition, l'officier de la PJ en question explique n'avoir mangé qu'une fois et en payant, dans le restaurant de Kouka, qu'il connaissait par rapport au football et à ses actions d'insertion dans les quartiers difficiles. L'ancien directeur de la police indique ensuite qu'il a demandé audience, à la suite de cette révélation, au procureur de la République de l'époque, Francis Fréchède. Lors de cette réunion, remontant à juin 1993, Francis Fréchède a convoqué Marc Bourragué « qui avait l'air gêné et qui transpirait ». Marc Bourragué a déclaré : « J'ai le droit d'avoir les amis que je veux et de tutoyer un officier de la PJ ». Puis il a été congédié.

– Sur procès-verbaux, ces faits ont été confirmés par les commissaires A. et B. Le procureur Michel Bréard s'étonne que les trois policiers n'aient pas été entendus sur ces faits, notamment en 2000, lors de l'inspection générale des services judiciaires qui visait Marc Bourragué.

– Le commissaire A. a par ailleurs indiqué que Marc Bourragué s'est manifesté au soutien d'un officier de la PJ lors d'une expertise foncière liée au divorce de ce dernier. Une expertise minorée. Le commissaire a fait état de ces faits devant l'IGPN en 2004. Michel Bréard considère qu'il serait intéressant de comparer la valeur estimée de ce bien immobilier et sa valeur déclarée à la vente quelques années plus tard.

5. Lettre anonyme à Me Giudicelli, avocat de Florence Khelifi (où il est question de travaux domestiques frauduleux, de contrôles fiscaux, et du silence d'un procureur de la République.

Dans une lettre transmise le 2 décembre 2003, Jean-Claude Giudicelli, l'avocat toulonnais de Fanny, est informé des avantages privés dont aurait profité Marc Bourragué de la part d'une société dirigée par Mr C., administrateur, comme le magistrat, de l'association « Sauvegarde 31 ». Il est notamment question de travaux pour une piscine au domicile de Marc Bourragué à Launaguet. Le comptable de cette société et un autre cadre confirment. «Tous les ordres douteux venaient de Mr C.».

– Sur procès-verbal du 13 septembre 2004, M. Fournié, ancien président du tribunal de commerce, dit avoir fait état des relations de Mr C. avec Marc Bourragué lors de l'inspection des services judiciaire de 2000. Apparemment sans effet. Ce PV a été transmis à la police judiciaire pour enquête. Mr C. a commencé par nier, puis en novembre 2004 a fini par reconnaître des travaux effectués en 1992. Michel Bréard considère que « des vérifications doivent être effectuées sur la réalité des travaux effectués au domicile de Bourragué mais aussi pour le compte de la SCI la Roque dont Bourragué détient des parts et qui correspond à une grande propriété de Souillac, dans le Lot ». Ces faits avaient déjà donné lieu à un contrôle de l'administration fiscale dont les vérifications judiciaires avaient été confiées à... l'officier de la PJ que Marc Bourragué avait aidé lors de sa procédure de divorce.

La chronologie est la suivante: le 10 décembre 1996, la direction régionale des impôts dénonce au parquet de Toulouse un abus de bien social de Mr C., à la suite d'un rapport remis le 10 octobre 1996. Sont visés deux chèques d'un montant de 121 718, 40 francs et 5 634 francs dont le tireur est Marc Bourragué. Le 20 décembre 1996, le parquet de Toulouse demande l'ouverture d'une enquête par "soit transmis" à la PJ sous la plume... de Marc Bourragué. C'est toujours le même officier de PJ qui est chargé de l'enquête. Dans ses conclusions, le policier ne fait jamais référence nommément au «client» de la société. Le dossier est finalement classé sans suite. «Probablement de la main même de Bourragué», indique Michel Bréard. Le 6 avril 1998, Marc Bourragué a envoyé une lettre à son supérieur hiérarchique, Francis Fréchède, dans laquelle il s'expliquait sur ses relations avec Mr C.. Michel Bréard constate: «On peut s'étonner que les deux dénonciations réitérées de l'administration fiscale aient pu être ignorées de sa hiérarchie et aient abouti à un traitement pénal par le substitut Bourragué, alors que le particulier Bourragué était cité dans le dossier. Il y a contradiction avec les dires de Bourragué qui estime n'avoir jamais failli à la règle qu'il s'est imposée de ne traiter personnellement aucune affaire concernant une de ses connaissances» (annexe 64). L'explication du silence du Parquet est donnée par Francis Fréchède lui-même qui écrit en avril 1998 au procureur général Jean Volff en ces termes: «Même si je considère que des imprudences ont été commises, faute d'éléments précis, je ne m'estime pas en droit de diligenter une enquête plus approfondie sur d'éventuels manquements de ce magistrat à ses obligationsde neutralité». Michel Bréard constate que Fréchède se contente «des déclarations spontanées» de Marc Bourragué. «Cette procédure est significative. Même si elle est prescrite au plan pénal, elle ne l'est probablement pas au plan disciplinaire.»

6) Les travaux réalisés par la société C. sur les immeubles appartenant à Marc Bourragué.

L'entreprise C. a réalisé des chantiers sanitaires et de plomberie chez Marc Bourragué. Selon les déclarations d'un ouvrier de cette société, le dirigeant de l'entreprise, Mr P., a demandé de ne pas facturer les trois semaines de main d'œuvre. À ce moment-là, la société C. qui est en redressement judiciaire depuis 1992 a pu profiter d'un prolongement d'activité. Sur procès-verbal du 24 novembre 2004, l'ancienne secrétaire de la société C. confirme que «Mr P. traitait lui-même les affaires avec Marc Bourragué». Les vérifications entreprises en décembre 2004 par la sûreté urbaine aboutissent à la saisie dans les locaux de la société C. d'une carte de visite au nom de Blandine Bourragué pour un projet de sanitaire facturé le 20 novembre 1998 au domicile de Launaguet avec mention «main d'œuvre gratuite». Une autre facture du 17 avril 2000 est saisie pour le remplacement d'un groupe de sécurité. Mr P. a été entendu deux fois; le 2 décembre 2004, il reconnaît des difficultés financières en 1992 liées aux impayés d'une boîte de nuit, *Le Saint-Georges*, qui a déposé le bilan deux ans après sa création. Le lendemain, 3 décembre 2004, il reconnaît que le matériel de réfection de la salle de bains a été acheté par Mme Bourragué en kit prémonté. Or le chauffe-eau a été facturé par la société C. Pour Michel Bréard « Il faut expertiser les travaux, comparer le devis et l'état de l'installation ». Des vérifications jugées « faciles ».

7. Autres vérifications : la licence IV de la discothèque Le Saint-Georges, le silence du parquet général.

On retrouve Mr P. qui s'est associé avec Mr T. et Mr B. dans la discothèque *Le Saint-Georges*. C'est Mr T., un ami de Marc Bourragué, membre lui aussi de l'association « Sauvegarde 31 » depuis juin 1990, qui a apporté la licence IV de l'établissement obtenue avec le bail de la cave. Le 11 septembre 1993, par mutation, la licence passe à Mr P. Or, une note des douanes du 15 décembre 1994 indique que la licence du 11 rue des Gestes est caduque pour un débit de boisson non exploité. De 1989 à 1999 *Le Saint-Georges* n'a d'ailleurs pas connu d'activité. Le dépôt de bilan est effectif le 13 novembre 2000, converti en liquidation judiciaire le 6 juillet 2001. Les actifs sont alors cédés à la Sarl Le Milliardaire avec la licence, sans que le prix de vente soit individualisé. « Or, indique Michel Bréard, la validité et le transfert d'une licence sont du ressort du Parquet qui doit poursuivre si les conditions légales ne sont pas remplies du chef d'exploitation irrégulière de débit de boisson ». Parallèlement à cette affaire, Mr T. accuse Marc Bourragué de lui avoir subtilisé 50 000 francs qu'il lui avait confiés avant la liquidation de sa crêperie. Mr T. porte plainte. Elle ne donnera rien. Au final, Bourragué restituera à Mr T. des livres anciens que celui-ci lui avait offerts. Sur cette procédure Michel Bréard a écrit au procureur général Michel Barrau :

«Bien que plusieurs rapports rédigés par le vice-procureur et signés de ma main aient été adressés à votre parquet général, le secrétariat de mon parquet n'a, à ce jour, trouvé aucunes traces d'enregistrement de la procédure diligentée, pas plus qu'un quelconque enregistrement administratif, et que, seul existe un dossier de la procédure d'enquête, classé de façon manuscrite par mes soins, sans aucune trace de dossier administratif, ce qui apparaît anormal. De nouvelles vérifications pourraient être entreprises sur les liens entre Mr T. et Marc Bourragué.»

8) Éléments concernant le tribunal de commerce de Toulouse et témoignages des présidents Fournié, Bobin et Raibaut.

L'ancien président du tribunal de commerce, M. Fournié, son successeur, Joël Bobin et l'actuel président, M. Jacques Raibaut, pointent un certain nombre de procédures dans lesquelles la position de Marc Bourragué en tant que substitut chargé des affaires financières pose problème. MM. Fournié et Bobin confirment que Marc Bourragué avait table ouverte dans un restaurant, propriété de Mr F., où le magistrat les a d'ailleurs invités en proposant de payer l'addition. Les sociétés de Mr F. (restaurants, traiteur...), aujourd'hui décédé, sont actuellement en redressement judiciaire par décision d'août 2004. Un redressement qui a été délocalisé à la suite d'une ordonnance de dépaysement du premier président du tribunal de grande instance, Robert Cordas, au tribunal de Montauban où Marc Bourragué est vice-procureur depuis 2002. Ouvrons ici une parenthèse. Joël Bobin n'a pas été entendu par le procureur Michel Bréard, mais il a bien voulu préciser ce qui suit : Il date d'abord ses ennuis judiciaires de l'affaire *Mon Caf*, un bar de la place du Capitole ayant pour porteur de parts la famille Daureau-Bedin à travers la SA Les Cafés du Midi. Joël Bobin affirme que Marc Bourragué l'a approché pour donner droit aux enfants du propriétaire qui voulaient récupérer l'affaire. Paradoxalement, à l'audience, Marc Bourragué a requis contre les enfants représentés par l'avocat Michel Dublanche, actuellement mis en cause dans un dossier de blanchiment d'argent via un trafic d'or à Orléans. Joël Bobin, compte tenu des éléments, a rendu un jugement favorable au père, mais en appel, les enfants dont une fille est avocate, Marie-Pierre Daurau-Bedin, ont obtenu gain de cause. Outre qu'il est interdit à un avocat d'être administrateur d'une société, l'avocate était aussi « très proche » d'un gendarme de la section recherche, Mr. S., aujourd'hui retraité, dont les liens avec Marc Bourragué sont avérés. En dehors de cette affaire, Joël Bobin livre plusieurs noms de sociétés dont le traitement judiciaire pose problème, notamment du fait que Marc Bourragué avait des intérêts dans certaines d'entre elles. Michel Bréard estime « nécessaire de diligenter une enquête des chefs de détournements d'actifs et complicité, faux et usage ».

9) De la nécessité de l'ouverture d'une information judiciaire

Au terme de son rapport, Michel Bréard conclut en substance :

« L'ensemble des investigations relatées dans le présent rapport vient modifier la vision qu'il était possible de porter sur le rôle de Marc Bourragué au sein des différentes procédures relevant non seulement des dossiers de l'affaire Alègre, mais également sur les rumeurs mettant en doute son intégrité dans l'accomplissement de ses fonctions en charge du suivi des affaires commerciales au tribunal de commerce. Si Marc Bourragué ne dit pas la vérité, faut-il, dès lors, refuser en bloc les déclarations qui le mettent en cause ? Si des questions se posent sur la crédibilité des prostituées, faut-il rejeter en totalité leurs témoignages ? Il apparaît utile que certaines vérifications soient reprises ou entreprises par d'autres enquêteurs dans un autre climat. Son rôle trouble dans les procédures des sociétés S., C. et M., apparaît nécessiter l'ouverture d'une information judiciaire dans la mesure où les prescriptions de l'action publique n'apparaissent pas acquises. Se pose aussi la question des contrôles internes et notamment celui de 1999-2000 qui n'a pu agir qu'au vu des éléments qui lui ont été fournis. Une telle instruction doit pouvoir se dérouler dans un climat de sérénité qui ne saurait exister à Toulouse, compte tenu de l'état d'esprit de certains enquêteurs… Cet ensemble de faits vient considérablement affaiblir les certitudes prônées par certains et remettre en cause certaines des investigations effectuées voire d'autres dont l'exécution a été refusée.» Le procureur Michel Bréard s'en tient là.

Le réquisitoire est sévère pour Marc Bourragué. Nous l'avons sollicité pour un entretien contradictoire sur ce rapport, mais celui-ci n'a pas souhaité nous répondre. Nous le regettons ! Marc Bourragué qui ne se rappelle pas toutes les affaires qu'il a eu à traiter, est un peu plus précis en ce qui concerne sa vie privée. Il a reconnu avoir pris (un ou deux) apéritifs « en 91 et 92 », dit-il une première fois, « en 1991 ou 1992 », dira-t-il plus tard, avec Patrice Alègre et « parce qu'il accompagnait un de mes amis, Mr Bivi ». Erreur de transcription de l'un ou l'autre des deux journalistes, peu importe. Toujours est-il que, six ans après ce banal contact, au moment de l'arrestation d'Alègre en septembre 1997, Marc Bourragué envoie Mr Bivi chez les gendarmes. Il se rappelle donc le lien qui existe entre les deux hommes. En demandant que le renseignement reste anonyme.

« Le nom de Marc Bourragué n'apparaît pas et pour cause, il avait instamment demandé à ne pas être cité par les gendarmes. Mais ces derniers ont aussi de la mémoire », rapportera *Aujourd'hui en France* qui note que les juges et enquêteurs se posent des questions sur cet événement. « Comment après un simple contact en 1991, le magistrat a-t-il pu immédiatement se souvenir de l'intéressé en 1997 et envoyer Mr Bivi aux enquêteurs ? Une question que les juges n'ont jamais posée au magistrat. » Selon les gendarmes, Marc Bourragué leur a adressé Mr Bivi, « pour rendre service » et aider à l'arrestation du tueur, c'est-à-dire avant que Patrice Alègre ne soit interpellé. Or, dans un interview accordé au *Nouvel Observateur*, l'ancien substitut explique qu'il n'est pas « en plus, une balance » (sic). Il dit que c'est après l'arrestation d'Alègre qu'il envoie Mr Bivi chez les gendarmes. Encore une fois dans cette affaire, l'approximation est de taille et peut se révéler lourde de conséquences. Certes, on peut admettre que des années plus tard, sa mémoire lui joue des tours. Mais pourquoi ne pas lui reprocher ce que l'on reproche aux prostituées accusatrices dont l'imprécision sur les dates a été stigmatisée pour décrédibiliser leurs témoignages ? L'autre argument opposé aux déclarations des ex-prostituées tient à leurs approximations factuelles. Comme il ne serait question de contester aux autres ce qu'on pourrait se voir reprocher à soi-même, Marc Bourragué ne devrait pas manquer d'apporter toutes les précisions sur l'épisode du contact qu'il a organisé entre Mr Bivi et les enquêteurs. Pour comprendre aujourd'hui sa mise en cause par les ex-prostituées, Marc Bourragué cherche des explications dans un « complot » fomenté par ceux-là même qu'il aurait gênés à l'époque. « J'ai traité des dossiers touchant à un groupe de presse et à un microcosme auxquels j'ai pu faire mal. Je m'étais également attaqué aux intérêts franc-maçonniques », explique-t-il. Sans doute a-t-il demandé à être entendu à ce propos. Il est étonnant que la Justice n'ait pas fait appel à sa mémoire visiblement intacte pour savoir quels sont ces « intérêts franc-maçonniques » et mettre enfin des noms sur ce « microcosme » auquel il a fait si mal. Des ennemis, il est certain que le magistrat s'en est fait quelques-uns à Toulouse. À commencer par ceux qu'il croyait compter au nombre de ses amis. Ainsi, ce chef d'entreprise avec qui il partageait des week-ends, qui lui reproche d'avoir une part de responsabilité dans la chute de la conserverie tarnaise Majesté. De vieilles histoires toulousaines pour autant de lettres indignées adressées au Garde des sceaux qui n'ont pas été suivies d'effet. Outre la missive envoyée par Jacqueline Baylé, élue municipale de Toulouse, pour l'affaire Majesté, figure le courrier adressé le 28 mai 2003 par Joël Bobin au ministre de la Justice du moment, Dominique Perben, où l'ancien président du tribunal de commerce rappelle qu'il a dénoncé en 2000 les agissements de Marc Bourragué à M. Boccon-Gibaut, de l'Inspection Générale des Services Judiciaires (IGSJ). « Les agissements de Marc Bourragué étaient forcément connus de sa hiérarchie voire de la chancellerie », explique Joël Bobin, regrettant que personne n'ait eu connaissance des conclusions du rapport de M. Boccon-Gibaut. Joël Bobin estime que les accusations qui ont été portées contre lui dans les deux affaires pénales pour lesquelles il a été poursuivi, étaient destinées uniquement à le faire démissionner. Ce qu'il a fait. « Pour protéger l'institution », précise-t-il.

Les avocats des prostituées, eux, attendent toujours que le rapport Bréard soit rendu public. « De deux choses l'une. Soit il n'y a rien dedans et rien ne s'oppose, alors, à ce qu'on le communique pour éviter toute nouvelle suspicion ou rumeur, soit il y a des éléments nouveaux et on doit les verser au dossier », s'insurgent Me Raphaël Darribère et Me Olivier Vercellone. On persiste à nous cacher un rapport soi-disant sans conséquence. J'ai le sentiment que la Justice ne fait pas tout pour lever tous les doutes.» La logique est imparable mais ce n'est visiblement pas celle de l'institution judiciaire, qui a décidé de tirer définitivement le rideau sur l'affaire Alègre.

Une omerta toulousaine

Début juin 2003, au lendemain des aveux de celui qui était encore pour quelques jours son client, Me Laurent Boguet posait en termes clairs les enjeux judiciaires de l'affaire Alègre. « J'attends maintenant de la Justice qu'elle fasse son autocritique ». Un vœu pieux. Passée la tourmente, le palais de justice s'est refermé sur lui-même sans donner l'impression d'avoir purgé tous les dysfonctionnements, ou les petits arrangements révélés dans le sillage de l'enquête sur le tueur en série. « L'Etat s'est rendu coupable de laisser des crimes impunis et d'avoir commis un déni de justice car le premier devoir de l'institution judiciaire est de protéger les personnes et de servir de rempart à la barbarie. Tout est si grave dans cette affaire que je suis obligé de penser que le hasard n'a qu'une mince place dans cette accumulation d'incuries », suggère Daniel Lalanne, l'avocat de Magali. Il a attaqué l'Etat français pour déni de justice. Il a été débouté. Pourtant ses propos ont une résonance générale. Avec des questions qui renvoient immanquablement au fonctionnement de la justice toulousaine pendant toutes ces années. Et surtout à l'absence totale de responsabilité de juges ou de procureurs qui n'ont finalement eu de comptes à rendre à personne malgré les différents rappels à l'ordre internes. « Que peut-on attendre d'une justice qui couvre les siens ? » Alors que l'affaire d'Outreau dans un tout autre genre a livré publiquement les incroyables carences du système judiciaire français, les familles des victimes de l'affaire Alègre réunies dans l'association « Stop à l'oubli » s'interrogent. Elles entendent, elles aussi, rappeler que de nombreuses procédures criminelles attendent toujours une réponse au palais de justice de Toulouse dans le sillage sulfureux du tueur en série. Si Outreau a révélé un acharnement aveugle de la chaîne judiciaire, le président de l'association, Gabriel Loubradou, constate, lui, « l'apathie de la magistrature toulousaine » face à une vingtaine d'enquêtes criminelles qui n'avancent guère. « On ne veut pas d'un Outreau à l'envers. À ce jour, tous les dysfonctionnements constatés, les dossiers bâclés, les disparitions de preuves, les autopsies tronquées, n'ont donné lieu à aucune poursuite, aucune sanction », regrette-t-il. Un manque d'empressement que Gabriel Loubradou juge « suspect » tout comme il s'étonne du silence qui entoure le rapport de l'ancien procureur de la République de Toulouse, Michel Bréard. Selon lui, ce rapport, ignoré du public, recense de nombreux témoignages et auditions à même de donner un nouveau tour à l'affaire Alègre. « Pourquoi ce document n'a-t-il pas été versé au dossier viols et proxénétisme aujourd'hui clos ? s'insurge le président de "Stop à l'oubli". La justice doit comprendre que les familles des victimes ne se contenteront pas des réponses actuelles. Il faudra qu'on nous dise une fois pour toutes quelles étaient les relations des uns et des autres avec Patrice Alègre, le milieu de la drogue et celui de la prostitution. »

Mais la justice est passée. Sans répondre. Fin 2005, la chambre de l'instruction de la cour d'appel de Toulouse a confirmé le non-lieu général ordonné par le juge Perriquet, dans le volet « viols et proxénétisme » de l'affaire Alègre. Les magistrats ont ainsi rejeté les demandes d'actes complémentaires, en particulier de nouvelles confrontations, aux avocats de cinq anciennes prostituées qui s'étaient porté parties civiles dans le cadre de l'information judiciaire ouverte en avril 2003. Parmi elles, Patricia et Fanny avaient dessiné l'existence d'un réseau sadomasochiste mêlant notables et policiers et les protections dont aurait bénéficié le tueur en série Patrice Alègre au début des années 1990 à Toulouse. Entendus comme témoins assistés dans cette procédure, Dominique Baudis, l'ancien maire de Toulouse et le magistrat Marc Bourragué ont été blanchis par la Justice au même titre que Patrice Alègre et l'ancien proxénète Lakhdar Messaoudène. En se félicitant « d'une décision normale dans un dossier où il n'y a rien ». Pour les avocats de Patricia et Fanny, la décision ne règle pourtant pas tous les problèmes. « C'est une grande déception, explique, Me Olivier Vercellone, l'avocat de Fanny. J'ai le sentiment que cette instruction a été hâtée dans sa conclusion. Elle s'est en tout cas révélée insuffisante car il y a des questions qui n'ont pas été résolues et qui méritent toujours d'être posées. Ces filles ont été victimes d'individus ou d'un système, elles restent sans réponses à leur détresse. Il ne faut pas en faire des accusées. » Me Raphaël Darribère, l'avocat de Patricia, estime, lui, que « le principe d'égalité n'a pas été respecté, dans une instruction opaque, marquée par la précipitation, l'étonnante valse des magistrats du Parquet et la division de l'institution judiciaire ». Par la voix de son président Gabriel Loubradou, «Stop à l'oubli» a également stigmatisé le non-lieu rendu par le juge d'instruction Thierry Perriquet. « L'instruction n'a pas recherché les auteurs des crimes, elle s'est limitée à l'enquête sur la validité des plaintes portées par les jeunes femmes », écrit Gabriel Loubradou. Pour lui, ce non-lieu est « un aveu d'échec de la justice ». L'association dénonce toute une série de points « irréguliers » : notamment le fait que le même magistrat ait instruit l'enquête sur les viols présumés et celle sur les faux témoignages du fantasque Djamel. « Les victimes de la première enquête sont devenues les mises en cause de la seconde et vice-versa. Il est impossible d'enquêter impartialement, dans ce cas de figure ». "Stop à l'oubli" multiplie désormais les happenings dans les rues de Toulouse et les démarches auprès du ministère de la Justice et le Conseil supérieur de la magistrature. Nous voulons savoir pourquoi autant de meurtres ont été classés en suicides, que sont devenues nos filles, nos sœurs, ajoute-t-il. Et nous ne pouvons pas admettre autant de négligences de la part de certains experts. Notre combat, malgré les pressions, n'est pas terminé. Nous avons recueilli des nouveaux témoignages de la plus haute importance que nous avons confiés à la Justice. Nous nous sommes engagés à ne rien divulguer pour permettre aux juges et aux enquêteurs de travailler. Mais si rien ne bouge, nous reprendrons notre liberté et nous ferons des révélations qui ne plairont pas à tout le monde. » Le message est clair. Les familles des victimes de l'affaire Alègre n'ont pas renoncé à demander des comptes aux institutions judiciaires pour le passé mais aussi pour le présent. « Les témoins sont mal reçus, les victimes sont traitées comme des coupables, des déclarations sont tronquées ou pas retranscrites du tout et les gendarmes se permettent de critiquer les magistrats », s'étonne Jean-Louis Alayrac, le père de Magali. Pour l'association, il était « souhaitable que des personnes nouvelles soient nommées à la tête des services concernés pour en finir avec l'affairisme et le copinage». Elle a été entendue. Exit la cellule Homicide 31. Le groupe d'enquête constitué, en juin 2000, autour de l'ex-adjudant Michel Roussel pour exhumer les meurtres de Patrice Alègre a vécu. Les juges Serge Lemoine et Fabrice Rives qui instruisent conjointement tous les dossiers criminels attribués au tueur toulousain ont progressivement retiré aux gendarmes les dernières affaires dont ils étaient encore chargés. Et pas les moindres. Celles des meurtres de Line Galbardi et du travesti Claude Martinez, tués à un mois d'intervalle en 1992. Ce sont les policiers de la Direction Nationale pour la Répression des Atteintes aux Personnes et aux Biens (DNRAPB) de Paris, déjà saisis du meurtre d'Édith Schleichardt en 1990 et des décès suspects des quatre travestis asphyxiés dans l'incendie de leur appartement en 1992, qui reprennent désormais tous ces dossiers. Un quasi-dépaysement judiciaire qui en dit long sur les coulisses de l'affaire Alègre.

Des coulisses que l'Inspection Générale de la Police (IGPN) a parcourues, contrainte et forcée, pour tenter d'éclairer cette période très trouble. Sans pousser bien loin les investigations. Un premier rapport rendu le 8 décembre 2003, concernant «le comportement de fonctionnaires de police monnayant leur protection aux prostituées ou proxénètes», explique que le tueur en série était à peu près inconnu des services de police durant cette période: «Les recherches n'ont pas permis de confirmer que Patrice Alègre faisait partie d'une grande délinquance», indique le rapport. Rien qu'on ne sache déjà: Patrice

Alègre était bien un demi-sel. « Petit facteur » pour des colis de poudre, et pointeur de femmes réduites en esclavage. Effectivement rien ne vient indiquer qu'il ait fait partie de la grande délinquance, mais rien ne dément qu'il en a probablement été une des petites mains. Pour montrer sa tâche a été (ô combien) rude, l'Inspection s'est plainte de n'avoir pas pu interroger les prostituées accusatrices. Mais encore une fois, la dialectique échappe au bon sens : la commission rogatoire confiée à l'IGPN a été délivrée par la juge Nicole Bergougnan, mais c'est le juge Thierry Perriquet que les policiers appellent pour « faire part de la nécessité » de procéder aux auditions des anciennes prostituées. « Monsieur Perriquet nous indique que ces convocations ne lui semblent pas opportunes », constate le commissaire principal dans une note du 7 octobre. Dans le rapport remis le 8 décembre, l'incident est ainsi traduit : « Les magistrats ont fixé des limites ». Curieux pluriel. Bien que brimée dans son souci d'exhaustivité, l'IGPN a poussé le zèle jusqu'à répondre à une problématique hors sujet : il ne s'agissait pas de « confirmer » qu'Alègre « faisait partie » de quoi que ce soit. Il était plus prosaïquement demandé à la mission d'enquête interne de savoir si oui ou non un réseau de ripoux avait prospéré au commissariat de Toulouse au début des années 90. Conclusion des « bœufs carottes » : « Lakhdar Messaoudène et Alègre sont totalement inconnus du trottoir toulousain ». Rappelons tout de même que c'est la police qui a arrêté Lakhdar Messaoudène pour « proxénétisme aggravé » en 1992. Prière de ne pas rire… Bref pour l'IGPN, il n'y a eu ni corruption, ni viols comme le confirmera un nouveau document en mai 2004. Mais le rapport reste orphelin de quelques réponses à de vraies questions : pourquoi, à quelques rares exceptions près, les bars montants de la ville n'ont jamais eu de souci dans les années 90, pourquoi ne pas avoir ressorti les auditions de l'ancienne patronne de l'hôtel Antoine qui avait lancé quelques noms de policiers avant de se suicider au gaz, pourquoi ne pas avoir entendu « Obélix » qui déployait tant d'énergie pour que des prostituées se rétractent, pourquoi ne pas avoir entendu l'hôtesse d'accueil du sauna échangiste Club 39 qui explique que « certains policiers » venaient en amis ? Pourquoi, enfin, n'avoir pas songé à élargir le contexte de l'enquête jusqu'aux conditions qui ont abouti à l'arrestation du « Baron », ce policier jugé en 1991 pour avoir conduit des filles dans les bordels de Catalogne ? Il est certain qu'à Toulouse il y a des personnes qui se taisent. Notamment dans le milieu libertin et sadomasochiste, qui existe bel et bien. Il suffit de penser à « René », le dernier bienheureux client de Josette Poiroux. Qui sont ces « personnes qui ont pris du poids dans la ville », qui figurent sur les photos que cache Dédé « M. N. » ? Tout cela n'intéresse pas. Pour Le *Monde* en tous cas, l'affaire est entendue : les policiers accusés sont « hors de cause ». « l'IGPN a démonté la rumeur », titrera le journal en constatant que les enquêteurs ont fouiné dans les comptes en banque des policiers plusieurs fois cités par les accusatrices et que « tout semblait bien en ordre ». Tant de naïveté désarme : « Même un gardien de la paix stagiaire n'imaginerait pas qu'un policier corrompu va apporter, avec la régularité d'un métronome, le contenu des enveloppes qu'il reçoit, au comptoir de son agence bancaire, et encore moins qu'il va déclarer cet argent au fisc », note avec bon sens Sophie Coignard dans « Le rapport omerta ». Contester la parole des prostituées, pourquoi pas. Mais qui croit encore vraiment que leurs déclarations ont été extorquées sans recul et beaucoup de naïveté par les gendarmes de Michel Roussel ? Les turpitudes décrites sur procès-verbaux par Patricia, Fanny, Laurence, Françoise, Nadia et Magali, n'auraient donc existé que dans l'esprit d'un enquêteur pugnace trompé par une trop grande proximité avec des prostituées repenties, un gendarme seul sur son rocher, malgré l'équipe qui l'entourait, le magistrat instructeur qui le dirigeait et le Parquet qui a demandé à en savoir plus. Il faudrait donc jeter à la poubelle tous les procès-verbaux venant de filles retrouvées dix ans après les faits, qui ne se connaissaient pas nécessairement, qui ont été interrogées indépendamment les unes des autres, placées en garde à vue à plusieurs reprises sans l'avoir demandé, et qui citent systématiquement un « noyau » récurrent de policiers. Peut-on dans ces conditions attendre des institutions qu'elles aillent jusqu'au bout dans l'exhumation d'un passé aussi encombrant ? Le ministre l'avait promis. Il est parti.

Le tourbillon médiatico-judiciaire apaisé, une lourde chape de plomb est retombée sur le dossier. Continuer à en parler est presque considéré comme un crime de lèse-majesté. L'impression qui demeure, après coup, est que Dominique Baudis ou ceux qu'il est convenu d'appeler les notables ont été laminés par les médias. Rien de tel si l'on examine l'ensemble des articles consacrés à leur cas. Rien de comparable en tous cas avec les articles publiés sur le bagagiste de Roissy, puisque cette comparaison a été souvent employée. C'est pourtant la thèse du lynchage médiatique et de l'acharnement sur les « puissants » qui constitue la trame du téléfim que France 2 (qui a beaucoup à se faire pardonner) va consacrer à l'affaire. Casting de stars pour Notable, donc coupable, qui reprend une lecture très policée de l'affaire Alègre puisée dans l'ouvrage Le Bûcher de Toulouse des journalistes parisiens Marie-France Etchegoin et Mathieu Aron. Le réalisateur Francis Girod est mort en plein tournage. Il a été aussitôt remplacé pour boucler, dans les temps, une œuvre surveillée de près par l'avocate de la famille Galbardi, Agnès Casero. L'avocate a déjà attaqué en justice le livre des deux journalistes qui disculpent Patrice Alègre du meurtre de Line Galbardi, alors que le tueur est mis en examen, et elle ne veut pas que le film « aggrave la confusion » d'un dossier encore à l'instruction. Au nom de la dignité des victimes. Paradoxe, Agnès Casero a dû écrire au… président du CSA, Dominique Baudis, pour l'alerter des procédures qu'elle pourrait engager contre la diffusion du téléfilm. Les notables ne sont pas les seuls à prétendre défendre leur honneur.

À ce sujet, les procès en diffamation que l'ancien maire de Toulouse a engagés contre *La Dépêche du Midi*, accusée de complot, n'ont pas abouti autrement que par des relaxes. Seul Marc Bourragué, désormais vice-président du tribunal de grand instance de paris, a obtenu très régulièrement la condamnation du journal pour diffamation devant la 17e chambre correctionnelle de Paris. Dans la multitude de procédures ouvertes autour de la médiatisation de l'affaire Alègre, Karl Zéro a finalement bénéficié d'un non-lieu pour la fameuse lettre d'aveux lue à l'antenne de Canal + En revanche, Dominique Baudis a été condamné par la cour d'appel de Toulouse pour avoir diffamé dans son livre *Face à la calomnie* l'ex-gendarme Michel Roussel, accusé d'avoir orienté les témoignages des prostituées. Même Michel Bréard, l'ancien procureur de la République de Toulouse a attaqué l'ancien maire devant les tribunaux, non sans lui avoir envoyé une lettre le 10 mars 2005 où il lui demandait des excuses qu'il n'a pas eues. Le magistrat n'a pas du tout apprécié la teneur du livre de Dominique Baudis : « Il me serait possible de ne voir dans cet écrit que l'amertume d'un notable mis en cause, dans des conditions qu'il estime exécrables, par des personnes dont il déclare qu'elles n'ont pas dit la vérité. Si ce point de vue est le vôtre, il ne vous autorise cependant pas à formuler, à votre tour, des griefs injustifiés car fondés sur une appréciation partielle et totalement subjective de faits dont l'analyse que vous en faites, ne correspond pas à une réalité qui, têtue, ne se plie, tant s'en faut, à votre volonté », écrit ainsi le procureur, accusé d'avoir fait trop de zèle en cédant aux sirènes des médias. Avant d'ajouter : « J'observe sur ce point que la frénésie médiatique qui s'est produite n'a concerné que les seules personnes qui sont allées se confier publiquement tant à TF1, dans votre cas, qu'au quotidien *L'Est Républicain* dans deux autres cas ou à FR3 dans un dernier cas ; il m'apparaît que d'autres noms dont vous vous autorisez à citer certains dans votre ouvrage, n'ont jamais fait l'objet d'évocations durables dans les médias. Vous avez sur ce point opéré un choix ; je n'ai pu que le respecter, tout en le regrettant, dans la mesure où le caractère secret de toute mesure préliminaire, qu'elle soit d'enquête ou d'instruction, apparaissait compromis, ce que l'ancien journaliste et l'actuel président du CSA que vous êtes ne pouvait ignorer. » Fermez le ban.

De tout cela Dominique Baudis ne veut plus parler car il est nécessaire pour lui de tourner la page. Après son départ du Conseil supérieur de l'audiovisuel en janvier dernier, il a été nommé à la tête de l'Institut du monde arabe. Mais les spéculations vont toujours bon train quant à ses nouvelles ambitions politiques toulousaines. « L'affaire » semble l'avoir recentré sur « sa » ville. Les sondages d'opinion sont scrutés à la loupe et il ne perd pas une occasion de se montrer en famille dans les réceptions. Est-ce à dire qu'il entendrait désormais briguer le Capitole en 2008, ou la présidence de l'agglomération du Grand Toulouse après en avoir habilement écarté Douste, ou bien postuler à un mandat de sénateur ? Baudis laisse planer le doute, visiblement tenté par une « réhabilitation » dans les urnes avec l'onction du suffrage universel. En tout cas, poser la question à des fidèles suscite un réel embarras. « Il ne faudrait pas que tout ça laisse des traces », glisse l'un d'eux avec une moue qui en dit long. Judiciairement parlant en tous cas, tout est en ordre.

Au mois de février 2006, Patricia a été condamnée à trois ans de prison dont dix-huit mois avec sursis, et Fanny a été relaxée par la cour d'appel de Toulouse dans le volet Djamel où elles étaient poursuivies pour complicité de témoignage mensonger. En première instance le tribunal correctionnel n'avait pas fait de détail en condamnant les deux femmes, soupçonnées d'avoir suggéré et organisé les déclarations sulfureuses du travesti, à trois ans de prison dont dix-huit mois avec sursis pour Fanny. Sans distinction pour cette dernière qui n'avait jamais rencontré Djamel. Il fallait sans doute un exemple, fût-ce au prix d'une injustice, rectifiée heureusement par la cour d'appel. Patricia, qui n'a pu se pourvoir en cassation et qui maintient, comme Fanny, ses accusations, est en train d'effectuer sa peine malgré la naissance de son troisième enfant. Mais les avocats de Dominique Baudis, de Marc Bourragué et de Jean Volff ne veulent pas en rester là. Ils ont déposé de nouvelles plaintes contre les deux anciennes prostituées pour « dénonciation calomnieuse ». Une instruction en cours confiée au juge Colson dans laquelle Michel Roussel est à son tour visé comme témoin assisté. Toujours au motif qu'il aurait forcé les déclarations de Patricia et Fanny. Mais cette procédure pourrait faire remonter les éléments du rapport Bréard remontent peu à peu à la surface. À suivre. Pierre-Olivier P., 23 ans, alias « Djamel », orphelin d'Haïti, est mort lui fin septembre 2003, dans la plus grande solitude, sur son lit de la clinique psychiatrique Marigny, à Saint-Loup-Cammas, dans la banlieue toulousaine. Etouffé par son vomi. Sans doute après avoir ingurgité trop de médicaments. Un mythomane ? Probablement. Mais cela ne doit pas nous faire oublier que ce gamin immature, fragile, à la dérive, n'a sans doute pas reçu toute l'humanité et l'aide nécessaires. Même s'il a menti, cela ne justifie pas qu'il soit mort dans l'indifférence, au point que son avocat n'a pas eu droit au moindre rapport concernant les circonstances de son décès. Les juges n'ayant pas estimé nécessaire là encore de procéder à une autopsie. Si journaux et télévisions, convaincus de dérapage, ont battu leur couple sous l'œil attentif du président du CSA, dans un savant exercice de pénitence dont ils ont le secret, Djamel est bien à ce jour la seule et réelle victime médiatique de cette sombre histoire. Sa mémoire et son honneur à lui n'intéressent personne. Pas même ceux qui l'ont poussé devant les caméras. Et lui, ne fera pas de procès.

Quant à Michel Roussel, ce gendarme qui, pendant plus de six ans, a fouillé la mémoire du tueur en série, sans doute la plus précieuse « mémoire » de cette affaire, il est parti écœuré de voir que la gendarmerie n'avait pas d'effectif pour étoffer la cellule Homicide 31 qui s'étiolait, mais parvenait à monter un groupe de vingt-cinq enquêteurs qui se sont révélés de véritables saboteurs d'enquête. Au temps où il étrennait le tout nouveau système d'analyse crimino-gendarmesque « anacrim », l'adjudant faisait la fierté de la gendarmerie. Au temps du premier procès du tueur en série, il était la vitrine de l'Institution. Il est parti sans un mot de reconnaissance. Ni de dénigrement, d'ailleurs. Officiellement le directeur général de la gendarmerie n'accepte pas que l'on mette en cause le travail de ces hommes, mais il n'a pas levé le petit doigt pour retenir son enquêteur. Comme souvent dans ce genre de circonstances, l'hypocrisie tient lieu d'épitaphe. Mis en cause en pleine tourmente, soupçonné même d'avoir falsifié des dépositions des prostituées, il a contre-attaqué, en prouvant que c'est un de ses anciens collègues qui avait trafiqué son ordinateur. Questionné, celui-ci a expliqué que c'était sur ordre de sa hiérarchie, sans vouloir en dire plus sur le ou les supérieurs à l'origine de l'ordre. Mais là encore la Justice ne veut pas en savoir plus. Michel Roussel, en revanche s'est expliqué dans une lettre émouvante envoyée aux familles des victimes. « Chaque fois que mon nom apparaîtra sur une procédure, elle sera soumise à caution », a-t-il prévenu. « En restant, je mettrais à mal tout le travail fait et à venir sur les meurtres non élucidés. » Le premier à prendre la mesure des frilosités judiciaires a été le substitut François Heinisch. Un autre renoncement. Et non des moindres.

Récemment transféré à la centrale de Moulins, dans l'Allier, Patrice Alègre ne parle plus depuis longtemps. Après avoir donné l'impression de vouloir redevenir l'acteur de sa propre histoire, il est retombé dans le plus profond mutisme. Jusqu'à quand ? Mis en examen pour cinq nouveaux meurtres et un viol par le juge Serge Lemoine, soupçonné d'autant d'autres crimes, cet homme aujourd'hui âgé de 39 ans devrait revenir tôt ou tard devant les assises de la Haute-Garonne. Un deuxième rendez-vous public devant les jurés où les ombres et les fantômes de son itinéraire meurtrier vont forcément ressurgir. À défaut d'autres révélations, il y sera au moins question des incohérences et de l'incompétence des services de police, de gendarmerie et des autorités judiciaires qui n'ont jamais fait cas, entre autres ratés, de l'hécatombe de prostituées qui s'est produite au cours de cette sinistre année 1992 dans la Ville rose... Des dysfonctionnements éludés, déjà, en février 2002 lors du premier procès d'assises. À l'époque, face au jury et aux familles de ses victimes, Patrice Alègre n'avait rien dit. Peut-être ira-t-il, cette fois, jusqu'au bout de son mystère.

TABLES DES MATIÈRES

Impression réalisée sur CAMERON par

CPI
Brodard & Taupin

La Flèche
en juin 2007

Imprimé en France
N° d'impression : 41650